지역문화
콘텐츠
제작의 실제

국립중앙도서관 출판시도서목록(CIP)

지역문화 콘텐츠 제작의 실제 = Compilation of local culture
contents / 김현 외 공저. -- 서울 : 북코리아, 2009
     p. ;   cm

ISBN   978-89-6324-049-7 93380 : ₩20000

지역 문화 예술[地域文化藝術]
향토 문화[鄕土文化]
콘텐츠[contents]

600.15-KDC4
353.7-DDC21   CIP2010000025

지역문화
콘텐츠
제작의 실제

Compilation of Local Culture Contents

김현 외 공저

북코리아

한국향토문화전자대전 편찬 사업은 우리나라 곳곳에 산재한 유무형의 문화 자원이 그 지역문화의 고유한 문맥 속에서 이해되고 활용되도록 하는 것을 목표로 한다. 지리, 역사, 인물, 산업, 행정, 예술, 교육, 민속 등 다방면의 지식 요소들을 망라하여 수집·정리하되 각 지역 주민들이 품고 있는 '내 고장'이라는 의식에 부합함으로써 문화적 정체성이 확립될 수 있도록 하자는 것이다. 이러한 취지에서 한국향토문화전자대전의 콘텐츠 제작은 사전 편찬이나 정보 기술 전문가뿐 아니라 현지 사정에 밝은 지역문화 연구자들의 폭넓은 참여를 지향하였으며, 실제로 한 지역의 문화대전이 만들어질 때마다 수많은 지역문화 전문가들이 참여하는 편찬 조직을 구성하였다.

편찬 체제의 이러한 특성 때문에 다수의 제작 참여자들이 공통적으로 준수해야 할 지침을 제정하고 교육하는 것이 중요한 과업 중의 하나가 되었다. 한국향토문화전자대전 콘텐츠 제작의 모든 과정에 걸쳐 개개인의 노력을 하나의 통일된 틀 안에 결집시키는 일이 필요하게 된 것이다. 지난 7년간 한국학중앙연구원의 연구진들은 30여 개 시·군의 전자문화대전을 편찬·간행해 왔다. 더불어 이 대형 공동 저작물이 형식적 통일성을 이루어내어 디지털 지식 정보로서 상호운영성을 갖도록 하는 연구를 병행해 왔다. 이 책에 그와 같은 편찬 프레임워크 개발의 성과를 담았다.

이 책은 다섯 개의 장으로 구성되어 있다. 제 I 장에서는 지역문화를 소재로 하는 디지털 백과사전이 목적하는 바와 그것을 이루어 내기 위한 편찬 체계와 과정을 소개하였고, 제 II 장에서는 각 지역의 문화 지식 자원을 발굴하는 조사 연구 사업의 수행 방법을 안내하였다. 제 III 장에는 지역문화 백과사전 기사가 갖추어야 할 요건과 집필의 노하우를 정리하였으며, 제 IV 장에서는 지역문화의 현장을 생동감 있게 전달할 수 있는 시청각 자료의 편찬 방향과 제작 방법을 다루었다. 제 V 장의 내용은 지역민들의 일상의 모습과 그들의 이야기 속에서 그 지역문화의 고유한 특색을 엿볼 수 있게 하는 디지털 마을지의 제작 방법이다.

독자의 입장에서 본다면, 앞서 간행된 『지역문화와 디지털 콘텐츠』는 지역문화 콘텐츠 제작의 입문서로 활용될 수 있는 반면, 이 책 『지역문화 콘텐츠 제작의 실제』는 콘텐츠 제작의 실무 매뉴얼로 활용될 수 있으리라 본다. 이들 책이 모두 한국향토문화전자대전 편찬 사업의 연구 결과물로서 얻어진 것이지만, 그 활용의 폭은 인문지식을 기반으로 하는 디지털 콘텐츠의 제작 전반으로 넓혀질 수 있을 것이라고 확신한다.

저자들은 이 책이 여러 해에 걸친 현장 경험을 통해 축적된 지식을 정리한 것이라는 데에 자부심을 느낀다. 우리 사회에 문화 콘텐츠에 관한 갖가지 담론이 무성하지만 구체적인 결과물을 만들어 내고 그 실효성을 입증한 편찬 사업의 운영 사례를 고스란히 보여 주는 저작물은 드물기 때문이다. 단, 이 책은 지역문화 콘텐츠가 어떠한 지식을 담아야 할 것인가라는 문제보다 다양한 지식의 외형적 표준화를 어떻게 이루어 낼 것인가에 초점을 맞추었다. 그렇기 때문에 실제의 콘텐츠 제작에서 이 책의 지침에만 얽매이고 그 속에 담길 내용의 창신성(創新性)을 소홀히 한다면 그 결과물은 비슷비슷해 보이는 단편적 사실의 나열에 그칠 위험성이 있다. 백과사전과 같은 대형 저작물, 특히 디지털 환경에서의 운영을 목표로 하는 콘텐츠에 있어서 표준적인 프레임워크의 도입이 절대적인 요건이지만, 콘텐츠의 생명은 그 지식의 수준을 제고하고자 하는 인문 정신에 의해 유지된다고 하는 사실을 저자들은 잊지 않고 있으며, 이를 위한 연구 노력도 게을리하지 않을 것임을 약속드린다.

이 책의 완성에는 한국학중앙연구원의 연구진뿐 아니라 편찬 사업에 참여한 수많은 관계자들의 큰 기여가 있었음을 밝히고 그분들께 깊은 감사의 뜻을 전한다. 특히 우리의 편찬 체제가 미숙한 단계에 있을 때, 지역의 조사연구자, 집필자들이 그 문제점을 신랄하게 지적하고 개선을 촉구한 것들은 편찬 체제의 정비와 개선에 큰 도움이 되었다. 한국향토문화전자대전을 비롯한 한국학중앙연구원의 인문지식 디지털 콘텐츠 편찬은 실행과 검증, 반성과 개선을 통해 지속적으로 진화해 갈 것이며, 이를 위한 편찬 방법 연구도 더 나은 수준으로 발전할 것을 기대한다.

2009년 12월
저자를 대표하여 김 현

Ⅴ. 디지털 마을지 제작　293

표 차례

사진 차례

원고 차례

III. 텍스트 콘텐츠 제작

V. 디지털 마을지 제작

I.

한국향토문화
전자대전이란

1. 한국향토문화전자대전의 개념

'향토문화'란 한 지역의 자연환경 속에서 과거로부터 현재까지 면면히 전승되어 온 역사와 전통, 풍물과 생활, 예술과 유물 및 유적 등의 모든 유산을 말한다. 한국향토문화전자대전은 전국 232개 시·군·구 지역은 물론 북한 지역의 다양한 지역문화 자료를 발굴·수집·연구하여 각 지역의 향토문화를 체계적으로 집대성하고, 이를 디지털화하여 인터넷으로 서비스하는 '순환형 지식정보 시스템'을 의미한다.

'순환형 지식정보 시스템'은 기초 자료, 단편적 정보, 고급 정보 등이 하나의 시스템 안에서 순환하면서 새로운 지식정보를 만들어 내도록 도와주는 시스템을 의미한다. 순환형 지식정보 시스템의 이용자는 이 시스템을 통해 본 시스템이나 다른 곳으로부터 데이터를 수집할 수 있으며, 나아가 수집한 데이터를 가공하여 새로운 지식정보를 창출할 수 있다.

2. 편찬 사업의 필요성

조선시대에는 국가 주도 하에 전국 규모의 지역문화 편찬 사업을 실시하여 『세종실록지리지』(1454), 『신증동국여지승람』(1531), 『여지도서』(1757) 등 지역문화 집대성 작업이 주기적으로 이루어졌으나, 일제강점기를 거치면서 이러한 작업은 그 맥이 끊어졌다. 1980년부터 1991년까지 한국정신문화연구원(현 한국학중앙연구원)은 『한국민족문화대백과사전』 편찬 사업을 국책 사업으로 추진하였다. 이 사업은 조선시대 이후 단절되었던 대규모의 민족문화 집대성 사업을 복원한 것으로 중앙 중심적인 시각에서 이루어졌다.

한국 문화에 대한 보다 종합적이고도 균형 잡힌 이해를 위해서는 중앙 중심적인 시각과 더불어 지방 중심적인 시각에서의 한국 문화 정리 작업이 요구된다. 도시화·산업화의 흐름 속에서 급속하게 소멸되어 가고 있는 지역문화의 보존과 계승을 위해서도 체계적이고 종합적인 지역문화 정리 사업이 시급하다. 지역문화 자료의 디지털화는 21세기의 한국을 이끌어 갈 문화 콘텐츠 산업 발전의 원동력이며, 지역문화의 주체적인 집대성 작업은 새로운 민족문화 공동체 형성의 기반이다.

3. 편찬 사업의 목적

지역문화 관련 인적 자원을 교육·조직하여, 전국에 산재해 있는 지역문화 자료를 총체적으로 발굴·분석·디지털화하고, 시·군·구별 디지털지역문화대전을 구축하여 지역문화에 대한 종합적인 지식정보를 제공함으로써, 지식 기반 사회의 토대를 마련하고 지역 균형 발전 및 지역 경제 활성화에 기여함을 목적으로 한다.

4. 편찬 사업의 추진 과정

1) 사업 내용

(1) 지역문화 지식자원 아카이브 구축

편찬 기반 조성을 위한 기초 연구 작업으로서 이미 구축되어 있는 지역문화 자료를 집적하여 한국향토문화전자대전 편찬을 위한 참고 자원으로 활용한다.

(2) 향토문화 연구자 연찬

지역 소재 문화 단체, 향토사 연구 전문가, 지역 자치 단체 문화담당관 등 본 사업 관계

지들의 전문적인 지식과 의견을 수렴하여 사업 계획의 합리성을 제고한다. 지역문화 전문가들의 본 사업에 대한 이해도 및 참여 의지를 높여 중앙 및 지역의 향토문화 연구 역량이 결집된 사업 추진체를 구성할 수 있게 한다.

(3) 후보 지역 기초 조사 연구

한국향토문화전자대전 편찬 후보 지역에 대해 본 사업 수행을 위한 기초 자원 조사 및 정보화 전략 연구를 수행한다.

(4) 디지털지역문화대전 콘텐츠 제작

시 · 군 · 구 단위별로 지역문화 콘텐츠의 조사 · 발굴 및 연구 분석 작업을 수행하고 지역 특성에 적합한 콘텐츠 내용 체계를 구성한다. 지역문화를 9개 영역으로 나누어 항목을 선정 · 연구 · 집필하며, 관련 멀티미디어 자료를 수집 · 제작한다.

(5) 시스템 개발 및 운영

- **편찬 시스템 개발 · 운영** : 콘텐츠의 집필, 교정, 교열, 윤문, 태깅, 삽도(멀티미디어 자료) 지정 등을 전자적인 환경에서 수행할 수 있게 하는 차세대 편찬 시스템을 개발 · 운영한다.
- **서비스 시스템 개발** : 구축된 자료를 토대로 지역문화 포털 사이트를 개설하여 운영한다. 다양한 디렉터리 서비스 및 검색 서비스를 제공하고, 개괄적 · 안내 정보적 성격의 토픽에서부터 수준 높은 심층 지식정보 데이터까지 단계적으로 접근해 갈 수 있게 함으로써 일반인에서 학술 연구자에 이르는 광범위한 이용자의 정보 수요를 만족시킨다.
- **개방형 콘텐츠 관리** : 이용자가 디지털지역문화대전의 기본 콘텐츠에 관련 정보를 추가하여 해당 지역 한국향토문화전자대전의 완성도를 점진적으로 높여 가는 개방형 콘텐츠 관리 체제를 구축 · 운영한다.

2) 사업 기간과 재원

(1) 전체 사업 기간

- 시범 사업 : 2003~2004년(디지털성남문화대전 편찬 사업)
- 본 사업 : 2004~2013년(10개년)

(2) 재원

- 추정 소요 재원 : 1,164억 원(정부 및 지방 자치 단체 지원 합계 금액)
  사업 재원의 확보 방안은, 정부 지원 예산으로 지역별 기초 조사 연구, 지역문화 지식 자원 아카이브 구축, 차세대 편찬 시스템 개발 등 인프라 구축 부분을 수행하고, 정부와 지방 자치 단체의 매칭 펀드로 디지털지역문화대전 편찬 업무 사업비를 조성한다.

3) 편찬 업무의 추진 체계

표 1.1 한국향토문화전자대전 편찬 과정

향토문화 연구자 연찬
• 지역 소재 문화 단체, 향토사 연구 전문가, 지방 자치 단체 문화담당관 등 본 사업 관계자들의 전문적인 지식과 의견을 수렴하여 사업 계획의 합리성 제고 • 지역문화 전문가들의 본 사업에 대한 이해도 및 참여 의지를 높여 중앙 및 지역의 향토문화 연구 역량이 결집된 사업 추진체 구성

후보 지역 기초 조사 연구

- 한국향토문화전자대전 편찬 후보 지역에 대해 본 사업 수행을 위한 기초 자원 조사 및 정보화 전략 연구 수행
- 지방 소재 역사문화 전문가 또는 지역문화를 연구 주제로 하는 해당 지역 소재 대학 연구소 및 지방 자치 단체의 재정 지원을 받는 지역 문화 단체를 연구 책임자로 하는 위탁 연구 과제 공모
- 자료 조사
- 일반항목, 개관항목, 기획항목 구성안
- 집필자 후보 선정

지역 선정 및 협약

- 한국학중앙연구원과 지방 자치 단체의 매칭 펀드로 사업 재원 조성
- 지방 자치 단체의 의견과 여건을 충실히 반영한 사업 시행 계획 수립

편찬 사업 수행

- 지역별로 2년에 걸쳐 수행
- 1차 연도 : 기초 조사 연구에서 조사된 자료의 분석·평가, 이를 토대로 한 항목 원고 집필 업무를 중점 추진
- 2차 연도 : 항목 원고 집필 완료, 전자 텍스트 편찬, 멀티미디어 콘텐츠의 제작 및 서비스 시스템 구현 등의 업무를 추진

TEXT 데이터 제작	A/V 데이터 제작	지리 정보 편찬
• 집필 의뢰 • 원고 수합 • 교정, 교열	• 유관 자료 조사 • 수집, 촬영 • Digitalization	• Base Map 제작 • Text-GIS Mapping

통합 전자 문서 제작
• 텍스트 데이터 XML 마크업(Mark-Up) • 텍스트, A/V, 지리정보 Intergration

⬇

서비스 시스템 개발
• 디렉터리 서비스 및 검색 서비스 • 이용자 참여 정보 편찬 • 온라인 편찬 관리

4) 지역별 편찬 사업 추진 일정

표 1.2 한국향토문화전자대전 사업 추진 일정(2년)

기초 조사 연구 사업	1차 연도(6개월)
• 기초 자료 조사·수집 및 지식 자원 아카이브 구축 • 일반항목, 개관항목, 기획항목 개발 및 구성안 작성 • 집필자 후보(군) 선정	

⬇

실행 계획 수립 및 본 사업 수행 계약 체결	1차 연도(3개월)

⬇

디지털마을지 조사 및 마을 항목 콘텐츠 제작	1차 연도(8개월)

➕

텍스트 데이터 제작 및 멀티미디어 자료 수집	1~2차 연도(9개월)

⬇

디지털 콘텐츠 및 GIS 제작	2차 연도(6개월)

$$\downarrow$$

서비스 시스템 개발	2차 연도(6개월)

5. 편찬 사업의 기대 효과

편찬 사업의 기대 효과는 다음과 같다.

첫째, 지역문화 자료의 체계적 발굴을 통해 한국 문화에 대한 연구력을 제고하고 연구 기반을 확충한다. 둘째, 21세기 시·군지 편찬의 표준 프레임워크(Framework)를 제시하여 지역 문화 집대성 작업의 효율성을 제고하고, 종래 시·군지 편찬 사업과의 중복을 방지하여 공공 예산을 절감한다. 셋째, 지역의 문화적 특수성과 관련된 고급 지식정보를 적시에 제공함으로써 지역의 특성 산업 육성과 장소 마케팅 개발 등에 기여한다. 넷째, 문화 콘텐츠 상품 개발의 중간재 및 관광 산업 등 타산업의 지적 소재를 개발하며, 정보기술(IT) 및 문화기술(CT) 관련 산업의 발달을 촉진한다. 다섯째, 인문 지식과 정보기술을 아우르는 연구 및 편찬 전문 인력을 육성하고, 인문계 고급 지식 인력을 위한 새로운 직업 기회를 창출한다.

II.

지역문화 기초 조사 연구

1. 지역문화 기초 조사 연구란

1) 기초 조사 연구의 목적

기초 조사 연구는 한국향토문화전자대전의 시·군·구별 편찬 사업을 효율적으로 시행하기 위하여 지역문화 콘텐츠에 대한 사전 조사 연구를 수행하는 것이다. 이를 통해 해당 디지털지역문화대전 편찬 작업의 기반을 조성하는 것을 목적으로 한다.

2) 기초 조사 연구의 과정

(1) 추진 절차

기초 조사 연구 과정은 지역의 문화에 관련된 각종 자료의 수집으로 시작되어 아카이브를 구성한다. 이를 바탕으로 항목이 선정되고 집필자가 선정된다.

표 2.1 기초 조사 연구의 과정

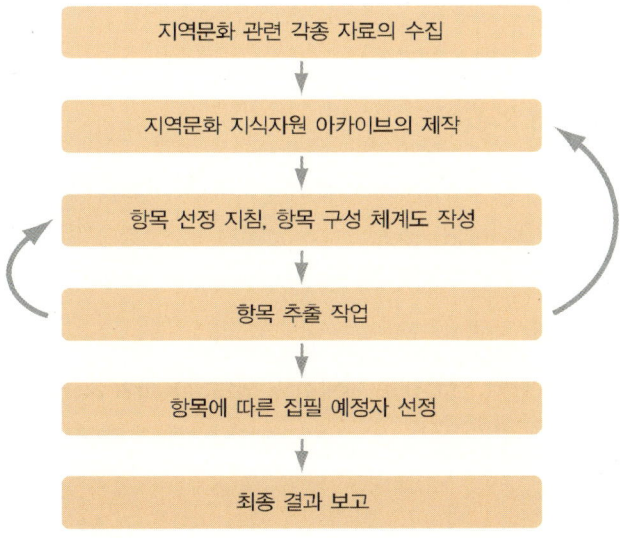

(2) 주요 내용

① 지역문화 지식자원 아카이브 구축

해당 지역의 지역문화에 관한 내용을 담고 있는 각종 유형의 자료를 조사·수집하여 목록화한다.

② 항목 선정 지침 작성

항목 선정 지침(지역 통일안)을 기초로 해당 지역의 특성을 고려한 항목 선정 지침을 작성한다.

③ 항목 구성 체계도 작성

작성한 항목 선정 지침에 의거하여 지역의 한국향토문화전자대전 항목 구성의 체계를 설계하고 이를 계층적 구조의 도표 형태로 구현한다.

④ 항목 후보 목록 작성

지역문화 지식 자원 아카이브 구축을 통해 수집한 자료를 분석하여 디지털지역문화대전의 기사가 될 항목을 선정한다. 항목은 일반항목, 개관항목, 기획항목으로 구분하여 선정한다.

⑤ 참고 자료의 수집·정리

항목을 선정할 때 기초 및 참고 자료로 사용한 자료(책, 논문, 웹사이트 등)의 목록을 작성한다.

⑥ 연구자 목록 작성

해당 지역의 향토문화 관련 연구자를 파악하여 한국향토문화전자대전의 집필자, 자문위원 등을 구성하는 데 활용한다.

2. 기초 조사 연구의 내용과 방법

1) 지역문화 지식자원 아카이브의 구축

(1) 개요

'지역문화 지식자원 아카이브'란 지역의 향토문화와 관련된 각종 지식자원을 조사·수집하여 이를 데이터베이스로 구축하는 것이다. 이를 통해 지역 향토문화의 전반적인 성격을 파악하여 한국향토문화전자대전의 편찬 방향을 설정하는 동시에 수집된 각종 자료를 편찬의 참고 자원으로 활용한다.

　자료 수집의 기본 원칙은 첫째, 해당 지역을 대상으로 서술한 자료 수집을 원칙으로 한다. 둘째, 전국 또는 여러 지역의 내용을 포함하는 자료라도 해당 지역에 관한 내용이 있으면 수집한다. 셋째, 인쇄물뿐만 아니라 음향, 사진, 영상 등도 수집 대상에 포함된다.

(2) 내용

① 아카이브의 대상

- 지방 자치 단체(시·군청, 읍·면·동사무소, 산하 기관 및 사업소 등 모두 포함)에서 만든 공식 자료
- 박물관, 자료관(사료관), 미술관, 기념관, 문화원, 예술 극장, 예총, 예술 회관 등에서 만든 공식 자료
- 해당 지역의 입법·사법·행정 기관과 농·축·수협, 한국전력 등 모든 정부 투자(산하) 기관에서 만든 공식 자료
- 방송국, 신문사 등의 언론 기관과 사단법인, 재단법인 등에서 만든 공식 자료
- 지역 문중, 청년회, 부녀회, 상가 번영회, 동호회 등과 같은 지역민들의 자생적인 모임과 단체(NGO) 등에서 지역의 문화 활동과 관련해서 제작한 자료

– 공식 등록된 단체는 아니더라도 지역민의 삶과 밀접한 관계에 있는 단체나 모임 (예를 들면 철거민세입자 모임) 등에서 생산된 자료들도 최대한 작업 대상에 포함된다.

● 개인이 조사 연구 혹은 문화·예술 산업 관련 작업을 통해 만든 자료

② 아카이브 자료의 수집 관리

대상 자료는 원칙적으로 원본 자료를 수집한다. 또한, 수집된 모든 자료는 마이크로소프트 엑셀 파일로 제출하는 것을 원칙으로 한다. 입수된 원본의 제출이 불가능한 경우에는 복사본으로 제출하고 원본 또는 복사본의 수집이 불가능한 자료는 해당 이미지를 스캔하여 파일로 첨부하여 제출한다. 원본 또는 복사본의 수집, 그리고 이미지 스캐닝이 모두 불가능한 자료는 위와 동일하게 해당 자료의 성격과 내용을 구체적으로 알 수 있도록 기본 형식에 맞게 상세하게 기입하여 마이크로소프트 엑셀 파일로 제출한다.

(3) 방법

① 아카이브 자료 작성 방법

수집된 아카이브 자료는 다음과 같은 방식으로 작성한다.

표 2.2 아카이브 목록 서식

제목	기타제목	주제어	저편자	발행일	ISBN	발행처	쪽수	지역 1			지역 2			읍·면·동	약호	매체유형	자료성격
								총권수	광역단위	시·군·구	읍·면·동	광역단위	시·군·구				
ⓐ	ⓑ	ⓒ	ⓓ	ⓔ	ⓕ	ⓖ	ⓗ	ⓘ	ⓙ	ⓚ	ⓛ	ⓜ	ⓝ	ⓞ	ⓟ	ⓠ	ⓡ

ⓐ **제목(필수 입력 사항)**

자료의 제목을 입력한다. 한자로 기록된 것은 한국어 음으로 바꾸어 입력한다.

ⓑ **기타 제목**

제목 이외의 부제목이나 별도의 외국어(영어, 일어, 한자 등)로 된 제목이 있을 경우
입력한다.

ⓒ **주제어(필수 입력 사항)**

검색 키워드가 되는 단어를 1개 이상 입력한다. 단, 해당 지역명은 제외한다. 내용의
전반을 대표하거나 주제가 될 만한 단어로 입력한다.

> 예 안내 자료(리플릿) : 한글 자료명_테마가 있는 퓨전문화체험 화성행궁 일요상설공연
> 주제어_관광, 지도, 명승, 유적, 특산물

ⓓ **저편자(필수 입력 사항)**

만든 사람이나 기관의 이름을 입력한다.

ㅡ 저편자가 한 가지 이상일 경우 쉼표로 구분한 후 한 칸 띄어서 입력한다.

> 예 홍길동, 성춘향

ⓔ **발행일**

발행일을 YYYY(년).MM(월).DD(일)의 형식으로 입력한다.

> 예 2009.03.03

ⓕ **ISBN**

국제표준도서번호(ISBN)가 있는 도서 자료의 경우 입력한다.

ⓖ **발행처**

발행한 기관의 공식 명칭을 입력한다.

ㅡ 발행처가 한 곳 이상일 경우는 쉼표로 구분한 후 한 칸 띄어서 입력한다.

> 예 국사편찬위원회, 한국학중앙연구원

ⓗ 쪽수

도서 자료는 전체 쪽수를 입력한다.

ⓘ 총 권수

자료가 여러 권으로 이루어져 있을 경우 전체 총 권수를 입력한다.

ⓙ 지역 1_광역 단위(필수 입력 사항)

전국 도 단위와 광역시 단위를 입력한다. 특정 지역에 한정되지 않을 경우 대한민국으로 입력한다.

ⓚ 지역 1_시·군·구(필수 입력 사항)

전국 도와 광역시의 하위 단위인 시·군·구를 입력한다.

ⓛ 지역 1_읍·면·동

전국 시·군·구의 하위 단위인 읍·면·동을 입력한다. 특정 읍·면·동에 한정되지 않을 경우는 생략할 수 있다.

ⓜ 지역 2_광역단위

ⓙ에 입력한 지역 이외에 중복으로 해당하는 광역 단위를 입력한다. 특정 지역에 한정되지 않을 경우 대한민국으로 입력한다.

ⓝ 지역 2_시·군·구

ⓚ에 입력한 지역 이외에 중복으로 해당하는 시·군·구를 입력한다.

ⓞ 지역 2_읍·면·동

ⓛ에 입력한 지역 이외에 중복으로 해당하는 읍·면·동을 입력한다. 특정 읍·면·동에 한정되지 않을 경우는 생략할 수 있다.

ⓟ 약호

항목 목록의 '참고 자료 목록'에 있는 자료를 아카이브 목록에 입력할 경우에 사용한다.

이때 반드시 항목 목록의 '참고 자료 목록'에서 사용한 약호와 동일하게 입력한다.

　ⓠ 매체 유형(필수 입력 사항)

'단행본, 팸플릿, 연속간행물, VHS, 오디오테이프, CD-ROM, DVD-ROM, 기타' 중에서
해당하는 내용을 입력한다.

　ⓡ 자료 성격(필수 입력 사항)

'일반자료, 통계자료, 관광안내, 보고서, 학술자료, 지도, 도록/사진, 기타' 중에서 해당
하는 내용을 입력한다.

② 아카이브 자료 입력의 예

표 2.3 아카이브 자료 입력의 예

제목	기타 제목	주제어	저편자	발행일	ISBN	발행처	쪽수
ⓐ-1	ⓑ	ⓒ	ⓓ	ⓔ	ⓕ	ⓖ	ⓗ
고령문화사대계 1 역사편		문화사	고령군 대가야 박물관, 경북 대학교 퇴계 연구소	2008.03.26	978-89-555 56-602-4 93910	고령군 대가 야 박물관, 경북대학교 퇴계연구소	529
고지도와 읍지로 보는 영양 (박물관 아카이브 제2집)	古地圖와 邑誌로 보는 英陽	고지도, 읍지, 생활사	영양산촌생활 박물관	2008.11.28	978-89-912 63-27-7	영양산촌 생활박물관	176
도시재생 디자인 으로 승부하자! (서유럽 4개국 선 진도시 디자인연 수 보고서)		디자인	구로구, 양천구	2008.05.00		서울특별시 구청장협의 회 서남권	58
한국과 일본의 새로운 시작		일제 강점기, 한일 관계	다나카 히로 시, 이타가키 류타, 한국학 중앙연구원 한국문화교류 센터 역	2007.12.27	978-89-920 37-26-6	뷰스	201
장월중선의 음악 세계	The Music World Jang Woljungseon	국악	국립민속 국악원	2004.12.00		국립민속국 악원	
구로문학		문학	구로문인협회	2007.12.27		구로문인협회	375
충주시지		시지	충주시	2002.01.10		충주시	2,734

총권수	지역 1			지역 2			약호	매체 유형	자료 성격
	광역단위	시·군·구	읍·면·동	광역단위	시·군·구	읍·면·동			
ⓘ	ⓙ	ⓚ	ⓛ	ⓜ	ⓝ	ⓞ	ⓟ	ⓠ	ⓡ
1	경상북도	고령군					대계 1	단행본	일반자료
1	경상북도	영양군					고읍	단행본	도록/사진
1	서울특별시	구로구		서울특별시	양천구		도시재생	단행본	보고서
1	대한민국	대한민국					한일새	단행본	단행본
	전라남도	곡성군					장월중선	DVD-ROM	일반자료
1	서울특별시	구로구	개봉2동				구로문학	연속간행물	일반자료
	충청북도	충주시					충주	CD-ROM	일반자료

2) 편찬 내용 체계의 구성

(1) 항목 선정 지침 작성

① 개요

항목 선정 지침은 각 디지털지역문화대전의 내용을 구성하는 항목을 선정하는 기준이다. 각 지역의 특수성과 전국적인 보편성을 동시에 담보하는 한편, 분야별·유형별로 균형 있는 항목을 선정할 수 있도록 지침을 마련해야 한다.

항목 선정 지침 작성의 기본 원칙은 역사, 지리, 정치, 경제, 종교, 문화유산, 예술 등 지역 고유의 문화 자원이 누락되지 않고 균형 있게 선정될 수 있도록 작성하는 것이다. '한국향토문화전자대전 분야·유형·시대 분류표'와 '분야별 항목 선정 지침(지역통일안)', '유형별 항목 선정 지침(지역통일안)'을 참고하여, 해당 지역의 특성에 맞는 분야별·유형별 항목 선정 지침을 작성한다.

또한 공간적으로는 해당 지역의 전체를, 시간적으로는 과거부터 현재까지를 총망라할 수 있도록 작성해야 하며, 기본 원칙, 일반 원칙, 세부 기준 등으로 계층화하여 최대한 상세하게 작성한다. 그리고 각 항목마다 구체적인 예를 제시한다.

항목은 일반항목, 개관항목, 기획항목 세 가지 종류로 구분한다. 일반항목은 지역 향토문화의 특성을 구체적으로 서술할 수 있는 항목이고, 개관항목은 지역 향토문화의 특성을 종합적으로 살펴보기 위해 각 분야를 개관할 수 있는 항목을 말한다. 기획항목은 지역의 특수성·독창성을 부각시켜 해당 지역의 대표 콘텐츠로 개발할 수 있는 항목이다.

표 2.4 한국향토문화전자대전 분야 · 유형 · 시대 분류표

분야			
대분류		중분류	
A	자연 · 지리 (삶의 터전)	A1	자연지리
		A2	인문지리
		A3	동식물
B	역사 (삶의 내력)	B1	전통시대
		B2	근현대
C	문화유산 (삶의 자취)	C1*	(유형유산)
		C2*	(무형유산)
		C3*	(기록유산)
D	성씨 · 인물 (삶의 주체)	D1	성씨 · 세거지
		D2*	(전통시대인물)
		D3*	(근현대인물)
E	정치 · 경제 · 사회 (삶의 틀)	E1	정치 · 행정
		E2	경제 · 산업
		E3	사회 · 복지
		E4	과학기술
F	종교 (삶의 내용 1)	F1	불교
		F2	유교
		F3	기독교
		F4	신종교
G	문화 · 교육 (삶의 내용 2)	G1	문화 · 예술
		G2	체육
		G3	교육
		G4	언론 · 출판
H	생활 · 민속 (삶의 방식)	H1	생활
		H2	민속
I	구비전승 · 어문학 (삶의 이야기)	I1	구비전승
		I2	언어
		I3	문학

'*'로 표시된 분야(C1, C2, C3, D2, D3)는 대표 분야가 될 수 없음. 반드시 다른 분야와 함께 중복 분야로만 지정할 것.

유형	세부 유형
개념 용어	개념용어(일반)
	개념용어(기획)
	개념용어(개관)
기관 단체	기관단체(일반)
	학교
	사찰
놀이	놀이
동물	동물
문헌	단행본
	연속간행물
	문서
물품 도구	물품도구
	특산물
사건	사건사고와 사회운동
	조약과 회담
성씨	성씨
식물	보호수
	식물(일반)
유물	기명류
	불상
	서화류
	유물(일반)
유적	건물
	능묘
	터
	유물산포지
	비
	탑과 부도
	고분
유적	유적(일반)
	민간신앙유적
음식물	음식물
의례	평생의례와 세시풍속
	제
의복	의복
인물	전통인물
	근현대인물
	가공인물
작품	음악, 공연작품 및 영상물
	민요와 무가
	무용과 민속극
	문학작품
	미술과 공예
	설화
제도	법령과 제도
	상훈
	관직
	관부(전통시대)
지명	행정지명과 마을
	고지명
	시설
	도로와 교량
	자연 지명
	군락, 서식지 및 철새도래지
행사	행사

시대		
대분류	중분류	내용
선사	석기	
	청동기	
	철기	
고대	초기 국가시대	고조선
		부여
		옥저
		동예
		삼한
	삼국시대	가야
		고구려
		백제
		신라
	남북국시대	통일신라
		발해
		태봉
		후백제
고려	고려 전기	918(태조)~1170(의종)
	고려 후기	1171(명종)~1392(공양왕)
조선	조선 전기	1392(태조)~1592(선조 25)
	조선 후기	1593(선조 26)~1863(철종)
근대	개항기	1864(고종)~1910(순종)
	일제강점기	1910.8.22~1945.8.14
현대	현대	1945.8.15 이후

② 분야별 항목 선정 지침(지역 통일안)

항목을 선정할 때는 한국향토문화전자대전 분류 체계의 9개 분야를 고려하여 해당 디지털지역문화대전에 포함될 지역문화의 모든 지식과 정보를 망라하여 추출·선정해야 한다. 항목의 선정 작업은 지역의 향토문화에 관한 지식·정보·자료 등을 체계적으로 담을 수 있는 기초 근거로서의 항목을 확보하는 것을 근본 목표로 삼는다.

항목 선정의 기본 지침은 23개의 중분류(자연지리, 인문지리, 동식물, 전통시대, 근현대, 성씨·세거지, 정치·행정, 경제·산업, 사회·복지, 과학기술, 불교, 유교, 기독교, 신종교, 문화예술, 체육, 교육, 언론·출판, 생활, 민속, 구비전승, 언어, 문학)에 따라 지역 향토문화의 지식·정보를 망라할 수 있도록 선정하되, 지나친 편중이 없이 조화와 균형을 이루어야 한다. 모든 분야의 항목들은 가장 최근에 조사·연구된 성과 결과물을 기반으로 지역 향토문화 지식·정보의 상황을 정확하게 반영하여 항목을 선정한다.

[분야 1] 자연지리

ⓐ 기본 분류
지역의 자연환경과 관련된 제반 현상과 사물을 자연지리로 분류한다.

ⓑ 선정 지침
지역의 환경·지리적 특성을 나타낼 수 있는 항목을 선정한다.

- 지역의 위치, 지형, 지질 및 토양, 기후, 자연재해 등에 관한 항목을 선정한다.
  - [예] 현무암(제주), 주상절리(제주), 집괴암(울릉), 석호(강릉), 태풍 매미(울릉)
- 지역에 소재하는 산·하천·고개·평야·섬 등 지역의 중요한 자연 지명을 선정한다.
  - [예] 괘방산(진주), 매봉산(청주), 남강(진주), 무심천(청주), 남태령(과천), 김제평야(김제), 마라도(제주)

[분야 2] 인문지리

ⓐ 기본 분류

지역에서 공간을 중심으로 자연 · 인간 · 역사의 관련성에 초점을 두고 인간이 만든 문물에 관한 제반 양상을 인문지리로 분류한다.

ⓑ 선정 지침

지역에서 중요한 인문 지명을 선정한다.

- 시 · 군 · 구명과 읍 · 면, 법정동 · 리는 반드시 선정한다. 단, 의미가 있는 행정동리는 선정할 수 있다.

  예 강릉시(강릉), 음성군(음성), 대곡면(진주), 교동(강릉), 금계리(진도)

- 자연마을 가운데 다음과 같은 특성을 지닌 마을을 선정한다. 자연마을의 경우 반드시 선정 기준을 상세히 기술하여야 한다.

  - 입지와 형태가 특수한 마을

    예 동성마을(집촌 : 제주), 고양동(산촌 : 서산)

  - 전통 가옥이 많이 남아 있거나 전통문화가 전승되고 있는 마을

    예 닭실마을(봉화), 하회민속마을(안동)

  - 특수한 기능 및 생업을 가진 마을

    예 어우슬(화전민 마을 : 정선), 청호동(실향민촌 : 속초), 사천갈골마을(한과 마을 : 강릉)

- 관광은 지역 소재 국립공원, 도립공원, 명승 등을 선정한다.

  예 설악산 국립공원(속초), 금오산 도립공원(구미), 불영사 계곡 일원(울진), 경포팔경(강릉)

- 교통은 고속국도, 일반국도, 특별시도, 지방도, 시도, 군도, 버스터미널, 철도역, 전철역, 교량, 공항, 항구 등을 선정한다.

  예 중부고속국도(청주), 국도 7호선(강릉), 진주고속버스터미널(진주), 충북선(청주), 남원역(남원), 수내역(성남), 진도대교(진도), 제주국제공항(제주), 정동진항(강릉)

- 지역의 내용을 담은 전통시대의 지리지 및 지도, 현대의 시군지 등 향토지를 선정한다.

  예 『임영지』(강릉), 『용성지』(남원), 「제주3읍도총지도」(제주)

[분야 3] 동식물

ⓐ 기본 분류

지역에서 서식·자생하고 있거나 향토적 의미가 있는 동물·식물은 동식물로 분류한다.

ⓑ 선정 지침

- 지역에 서식하는 동식물에 대한 개괄적 현황을 나타내 주는 용어를 선정한다.
  > 예 동물상, 식물상
- 시·군·구를 상징하는 동식물을 선정한다.
  > 예 철쭉(성남), 느티나무(청주), 제주큰오색딱따구리(제주)
- 지역 내에 분포·서식했거나, 분포·서식하고 있는 동물·식물 중 자연지리학적으로 특별한 의미가 있는 것(특산 동식물, 환경부 지정 보호 야생 동식물, 희귀종, 철새 도래지, 서식지, 군락지)을 선정한다.
  > 예 미선나무(괴산, 부안), 황새(음성), 괭이갈매기(울릉), 진도의 백조도래지(진도), 제주연안 연산호 군락지(제주)

[분야 4] 전통시대

ⓐ 기본 분류

해당 지역의 선사시대(석기, 청동기, 철기)·고대(초기국가시대, 삼국시대, 남북국시대)·고려시대·조선시대 관련 용어, 단체, 문헌, 사건, 유물, 유적, 인물, 제도를 전통시대로 분류한다.

ⓑ 선정 지침

- 선사시대, 고대, 고려시대, 조선시대 관련 용어를 선정한다.
  > 예 청동기시대, 고인돌, 고분, 마한, 가야, 고려시대
- 전통시대에 지역에서 조직되었거나, 지역을 중심으로 활동한 단체를 선정한다.
  > 예 금란계(진주), 금란반월회(강릉)
- 지역에서 소장하고 있거나 지역 인물과 관련된 문헌 중, 양반 관료의 포상 내용

을 기록하여 만든 문서, 관원명부, 방목, 화회문기, 분재기 등 지역 지배 계층의 실태, 지방 통치 실상, 지역 사회상 등을 파악할 수 있는 문헌 자료를 선정한다.

> 예 황석강 『양무원종공신녹권』(진주), 『강릉부선생안』(강릉), 경상대학교 소장 『정덕계유사마방목』(진주), 「이씨분재기」(강릉), 「공산초비기」(공주)

- 전통시대에 해당 지역에서 발생하였거나, 지역을 주 무대로 전개된 사건을 선정한다.

> 예 진주성전투(진주), 명량대첩(진도), 박옥기 사건(강릉), 금산이사(진도), 김헌창의 난(공주)

- 지역 전통문화의 변천 양상을 살필 수 있는 유적, 유물 등을 선정한다.

> 예 개신동 유물산포지(청주), 거열성(진주), 계원리 고려 고분(진주), 김시민 장군 전공비(진주), 교룡산성 승장동인(남원)

- 고대로부터 조선시대에 이르는 시기의 해당 지역 출신 인물, 혹은 그 지역의 관료로서 지역문화 전반에 영향을 끼친 인물을 선정한다.

> 예 김주원(강릉), 조식(진주), 최기(진도군수)

- 지역 제도의 변화나 지명의 변천 등에 관련된 항목을 선정한다.

> 예 강릉대도호부(강릉), 청주목(청주), 남원현(남원), 초산도비리국(진도), 경상우병영(진주)

[분야 5] 근현대

ⓐ 기본 분류

1876년 개항기 이후 현재에 이르는 시기의 역사 관련 용어, 단체, 문헌, 사건, 유물, 유적, 인물, 제도를 근현대로 분류한다.

ⓑ 선정 지침

- 근현대 관련 용어를 선정한다.

> 예 근현대(근대, 일제강점기, 현대), 독립운동가

- 근현대 해당 지역에서 조직되었거나, 지역을 중심으로 활동한 단체를 선정한다.

> 예 형평사(진주), 근우회 강릉지부(강릉), 제주도 야체이카(제주)

- 근현대 외국 문물의 유입으로 대두한 신문화의 전개, 독립운동, 대한민국 정부

수립, 한국전쟁 등과 관련하여 해당 지역에서 발생하였거나, 해당 지역을 중심으로 전개된 사건을 선정한다.

> 예 3·1운동, 단발령, 형평운동(진주), 4·3사건(제주), 동해안지구전투(강릉), 미군 남원 양민 학살사건(남원)

- 근현대 해당 지역 출신, 혹은 그 지역에서 활동한 인물 중 독립운동가, 의병, 사회 운동가 등 해당 지역문화의 전반에 걸쳐 영향을 준 인물을 선정한다.

  > 예 강상호(진주), 여운형(강릉)

- 지역 제도의 개편 등 한국 사회가 근대기로 진입한 이후 지역의 변화된 모습을 이해하는데 필요한 항목을 선정한다.

  > 예 진주 이사청 지청(진주), 진주군(진주)

[분야 6] 성씨 · 세거지

ⓐ 기본 분류

해당 지역을 본관으로 하는 성씨, 세거성씨, 지역에 소재한 집성촌이나 동족마을은 성씨 · 세거지로 분류한다.

ⓑ 선정 지침

지역에 소재한 본관, 성씨, 집성촌, 족보, 동족마을, 제2의 본관 등을 선정한다.

- 해당 지역을 본관으로 하는 성씨를 선정한다.

  > 예 진주 강씨(진주), 청주 한씨(청주), 제주 부씨(제주)

- 지역에 소재한 동족마을과 집성촌을 항목으로 선정한다.

  > 예 강릉 김씨 금산리 동족촌(강릉), 사정리 강당말 안동 김씨 집성촌(음성)

[분야 7] 정치 · 행정

ⓐ 기본 분류

정치 단체, 사건, 선거, 지역 의회, 행정 제도, 행정 기관 일체는 정치 · 행정으로 분류한다.

ⓑ 선정 지침

● 지역의 정치·행정과 관련된 공공 기관을 선정한다.
　例　강릉우체국(강릉), 진도경찰서(진도), 진도군의회(진도)

● 지역의 정치·행정과 관련된 사건을 선정한다.
　例　하남시장 소환사건(하남)

● 지역 출신이거나, 지역 사회에 특별히 공헌한 사항이 있는 정치가·행정가를 엄선한다.
　例　박정희(구미), 신철주(제주)

● 지역의 정치·행정과 관련된 제도를 선정한다.
　例　제주특별자치도특별법(제주)

[분야 8] 경제·산업

ⓐ 기본 분류

경제 단체, 기업체, 산업, 기반 시설, 특산물 등은 경제·산업으로 분류한다.

ⓑ 선정 지침

농업, 상업, 광공업, 서비스업 등 1차, 2차, 3차 산업을 대상으로 항목을 선정한다.

● 지역의 경제 상황을 설명하는 데 필요한 산업 개념어를 선정한다.
　例　경제산업, 농업, 어업

● 지역에 소재하며 지역 경제와 관련된 공공성 있는 기관·단체를 중심으로 선정한다. 단, 이익 단체는 제외한다.
　例　강릉농업협동조합(강릉), 성남산업진흥재단(성남), 진주시 농업기술센터(진주)

● 지역에 소재하는 다음과 같은 기업을 선정할 수 있다.
　－ 지역에서 설립되고 성장하여 지역 자체의 고유성을 갖고 있는 기업
　　例　성남시내버스(주)(성남), 청주방직(청주), 탐라가족(제주)
　－ 지역민의 고용 효과, 복지, 교육 투자 등 지역 사회에 사회·경제적 기여도가 큰 기업

- 지역 경제에 파급 효과가 큰 규모를 가진 기업

  예 LG 청주공장(청주)

- 특허를 받았거나 신기술을 보유한 선도 기업

- 지역 고유의 특산물이나 제품을 생산, 판매하는 기업

  예 강릉초당두부(강릉)

● 소규모 또는 개인 상업 활동이라도 지역에서 역사성을 가지고 있거나 특별한 이
야기가 있는 곳은 선정할 수 있다.

  예 달성기름방(구로구), 동신이발관(용인)

● 산업단지, 농공단지, 시장, 댐, 저수지 등의 산업 기반 시설을 선정한다.

  예 구미국가산업단지(구미), 운봉목기단지(남원), 산성시장(공주), 덕산저수지(남원)

[분야 9] 사회 · 복지

ⓐ 기본 분류

지역의 시민 활동, 복지, 보건의료, 의약학과 관련된 용어, 기관단체, 사건, 인물, 시설
등을 사회 · 복지로 분류한다.

ⓑ 선정 지침

● 지역의 주요 시민 · 노동 · 복지 단체를 선정한다.

  예 수원환경운동센터(수원), 태안참여자치시민연대(태안), 안산외국인인권보호센터(안산), 임실군농민회(임
실), 군포여성민우회(군포), 군산빈민연대(군산)

● 보건소를 포함한 국공립 의료 기관, 대학 부설 의료 기관, 종합 병원이나 특수한
목적으로 설립된 의료 기관을 선정한다.

  예 충북대학교 병원(청주), 진주 고려병원(진주), 천안시립 노인병원(천안), 울릉군립 의료원(울릉), 강릉시 보
건소(강릉)

● 사립 (한)의원과 병원, 약국 등은 역사성이 있거나 지역에서 매우 의미 있는 업적
과 활동이 있는 것을 엄선한다.

  예 보령약국(종로), 배약국(울릉), 육일약국(마산), 요셉의원(영등포구)

- 시민 사회 활동이나 사건, 행사 등을 선정한다.
  > 예 창원 람사총회(창원), 천성산 도롱뇽 소송(양산)
- 사회 · 봉사 · 의료 분야에서 중요한 인물을 선정한다.
  > 예 장일순(원주), 오긍선(군산)
- 아동, 노인, 장애인 등의 주요 복지 시설을 선정한다.
  > 예 진주 종합사회복지관(진주), 문경시 장애인종합복지관(문경)

[분야 10] 과학기술

ⓐ 기본 분류

지역의 과학기술과 관련된 용어, 기관단체, 물품도구(발명품), 인물, 시설 등은 과학기술로 분류한다.

ⓑ 선정 지침

- 지역에 소재한 과학기술 관련 기관 및 단체 등을 선정한다. 기업 연구소의 경우, 지역에 중요한 기여를 하는 것을 엄선한다.
  > 예 강원지방기상청(강릉), 한국과학기술연구원 강릉분원(강릉), 삼성탈레스 용인 레이더 연구소(용인)
- 지역과 관련이 있는 과학기술 관련 물품도구를 항목으로 선정한다.
  > 예 비거(진주), 거중기(수원)
- 지역 출신이거나 지역에서 활동한 과학기술 관련 인물을 항목으로 선정한다.
  > 예 홍순우(강릉), 정평구(진주 : 비거 발명가), 석주명(제주)
- 지역에 소재하거나 조성 추진 중인 과학기술 관련 시설을 항목으로 선정한다.
  > 예 강릉과학지방산업단지(강릉), 제주첨단과학기술단지(제주)
- 지역에서 주최한 과학 관련 행사는 항목으로 선정한다.
  > 예 신나는 지평선과학아카데미 축제한마당(김제), 다우코닝 과학교실(진천)

[분야 11] 불교

ⓐ 기본 분류

지역의 불교와 관계된 사찰, 단체, 유적·유물, 인물, 행사, 사건, 의례, 문헌 등을 불교로 분류한다.

ⓑ 선정 지침

● 지역에 소재하는 각 종파의 중심 사찰이나 중요한 역할을 하는 사찰을 선정한다.

> 예 백운사(강릉), 실상사(남원), 관음사(제주)

● 지역의 주요한 불교 관련 단체를 선정한다.

> 예 대한불교해동종총무원(용인)

● 지역에서 일어난 불교 관련 사건을 선정한다.

> 예 이차돈의 순교(경주)

● 불교 유적·유물 중 문화재로 지정된 것은 반드시 선정하고, 이 외에 향토사적 의미가 있는 것을 선정한다.

> 예 보현사 대웅전(강릉), 신복사지(강릉), 용두사지 철당간(청주), 관음사 동종(강릉)

● 지역 출신이거나, 지역에서 활동한 주요 불교 인물을 선정한다.

> 예 범일(강릉), 한용운(홍성), 초의(제주)

● 지역과 관련된 불교 관련 행사를 선정한다.

> 예 관음사 4·3위령제(제주), 한라산 영산대제(제주), 백양사 무차선대회(장성)

[분야 12] 유교

ⓐ 기본 분류

지역의 유교와 관계된 단체, 문헌, 사건, 의례, 유적·유물, 인물(효자·열녀 포함), 행사 등을 유교로 분류한다.

ⓑ 선정 지침

● 지역의 향교, 서원, 서당, 서숙, 사당 등을 선정한다.

> 예 강릉향교(강릉), 신항서원(청주), 삼천서당(제주), 충무사(진도), 각후재(진주)

● 유교 문화의 전통을 계승 · 발전시키고자 하는 지역의 단체 및 기관을 선정한다.

> 예 율곡학회(강릉), 강릉향교 유도회 강릉지부(강릉)

● 지역의 유교와 관련된 주요 문헌이나 문서를 선정한다.

> 예 『간암문집(艮菴文集)』(진주), 「단동촌동장수본(丹洞村洞長手本)」(진주), 「능향전 창건기문」(강릉)

● 유교 관련 사건 중에서 의미 있는 것을 선정한다.

> 예 유도회 성균관 분규사건(종로)

● 유교 관련 유적 · 유물 중 문화재로 지정된 것은 반드시 선정하고, 이 외에 문화 사적으로 의미가 있는 것을 선정한다.

> 예 강릉 효자리 비(강릉), 남원향교 대성전(남원)

● 지역 출신이거나, 지역에서 활동한 주요 유학자를 선정한다.

> 예 문영후(제주), 윤증(논산)

● 지역의 효자, 열녀를 선정한다.

> 예 강천복(진도), 고익지 처 신씨(강릉), 박계곤(제주)

● 지역에서 의미 있는 유교 관련 행사를 선정한다.

> 예 향현사 다례(강릉), 강릉향교 석전대제(강릉)

[분야 13] 기독교

ⓐ 기본 분류

지역의 기독교(천주교 · 개신교)와 관계된 단체(교회 · 성당 포함), 문헌, 사건, 유적 · 유물, 의례, 인물, 행사, 사건 등을 기독교로 분류한다.

ⓑ 선정 지침

● 지역에 소재한 개신교 · 천주교 관련 기관 및 단체를 선정한다.

> 예 고초골 피정의 집(용인), 한국기독교순교자기념관(용인), 올리베따노 성 베네딕도 수녀회(부산)

● 지역에 소재한 천주교 성당과 역사성을 갖고 있는 천주교 공소를 선정한다.

> 예 감곡성당(음성), 하대성당(진주), 옥천동 천주교회(강릉), 마산 양덕주교좌성당(마산), 삼산공소(진주), 안

인공소(강릉)

- 지역에서 활동하고 있는 개신교 각 종파의 중심 교회와 지역에서 중요한 역할을 하는 교회를 선정한다.

  예 청주성결교회(청주), 강릉중앙감리교회(강릉)

- 지역의 기독교 · 천주교와 관련된 주요 문헌 · 문서를 선정한다.

  예 『뮈텔주교일기』(강릉)

- 지역에서 의미 있는 개신교 · 천주교 사건을 선정한다.

  예 진주교회 형평운동(진주)

- 개신교 · 천주교 관련 유적 · 유물 중 문화재로 지정된 것은 반드시 선정하고, 이 외에 역사적으로 의미가 있거나 지역에서 의미 있는 것을 선정한다.

  예 성공회 강화성당 건물(강화), 정 안토니오 순교성지(진주), 성 김대건 안드레아 신부 동상(용인), 마산 양덕 주교좌성당 본당(마산), 강릉중앙감리교회 본당(강릉 : 1921년 목조 한옥 양식)

- 지역 출신이거나 지역을 중심으로 활동한 개신교 · 천주교 관련 인물을 선정한다.

  예 김대건(용인), 심 스테파노(강릉)

- 지역에서 의미 있는 개신교 · 천주교 관련 행사를 선정한다.

  예 천주교 인천교구 레지오 마리애 도입 50년 기념행사(인천)

[분야 14] 신종교

ⓐ 기본 분류

조선 후기 이후에 등장한 종교와 관련된 단체 및 기관, 문헌, 사건, 유적 · 유물, 인물, 행사 등을 신종교로 분류한다.

ⓑ 선정 지침

- 지역의 역사 · 문화 · 생활에 영향을 끼친 신종교 교파와 단체를 선정한다.

  예 원불교 강릉교당(강릉), 대순진리회 제주지부(제주)

- 지역의 신종교와 관련된 주요 문헌 · 문서를 선정한다.

- 지역에서 의미 있는 신종교 관련 사건 · 행사를 선정한다.

- 신종교와 관련된 유적·유물 중 문화재로 지정된 것은 반드시 선정하고, 이 외에 역사적으로 의미가 있거나 지역에서 의미 있는 것을 선정한다.

  예 최제우 유허지(울산), 용담정(경주)

- 지역에서 출생하거나 활동한 신종교 관련 인물을 선정한다.

  예 강승태(제주 : 무극대도 교주)

[분야 15] 문화예술

ⓐ 기본 분류

지역의 음악, 미술, 사진, 연극·영화, 무용, 대중문화, 지역 축제와 관련된 단체, 시설, 인물, 작품, 행사를 예술로 분류한다.

ⓑ 선정 지침

- 지역의 예술과 관련된 기관단체를 선정한다.

  예 한국음악협회 제주도지회(제주), 인천서예협회(인천), 한국고미술협회 경남지회(마산), 김포사진협회 (김포)

- 지역의 예술과 관련된 시설을 선정한다.

  예 오지호 기념관(화순), 경남도립미술관(창원), 천안시민문화회관(천안)

- 지역 출신이거나 지역에서 활동한 예술 관련 인물을 선정한다.

  예 송근우(제주), 윤이상(통영)

- 지역을 소재로 한 작품, 지역 출신 작가의 대표 작품, 지역에 있는 주요 작품을 선정한다.

  예 「울고 넘는 박달재」(제천), 「울릉도 트위스트」(울릉), 「와이키키 브라더스」(충주)

- 지역에서 정기적으로 열리는 예술과 관련된 예술제, 경연대회를 선정한다.

  예 대구단편영화제(대구 남구), 부산국제영화제(부산 해운대), 광주비엔날레(광주 북구), 동강사진축제(영월), 거창무용제(거창), 강원무용제(춘천)

- 지역 특유의 문화적 색채를 드러낼 수 있는 축제를 선정한다.

  예 음성청결고추축제(음성), 삼양검은모래축제(제주), 강릉단오제(강릉), 함평나비축제(함평)

- 주요한 도요지를 선정한다.
  - 예 사기막리 백자도요지(강릉)

[분야 16] 체육

ⓐ 기본 분류
지역의 체육과 관련된 단체, 시설, 인물, 행사는 체육으로 분류한다.

ⓑ 선정 지침
- 지역에 소재한 전국 규모 체육 단체의 지부, 지역 자치 단체 소속의 체육 단체와 지역 연고의 주요 체육 단체를 선정한다.
  - 예 양산시청 여자배구팀(양산), 포항시청 야구팀(포항), 음성 사회체육협의회(음성)
- 지역 출신이거나 지역에서 활동한 체육 관련 인물을 선정한다.
  - 예 고상돈(제주), 남승룡(순천)
- 지역에 위치하여 지역 체육 발전에 기여하는 체육 시설을 선정한다.
  - 예 남해군 공설운동장(남해), 수원월드컵경기장(수원)
- 지역에서 정기적으로 개최하였거나 현재 시행하고 있는 행사를 선정한다.
  - 예 제27회 전국장애인체육대회(김천), 제59회 충청남도민체육대회(논산), 동아마라톤대회(경주)

[분야 17] 교육

ⓐ 기본 분류
초·중·고등교육, 특수교육, 평생교육 등과 관련된 용어, 학교 및 교육기관, 교육 단체, 교육 관련 사건과 행사, 인물은 교육으로 분류한다.

ⓑ 선정 지침
- 현재 존속하고 있는 초등학교, 중학교, 고등학교, 대학교 등 정규 학교는 반드시 선정한다.
  - 예 수봉초등학교(음성), 평촌중학교(안양), 낙생고등학교(성남), 충주대학교(충주)

● 교육법 시행령에 의해 설치된 분교와 분교장은 지역의 특성을 고려하여 선정할 수 있다.

> 예 남신초등학교 덕생분교(음성), 울진중학교 삼근분교(울진), 고령중학교 개진분교장(고령)

● 특수교육진흥법에 의해 특수교육을 목적으로 설립된 학교나 기관을 선정한다.

> 예 성은학교(성남), 숭덕학교(충주), 경희학교(경주), 국립특수교육원(안산)

● 교육부 인가 특성화 대안학교를 반드시 선정한다.

> 예 간디학교(산청), 두레자연고등학교(화성), 지리산고등학교(산청)

● 교육 활동을 지속적으로 하고 있는 비인가 대안학교를 선정한다.

> 예 꽃피는 학교(제천), 성미산학교(마포), 곡성평화학교(곡성), 더불어 가는 배움터 길(의왕)

● 역사적으로 의미를 지니거나 지속성을 띤 야학을 선정한다.

> 예 섬돌야학(구로구), 광주희망야학(광주 동구)

● 지역교육에서 특별한 의미를 지닌 유치원을 선정할 수 있다.

> 예 인천자유유치원(인천 : 장애, 비장애 통합교육 유치원), 전주유화학교(전주 : 전국 최초 유치부 과정 공립 특수학교), 한우리학교(화성 : 유아특수학교), 진주유치원(일제강점기에 설립된 유치원)

● 지역에서 꾸준히 활동하고 있는 장학회나 장학 재단을 선정한다.

> 예 건화문화장학재단(고령), 경산시장학회(경산), 군포사랑장학회(군포), 양주시희망장학재단(양주)

● 지역의 교육 발전에 큰 기여를 한 교육 단체나 연구소를 선정한다. 학교 부설 연구소는 특별한 의미를 지닌 것으로 엄선한다.

> 예 강원도 춘천교육청(춘천), 경남교육포럼(창원), 부산교육연구소(동래구), 전국교직원노동조합 부천중등지회(부천), 대전교육운동연합(대전)

● 국공립 도서관, 박물관은 반드시 선정한다.

> 예 시흥시립도서관(시흥), 서귀포시 중앙도서관(서귀포), 우당도서관(제주), 국립진주박물관(진주), 국립등대박물관(포항), 독도박물관(울릉), 태백석탄박물관(태백), 잠사박물관(수원)

● 지역에서 의미를 지니는 사립 도서관, 기타 도서관, 사립 박물관을 선정한다. 단, 대학 박물관이나 대학 도서관은 선정하지 않는다.

> 예 충현사립문고(문경), 하회동 탈박물관(안동), 목아박물관(여주), 거제박물관(거제), 참소리축음기 · 에디슨 과학박물관(강릉)

● 지역교육에 큰 영향을 미친 사건이나 행사를 선정한다.

예 두밀분교 조례안사건(가평), 평생교육축제(광명), 전국 미디어교육 페스티벌(광주)

● 지역교육 발전에 큰 기여를 한 학자·교육자를 선정한다.

예 권홍우(진주), 김재덕(진도), 김동식(강릉)

[분야 18] 언론·출판

ⓐ 기본 분류

신문, 방송, 잡지, 출판과 관련된 용어, 단체, 문헌, 사건, 인물, 작품, 제도, 행사는 언론·출판으로 분류한다.

ⓑ 선정 지침

● 지상파 방송사의 지역 방송총국이나 지역의 민영 방송국을 선정한다. 종합 유선 방송사는 자체 제작하는 프로그램이 주를 이루며 언론으로서의 기능을 수행하는 곳으로 엄선한다.

예 KBS 청주방송국(청주), JTV 전주방송국(전주), 경기방송국(수원), 아름방송국(성남)

● FM 주파수(88~108MHz) 대역에서 작은 출력을 이용해 송출하는 소출력 라디오 방송국은 모두 선정한다.

예 FM분당(성남), NBS나주방송(나주), 금강FM방송(공주), 영주FM방송(영주)

● 지역 소식을 중심으로 전달하는 인터넷 언론을 선정한다.

예 YES.TV(이천), 당진인터넷방송(당진), 철원정보넷(철원)

● 향토성을 띠고 있거나 역사성을 가진 출판사와 서점을 선정한다. 지역 경제에 중요한 역할을 한 경우도 선정할 수 있다.

예 문경출판사(대전), 일선문고(청주), 인디고서원(부산 수영구)

● 지역 뉴스를 전달하는 것을 목적으로 지역에서 발간하는 신문을 선정한다.

예 중부매일(청주), 강원일보(춘천), 부천신문(부천), 양평타임즈(양평), 임영신문(강릉), 화성뉴스(화성)

● 정기적으로 발간되면서 지역 뉴스를 전달하는 것을 목적으로 하는 잡지 및 연속 간행물을 선정한다.

예 『충청리뷰』(청주), 『북부시대』(동두천), 『남선공론』(진주)

- 지역에 보관되었거나 내용상 지역과 직접적인 관련이 있는 고문서나 문집 등을 선정한다.
  - 예 『삼탄선생집』(청주)
- 지역에서 의미 있는 언론·출판 관련 사건, 제도, 행사를 선정한다.
  - 예 경기민주언론상(수원)
- 지역에 중요한 영향을 끼친 언론인이나 출판인을 선정한다.
  - 예 이도영(청주 : 충청일보사·청주문화방송 사장, 대통령 표창 수상), 김익달(상주 : 학원사 창립, 국민훈장 동백장 수상), 한창기(벌교)

[분야 19] 생활

ⓐ 기본 분류

의식주와 관련된 제반 문화 현상을 생활로 분류한다.

ⓑ 선정 지침

- 복식, 직조 기술, 의생활 관습 등 지역의 의생활 문화와 관련된 것을 선정한다.
  - 예 안동포(안동), 갈옷(제주), 호상옷(제주)
- 문화재로 지정된 의복이나 기술을 선정한다.
  - 예 전 박신룡 장군 의대(안성), 침선장(전주)
- 지역의 향토 음식이나 지역의 역사, 문화와 관련된 음식물을 선정한다.
  - 예 전주비빔밥(전주), 남원추어탕(남원)
- 문화재로 지정된 식생활 문화를 선정한다.
  - 예 경주 교동법주(경주 : 중요무형문화재 86-3호)
- 지역의 전통을 이해하는 데 도움이 되는 명절 음식, 시절 음식, 종교 음식, 식생활 관습 등을 선정한다.
  - 예 고리동반(제주), 안동헛제사밥(안동)
- 지역에서 문화재로 지정한 건축물은 반드시 선정하고, 이 외에 역사성이 있는 건축물을 선정한다.
  - 예 강릉 김윤기 가옥(강릉), 한송정(강릉)

- 지역의 전통을 이해하는 데 도움이 되고, 지역의 문화 영역을 구분하는 자료가 되는 주생활 관습을 선정한다.

  예 올래(제주), 우영(제주)

- 지역의 주요 누정, 모정 등의 정자를 선정한다.

  예 퇴수정(남원)

[분야 20] 민속

ⓐ 기본 분류

민간 신앙과 세시 풍속, 평생 의례, 민속놀이, 생업 기술과 도구 등 지역에서 전통적으로 행해진 제 현상과 문화 양상을 민속으로 분류한다.

ⓑ 선정 지침

- 지역의 무속 신앙·마을 신앙 등의 민간 신앙은 현재까지 존속되고 있는 것을 선정하는 것을 원칙으로 하되, 현존하지 않는 것이라도 지역문화를 이해하는 데 꼭 필요한 것은 선정할 수 있다.

  예 소돌 민간신앙(강릉), 성화동 서낭당(청주)

- 지역의 특색을 드러낼 수 있고, 지역에서 향토적 의미가 있는 세시 풍속, 평생 의례, 민속놀이를 선정한다.

  예 묵은세배(청주), 강릉 사천하평답교놀이(강릉)

- 지역에서 오랜 기간 전승되어 온 전통적인 의례와 현재 확인되는 민속 행사를 선정한다.

  예 두레기 싸움(청주), 강릉걸립굿(강릉)

- 지역에서 전통적으로 사용되었던 것 중에서 현재 존속되고 있으면서 향토적 의미가 있는 생업 기술과 도구를 선정한다.

  예 나무김칫독(강릉)

- 지역의 민속에 관해 저술된 서적이나 학술물을 선정한다.

  예 『화성의 민속』(청주), 『안동의 동제』(안동)

[분야 21] 구비전승

ⓐ 기본 분류

신화, 전설, 민담, 설화, 무가, 민요, 사설, 가사 등과 이와 관련된 인물은 구비전승으로 분류한다.

ⓑ 선정 지침

- 지역의 장소, 인물, 역사적 사건과 관련된 설화(신화, 전설, 민담)를 선정한다.
  - 예 명암동 애기바위 설화(청주), 강릉 강감찬 설화(강릉), 가마못 구렁이(진주)
- 지역의 특색을 반영하고, 지역에서 의미 있는 무가나 민요를 엄선한다.
  - 예 계면 굿노래(강릉), 병 잡는 노래(진주)
- 지역에서 전승되며 향토적 의미가 있는 사설·가사를 선정하되 보편적인 것은 제외한다.
  - 예 강릉 연곡베틀가(강릉), 국문뒷풀이(진주)
- 구비전승에 관련된 기예능 보유자나 지역문화 활성화에 기여한 인물을 선정한다.
  - 예 양태옥(진도)

[분야 22] 언어

ⓐ 기본 분류

방언, 속담, 수수께끼, 금기어, 길조어 등은 언어로 분류한다.

ⓑ 선정 지침

- 농사, 음식, 가옥, 의복, 인체, 육아, 인륜, 경제, 동물, 식물, 자연, 상태, 동작 등의 범주를 포괄할 수 있는 방언을 선정한다.
  - 예 보재기(제주), 비바리(제주)
- 지역의 고유한 속담, 수수께끼, 금기어, 길조어 등을 선정한다.
  - 예 절오백 당오백(제주), 보은 처녀 시집가면 대추 흉년(보은)
- 지역의 언어를 연구한 서적이나 학술물을 선정한다.
  - 예 『제주도 속담사전』(제주)

[분야 23] 문학

ⓐ 기본 분류

고전 및 현대 문학과 관련된 단체, 문헌, 인물, 작품, 행사 등은 문학으로 분류한다.

ⓑ 선정 지침

- 지역을 거점으로 하고 있는 단체 중 지역에서 의미 있는 활동을 하는 문학 단체만을 선정한다.

  예 경남수필문학회(진주), 강릉오죽헌문학회(강릉), 한국문인협회 진도군지부(진도)

- 지역의 인물이 저술했거나, 지역과 관련된 고전 및 현대 문학의 작품과 문헌을 선정한다.

  예 「관동별곡」(강릉), 『남천록』(제주), 『접시꽃 당신』(청주), 『경남수필』(진주), 『관동문학』(강릉)

- 지역 출신이거나 지역을 거점으로 활동한 문학 관련 인물을 선정한다.

  예 김유진(강릉), 이무영(음성), 김병호(진주)

- 지역에서 행해졌거나 하고 있는 의미 있는 문학 관련 행사를 선정한다.

  예 2007 아시아 아프리카 문학페스티벌(전주), 오장환 문학제(보은)

③ 유형별 항목 선정 지침(지역통일안)

[유형 1] 개념용어

ⓐ 선정 원칙

지역의 향토문화 지식·정보 중에서 각 분야의 내용을 종합 서술하거나 주제 서술이 필요한 내용을 항목으로 선정한다.

ⓑ 세부 기준 및 항목 사례

- 삶의 터전(자연·지리) : 지역의 자연·인문지리 및 동식물에 속하는 개념 및 용어 중에서 종합적으로 서술할 필요가 있는 항목을 선정한다.

  예 자연지리, 인문지리, 고개, 기후, 산, 지질, 지형, 토양, 평야, 하천, 인구, 교통, 동물상, 식물상, 보호수 등

- 삶의 내력(역사) : 지역의 향토문화 지식·정보를 통시적으로 조망할 수 있는 역사적 개념 및 용어 중에서 종합적으로 서술할 필요가 있는 항목을 선정한다.

  `예` 선사유물유적, 역사, 고인돌, 성곽, 독립운동가, 의병 등

- 삶의 자취(문화유산) : 지역의 문화유산을 개괄하여 종합적으로 서술할 필요가 있는 항목을 선정한다.

  `예` 문화재, 금석문, 고문서 등

- 삶의 주체(성씨·인물) : 지역의 토착 성씨와 세거지를 종합적으로 서술할 필요가 있는 항목을 선정한다.

  `예` 성씨, 집성촌 등

- 삶의 틀(정치·경제·사회) : 지역의 정치·경제·사회·과학기술에 관련된 개념 및 용어 중에서 종합적으로 서술할 필요가 있는 항목을 선정한다.

  `예` 사회, 사회복지단체, 행정, 경제산업, 광공업, 금융, 농업, 서비스업, 임업, 축산업, 과학기술 등

- 삶의 내용 1(종교) : 지역의 불교, 유교, 기독교(개신교·천주교), 신종교와 관련하여 종합적으로 서술할 필요가 있는 항목을 선정한다.

  `예` 종교, 불교, 개신교, 천주교, 유교, 신종교 등

- 삶의 내용 2(문화·교육) : 지역의 예술(음악·미술·사진·무용·연극영화 등), 교육, 체육, 언론, 출판과 관련하여 종합적으로 서술할 필요가 있는 항목을 선정한다.

  `예` 예술, 음악, 사진, 무용, 미술, 연극영화, 체육, 교육, 언론, 출판 등

- 삶의 방식(생활·민속) : 지역의 의식주 생활은 물론 민간 신앙을 포함한 민속과 관련하여 종합적으로 서술할 필요가 있는 항목을 선정한다.

  `예` 의생활, 주생활, 식생활, 향토음식, 전통건축, 민속, 마을신앙, 세시풍속 등

- 삶의 이야기(구비전승·어문학) : 지역의 구비전승, 언어문학과 관련하여 종합적으로 서술할 필요가 있는 항목을 선정한다.

  `예` 무가, 민요, 설화, 금기어, 길조어, 방언, 속담, 언어, 문학, 소설, 시 등

[유형 2] 기관단체

ⓐ 선정 원칙

● 국가나 지역 자치 단체가 설치한 공공 기관은 항목으로 선정한다.

　　예 청주시문화산업진흥재단(청주)

● 지역민들이 자발적으로 설립한 모임 중 향토문화 발전에 공적이 큰 단체는 항목으로 선정한다.

　　예 경기문화재단(수원)

● 현존 여부와 상관없이 지역에서 뚜렷한 목적 아래 활동하여 향토사적 의의가 큰 기관과 단체는 항목으로 선정한다.

　　예 형평사(진주)

● 전국적인 규모의 단체일 경우, 해당 지역에 지부가 설치되어 지역민의 사회 활동에 많은 영향을 주는 기관과 단체는 항목으로 선정한다.

　　예 한국예술문화단체총연합회 서울시연합회(종로)

ⓑ 세부 기준 및 항목 사례

● 경제 관련 기업 및 단체

　－ 지역에서 설립하고 자생하여 지역 경제와 사회에 큰 영향을 끼친 향토 기업은 항목으로 선정한다.

　　　예 초당두부, 경주법주(주) 등

　－ 타 지역인이 해당 지역에 기업을 설립한 경우에도 규모가 클 경우에는 항목으로 선정한다.

　　　예 풀무원, 한국화장품(주) 등

　－ 현존하지 않더라도 지역의 경제산업에 중요한 역할을 한 기업은 항목으로 선정한다.

　　　예 농공은행, 화신백화점, 삼중정백화점 진주지점 등

　－ 중앙 정부 투자 기관이나 중앙 정부의 재투자 기관은 항목으로 선정한다.

　　　예 한국은행 강릉본부

- 공공 기관 및 단체
  - 국가나 지역 자치 단체가 복지 증진을 위해 설치한 곳이나 정부 기구 조직의 하부 기관에 속하는 관공서는 항목으로 선정한다.
    - 예 분당경찰서, 강릉우체국 등
  - 국가 또는 지역 공공 단체가 출자한 자본으로 세운 공기업은 항목으로 선정한다.
    - 예 대한주택공사 서울지역본부, 경북관광개발공사 등
  - 개별 박물관, 도서관은 항목으로 선정한다.
    - 예 국립경주박물관, 청주시립정보도서관 등
- 교육 기관
  - 지역 내에 존재했던 근대 교육 기관은 항목으로 선정한다.
    - 예 경상남도공립소학교, 강릉공립여자실수학교, 동문학 등
  - 현존하는 공교육 기관은 모두 항목으로 선정한다. 단, 공교육 기관이라도 개별 유치원은 제외한다.
  - 공교육 기관이 아니더라도 지역에서 의미를 가지는 대안 교육 기관도 항목으로 선정한다.
    - 예 간디학교(산청), 이우학교(성남), 두레자연고등학교(화성), 들꽃 피는 학교(안산) 등
  - 지역 내에 소재하거나 지역의 교육 문화 발전을 목적으로 하는 장학 재단 및 문화 재단은 항목으로 선정한다.
    - 예 건화문화장학재단, 성남장학회 등
- 문화예술 단체
  - 지역의 문화예술 관련 기관이나 단체를 항목으로 선정한다.
  - 지역적 특성을 띠고 있거나 공공성을 가지는 문화 단체는 항목으로 선정한다.
    - 예 진도문화원, 강릉문화예술진흥재단 등
  - 국공립 공연 단체는 모두 항목으로 선정한다.
    - 예 남원시립예술단, 국립남도국악원 등

- 사설 단체의 경우, 정기 공연을 하거나 정기적 활동을 지속적으로 하여 지역의 문화 발전에 공헌이 큰 단체는 항목으로 선정한다.
- 전국 규모 이상의 영향력을 가지거나 역사적인 의미를 지니는 단체는 항목으로 선정한다.
- 지역 체육 발전에 공헌이 있는 단체는 항목으로 선정한다.
  예 진도군 생활체육협의회, 성남시 체육회 등

- 사회 단체 및 노동 단체
  - 지역에서 사회운동을 하는 일정 규모의 단체 및 연합체와 협회는 항목으로 선정한다.
    예 소비자 문제를 연구하는 시민의 모임 성남지부, 인천 푸른생활협동조합, 부천 여성노동자회 등
  - 노동조합은 산별 노조 연합체까지로 한정한다. 단, 노동운동사적인 의미를 지닌 단체는 개별 기업 노동조합도 항목으로 선정할 수 있다.
    예 전국민주노동조합총연맹 진주지역협의회, 양화직공노동조합 등

- 언론 · 출판 단체
  - 지역을 대표할 만한 신문사와 방송사는 항목으로 선정한다.
    예 안동문화방송, 성남아름방송, 안양방송 등
  - 서점이나 출판사의 경우는 지역의 문화 발전에 공헌도가 큰 곳은 항목으로 선정한다.
    예 일선문고(청주)

- 사회복지 단체
  - 공식적으로 등록된 사회복지 단체 중 지역의 사회복지 발전에 공헌이 큰 단체는 항목으로 선정한다.
    예 강릉시립복지원, 진주가좌사회복지관 등

- 보건 · 의료 단체
  - 국공립(지역 자치 단체 설립 포함) 의료 기관은 모두 항목으로 선정한다.
    예 경상남도 진주의료원, 도립김천노인전문병원, 천안시립노인전문병원, 태안군보건의료원, 안산시 단원보건소 등

– 의료 법인체나 대학 부설 의료 기관, 그리고 종합 병원과 특수한 목적으로 설립된 의료 기관은 항목으로 선정한다.

　예　의료법인 강릉동인병원, 경상대학교 병원 등

– 개인 소유의 (한)의원과 병원, 약국은 해당 분야의 질병 치료에 뚜렷한 업적·활동이 있거나 역사가 오래된 경우에만 항목으로 선정한다.

　예　제중한의원(강릉) 등

- 종교 단체
  – 지역과 지역민의 종교 활동과 사회 활동에 공헌하는 단체는 항목으로 선정한다.
  – 사찰·성당·교회 등은 종파를 대표하거나 역사성이 있는 곳을 항목으로 선정한다.
  – 지역의 역사·문화·생활에 영향을 끼친 신종교(원불교, 천도교, 대순진리교, 증산교 등)는 항목으로 선정한다.
  – 세계적 또는 전국적 규모의 종교 단체의 지부는 항목으로 선정한다.

- 학술 연구 단체
  – 지역의 정치·경제·사회·문화 등을 연구하기 위해 설립된 학술 연구 단체는 항목으로 선정한다.
  – 국가 출연에 의한 연구 기관은 항목으로 선정한다.

　예　한국학중앙연구원(성남), 한국국학진흥원(안동)

  – 기업체의 부설 연구 기관은 지역 발전과 깊은 연관성을 가지는 경우에만 항목으로 선정한다.

　예　삼성경제연구원, 기아자동차 남양연구소 등

[유형 3] 놀이

ⓐ 선정 원칙

- 문화재로 지정된 놀이, 문화재는 아니더라도 지역민이 즐겨 하는 놀이, 기록상 전해지는 놀이, 민속 행사나 향토 축제에서 이루어지는 놀이 중에서 향토적 의미

가 있는 것은 항목으로 선정한다.

- 지역에 전승되어 내려오는 전통 놀이에 대한 일반적인 정보는 개관항목으로서, 그 유형은 개념용어로 항목을 선정한다.

  예 민속놀이 등

ⓑ 세부 기준 및 항목 사례

- 의례나 종교와 상관없이 유희를 위해 이루어진 놀이 중에 향토적 의미가 있는 것은 항목으로 선정한다.

  예 제기차기 등

- 세시 의례와 관련되어 이루어지는 놀이 중에 향토적 의미가 있는 것은 항목으로 선정한다.

  예 윷놀이(설날), 그네뛰기(단오) 등

- 민간 신앙이나 기타 종교 행사와 관련되어 이루어진 놀이 중에 향토적 의미가 있는 것은 항목으로 선정한다.

  예 영신 횃불놀이(불교 행사) 등

- 전통적으로 이어져 온 놀이 외에 현대에 새로이 만들어진 놀이 중에 향토적 의미가 있는 것은 항목으로 선정한다.

  예 허수아비 만들기(옥천), 의병놀이(제천) 등

[유형 4] 동물

ⓐ 선정 원칙

지역 내에 분포·서식했거나 현재 분포·서식하고 있는 동물 중에서 자연지리학적으로 특별한 의미가 있는 특산종이나 자생종은 항목으로 선정한다.

ⓑ 세부 기준 및 항목 사례

- 국가나 지역에서 지정한 천연기념물이나 보호종은 항목으로 선정한다.

  예 솔부엉이(천연기념물 제324호), 원앙(천연기념물 제327호)

[유형 5] 문헌

ⓐ 선정 원칙

● 해당 지역을 주제로 하거나 대상으로 하고, 해당 지역에서 판각되었거나 간행된 (고)문헌 및 문서는 항목으로 선정한다.

● 해당 지역 출신의 저명한 인물이 저술한 문헌 중 대표적인 것은 항목으로 선정한다.

● 해당 지역에 관한 내용을 서술한 것 중에 중요한 의미가 있으면 외국인이 쓴 문헌도 항목으로 선정한다.

ⓑ 세부 기준 및 항목 사례

● 고문헌 및 문서

   – 고전 문집 : 해당 지역 인물의 문집, 해당 지역 문중에서 소장하고 있는 문집 중 학술적인 가치가 있거나 대외적으로 알려진 것은 항목으로 선정한다.

   – 기타 문헌 : 책자 형태가 아니더라도 악보나 고지도 등도 향토적 의미가 있는 것은 항목으로 선정한다.

      예 「양금신보」(진주), 「진주시가지도」 등

   – 간찰 및 교지 중에 향토적 의미가 있는 것은 항목으로 선정한다.

● 예술작품집

   – 장르에 상관없이 해당 지역을 소재로 하며 향토적 의미가 있는 것은 항목으로 선정한다(시, 시조, 소설, 수필, 아동문학 등의 문학작품이나 사진, 미술 등의 예술작품집).

      예 『관촌수필』, 『원미동 사람들』, 『무녀도』 등

   – 해당 지역 출신 인물의 작품집 중 널리 알려진 것은 항목으로 선정한다.

   – 해당 지역의 동호인 모임에서 발행하는 간행물 중에 향토적 의미가 있는 것은 항목으로 선정한다.

      예 『성남문인선』, 『화요문학』, 『글길문학』, 『안양문학』, 『강원수필』 등

- 학술서 · 학술논문 · 학술지
  - 지역문화를 대상으로 하여 저술된 단행본 서적 중에 향토적 의미가 있는 것은 항목으로 선정한다.
    예 『강릉 학산 오독떼기』 등
  - 지역문화를 대상으로 하고, 지역에서 간행되는 학술지 중 정기적으로 간행되는 것은 항목으로 선정한다.
    예 『임영문화』(강릉) 등
- 향토지 : 해당 지역과 관련된 향토지는 항목으로 선정한다.
  예 『진도읍지』, 『강릉시사』, 『울릉군지』 등
- 연속 간행물
  - 신문 · 잡지 · 회보 : 해당 지역에서 현재 정기적으로 간행되고 있으면서 지역문화와 관련된 신문과 잡지는 항목으로 선정한다. 부정기적으로 간행되고 있는 경우라도 지역문화와 관련된 신문과 잡지는 항목으로 선정한다. 현재 발간이 중단된 경우라도 발간 당시에 영향력이 있었으며, 이후의 경향에 영향력을 발휘하면서 해당 지역문화 발전에 기여한 신문과 잡지는 항목으로 선정한다.
  - 생활정보지 : 지역민을 대상으로 정기적으로 발행하는 생활정보지 중에 지역에 큰 영향을 미치는 것은 항목으로 선정한다.
    예 『옥천생활뉴스』, 『익산사랑방』, 『김포광장』, 『파주교차로』 등
- 전자출판, 전자저널 : 종이로 출판되지 않더라도 지역의 정보와 소식을 다루는 웹진이나 전자저널 중에 지역에 큰 영향을 끼치고 있는 것은 항목으로 선정한다.
    예 경기여성정보웹진 「우리」 등

[유형 6] 물품도구

ⓐ 선정 원칙

- 지역의 전통적인 생업 용구, 생활 용구 중에 향토적 의미가 있는 것은 항목으로 선정한다.

- 지역의 민간 신앙, 의례, 놀이, 세시 풍속, 경제산업(농업, 어업, 임업, 축산업, 광업 등)과 같은 생활에서 사용했거나 발명한 물품도구는 항목으로 선정한다.
- 전국적으로 보편화된 일반 현대 물품도구는 항목 선정에서 제외한다.

ⓑ 세부 기준 및 항목 사례
- 지역적 특산물을 상표화한 물품도구는 항목으로 선정한다.
  - 예) 고령뚝배기, 강화화문석, 남원목기, 지리산한지, 실키안, 대추술 등
- 지역 고유의 전통을 반영하는 생업 도구는 항목으로 선정한다.
  - 예) 가래기끌, 당그네, 물방애 등
- 현대 과학 · 산업 물품으로 전국 및 국제 규모의 대회에서 수상하거나, 지역 경제 발전에 이바지한 발명품, 혹은 특허받은 물품도구는 항목으로 선정한다.

[유형 7] 사건

ⓐ 선정 원칙

지역에서 발생했거나 지역민이 주체가 되어 국가적으로나 사회적으로 변화를 초래한 것은 항목으로 선정한다.

ⓑ 세부 기준 및 항목 사례
- 대규모 전쟁 중 해당 지역에서 전개된 전투는 항목으로 선정한다.
- 지역민에게 커다란 피해를 가져온 자연적 · 인위적인 재해는 항목으로 선정한다.
  - 예) 고성산불, 이리역 폭발사건, 낙동강 페놀오염사건, 주한미군 장갑차에 의한 여중생 사망사건 등
- 지역민이 주동했거나 주체가 되어 일으킨 독립운동이나 시민운동, 혁명은 항목으로 선정한다.
  - 예) 제주 4 · 3사건, 아우내 만세운동, 4 · 19혁명, 여수 · 순천사건 등
- 다른 지역에 영향을 미친 사회운동은 항목으로 선정한다.
  - 예) 진주 형평운동, 고흥 핵추방운동, 부산 하천살리기운동, 부산 아파트값 거품 빼기 시민운동 등

[유형 8] 성씨와 세거지

ⓐ 선정 원칙

● 성씨

 – 해당 지역을 본관으로 하는 성씨는 항목으로 선정한다.

 – 과거에 집성촌을 이루었거나 현재 집성촌을 이루고 있는 성씨를 항목으로 선정한다.

● 세거지(촌락)

 – 현재 집성촌을 이루고 있는 마을은 항목으로 선정한다.

 – 과거에 존재했던 규모가 크고 역사적 의의가 있는 집성촌은 항목으로 선정한다.

ⓑ 세부 기준 및 항목 사례

집성촌을 이루는 성씨나 세거지 자체는 항목으로 선정한다.

예 김해 김씨, 안동 권씨, 청주 한씨, 강릉 김씨 금산리 동족촌 등

[유형 9] 식물

ⓐ 선정 원칙

지역 내에 분포 · 서식했거나 현재 분포 · 서식하고 있는 식물 중 자연지리학적으로 특별한 의미가 있는 것은 항목으로 선정한다.

ⓑ 세부 기준 및 항목 사례

● 국가 또는 지역에서 지정한 천연기념물이나 보호수는 항목으로 선정한다.

 예 삼청동 등나무(천연기념물 제254호), 연지동 은행나무(서울시보호수 제122호) 등

● 시 · 군 · 구를 상징하는 것으로서 지역을 대표하는 식물은 항목으로 선정한다.

[유형 10] 유물

ⓐ 선정 원칙

- 국가 지정 또는 지역 지정 유형문화재는 항목으로 선정한다.
- 지정 문화재가 아니더라도 향토문화 유산으로서 역사적 · 학술적 · 문화적 가치가 인정된 것은 항목으로 선정한다.
- 현존하지 않더라도 문헌의 기록 등을 통하여 확인되는 것 중 그 중요도가 인정되는 것은 항목으로 선정한다.

ⓑ 세부 기준 및 항목 사례

- 선사유물 : 지역에서 발굴하였거나 지표 조사하여 출토, 수습된 유물은 항목으로 선정한다.
  - 예 진주 남강유적 출토 붉은간토기, 황남대총 금관, 백제금동대향로, 산수무늬벽돌 등
- 금석문 : 금속이나 돌로 만든 각종 유물에 있는 명문(각석이나 암각문 등) 중 학술적 가치가 있는 것은 항목으로 선정한다.
- 문화예술 관련 유물 : 각종 문화재로 지정된 서화류, 공예품, 악기류, 조각 등은 항목으로 선정한다.
- 종교 관련 유물 : 불교, 유교, 기독교, 민간 신앙 등에서 예배, 수행, 의식, 장엄, 공양 등에 이용되는 것으로 역사적 의미를 지닌 것은 항목으로 선정한다.
  - 예 갑사 삼신불괘불탱, 강릉 보광리 석조여래좌상, 쌍계사 동종 등
- 과학 관련 유물 : 역사적 가치가 있는 과학 기구, 천문지리 기구, 무기, 군사 장비 등은 항목으로 선정한다.
  - 예 강평일구 · 혼개일구, 관천대, 금영측우기, 첨성대 등

[유형 11] 유적

ⓐ 선정 원칙

- 국가 지정 또는 지역 지정 유형문화재는 항목으로 선정한다.

- 지정 문화재가 아니더라도 향토문화 유산으로서 역사적·학술적·문화적 가치가 인정된 것은 항목으로 선정한다.
- 조개 더미, 고분, 성지, 궁지, 요지 등의 사적지로서 역사적·학술적 가치가 있는 것은 항목으로 선정한다.

ⓑ 세부 기준 및 항목 사례
- 선사 유적 : 고고학 발굴 과정을 통하여 확인되는 것은 항목으로 선정한다.
  예 남동리 입석(고인돌, 열석 등), 암사동 선사주거지 등
- 건축 유적 : 역사적·예술적·학술적으로 가치를 지닌 것은 항목으로 선정한다.
  - 관영 건축 : 현존하는 것은 모두 항목으로 선정한다.
    예 낙안읍성, 고창무장객사, 보령성곽, 경복궁 근정전 등
  - 종교 건축 : 사찰, 성당, 교회, 향교, 서원 등의 부속 건물 중 문화재로 지정된 것은 항목으로 선정한다.
    예 불교 건축(개암리 석탑, 수덕사 등), 유교 건축(감모재, 봉암서원 등), 교회(정동교회, 광주북동천주교회, 배론성지, 음성 감곡성당 등)
  - 주거 건축 : 전통 양식의 가옥 중에서 문화사적 의의가 있는 것은 항목으로 선정한다.
    예 김윤기 가옥(강릉), 증도마을 한가락 가옥 등
  - 누정 건축 : 누각, 정자, 정원, 조경 시설 등은 지정된 문화재이거나 역사적·문화적·조경적 의미가 뛰어난 것은 항목으로 선정한다.
    예 해운정(강릉), 경호정(음성), 소쇄원(담양) 등
  - 기타 건축 : 성곽, 돈대, 봉수대 등으로, 현존하거나 유구가 남아 있는 것은 항목으로 선정한다.
    예 수원 화성, 알뜨르비행장, 갑곶돈대, 모슬봉 탄약고, 진지동굴 등
- 고분·능묘 : 역사학적·고고학적으로 의미를 갖는 고분 및 능묘는 항목으로 선정한다.
  예 공주 송산리 고분군, 태종무열왕릉, 문익점 묘, 영규대사 묘 등

● 유적지(터) : 역사적, 문화적으로 중요한 의미를 갖는 유적지는 항목으로 선정한다.

> 예 해남 윤선도 유적, 왕궁리 유적, 창원 남산 유적, 청주 가경동 유적 등

● 탑파, 석등, 부도, 당간지주 등 불교 유적 : 지정문화재이거나 학술적 가치가 있는 것은 항목으로 선정한다.

> 예 창녕 술정리 동삼층석탑, 연곡사 북부도 등

● 비 : 탑비·기적비·선정비·전적비·충효비 등은 항목으로 선정한다. 개인의 묘비는 문화사적, 혹은 역사적 가치가 인정되는 것만 엄선하여 항목으로 선정한다.

[유형 12] 음식물

ⓐ 선정 원칙

● 전통 놀이나 전통 의례와 관련하여 지역적 특성을 지니는 음식과 상차림은 항목으로 선정한다.

● 지역적(향토적) 특성이 강한 음식을 항목으로 선정한다.

● 여러 지역에 공통적으로 분포하는 음식이라도 조리법과 재료 등이 지역적 특성을 반영할 수 있는 것은 항목으로 선정한다.

● 지역 특산물의 성격을 지닌 음식은 항목으로 선정한다.

ⓑ 세부 기준 및 항목 사례

● 전통 놀이나 전통 의례와 관련하여 지역적 특색을 지니는 음식은 항목으로 선정한다.

> 예 안동 김씨 종택 제사상, 수수당수(춘천) 등

● 조리법과 재료 등이 지역적 특성을 반영한 것은 항목으로 선정한다.

> 예 가자미식해(속초), 미나리비빔밥(남원), 동백송편(울릉) 등

● 지역적(향토적) 특성이 강한 개별 음식은 항목으로 선정한다.

> 예 진도 홍주, 남원 추어탕, 청주 대추술, 안동 소주 등

● 특산물의 성격을 지닌 음식은 항목으로 선정한다.

> 예 황남빵(경주), 호두과자(천안) 등

[유형 13] 의례

ⓐ **선정 원칙**

지역에서 행해졌거나 현재까지 이어지고 있는 각종 세시 의례, 종교 의례, 평생 의례 등은 항목으로 선정한다.

ⓑ **세부 기준 및 항목 사례**

● 세시 의례 : 지역 내에서 일정한 시기에 주기적으로 반복되는 연중 의례는 항목으로 선정한다.

> 예 영등할머니 모시기, 지신밟기, 세배, 좀생이 보기 등

● 종교 의례 : 지역에서 지속적으로 행해졌거나 현재 이루어지고 있는 민간 신앙 의례(무속 신앙, 마을 신앙, 가정 신앙 등)와 종교(불교, 기독교, 유교 등) 의례를 항목으로 선정한다.

> 예 진도 동외리 동외마을 거리제(별신제), 진도 군내면 덕병리 덕병마을 장성제(장승제), 연등회 등

● 평생 의례 : 사람이 태어나서 죽기까지의 의례로서, 출생 · 성년 · 혼인 · 회갑 · 죽음과 제사 등과 관련된 의례를 항목으로 선정한다.

> 예 함진아비, 신랑다루기 등

[유형 14] 의복

ⓐ **선정 원칙**

● 지역적 특색을 띠는 의복 및 의생활 관련 용품들은 항목으로 선정한다.
● 모든 지역에 공통적으로 해당하는 의복은 개별항목으로 선정하지 않는다.

ⓑ **세부 기준 및 항목 사례**

● 지역적으로 특색 있는 의복은 항목으로 선정한다.

> 예 갈옷(제주) 등

● 모자, 장갑, 신발 등 신체에 착용하는 일체의 피복 중 지역적 특색을 띠는 것은 항목으로 선정한다.

> 예 설피(강원) 등

[유형 15] 인물

ⓐ 선정 원칙

● 생존 중인 인물은 제외하고, 사망한 인물을 항목으로 선정한다.

● 지역에서 태어난 자, 지역에서 거주한 자, 지역에서 활동한 자, 지역에서 사망한 자를 항목으로 선정한다.

● 업적, 기여도, 사건, 작품, 사상 등에 의해 후대에 이름을 알린 인물을 항목으로 선정한다.

ⓑ 세부 기준 및 항목 사례

● 전통 인물

－ 왕실 인물, 귀족, 호족 : 지역문화와 특정 사건에 영향을 미친 인물은 항목으로 선정한다.

　　예 이성계, 세종대왕 등

－ 문무관료 : 지역에 부임하여 지역 발전에 기여한 공로가 있는 인물은 항목으로 선정한다.

　　예 이순신, 송시열 등

－ 선비, 문인, 학자 : 지역·학계의 발전에 기여하거나 유명한 문집이나 문헌, 작품 등을 남긴 인물은 항목으로 선정한다.

　　예 이광수, 이인직 등

－ 승려, 종교인 : 지역의 문화에 영향을 미친 종교 활동을 한 인물은 항목으로 선정한다.

　　예 한용운, 문익환 등

－ 충의·의병 : 국가, 민족, 지역 수호에 업적을 남긴 인물은 항목으로 선정한다.

　　예 전봉준, 이준, 윤봉길 등

－ 민중 봉기자 : 지역에서 민중 봉기를 꾀한 인물은 항목으로 선정한다.

　　예 이재수 등

- 예인, 명인, 기인 : 특정 분야의 예술인, 명인, 기인으로 이름을 날린 인물은 항목으로 선정한다.

  예 황진이 등

- 유배인 : 해당 지역에 유배되었던 인물 중 지역에 중요한 영향을 끼친 인물은 항목으로 선정한다.

  예 김정희 등

- 효자·효녀, 열녀, 충노 : 효·충이 깊어 사서에 기록이 전하거나 사후에 배향된 인물은 항목으로 선정한다.

  예 강득룡 처 김씨 등

- 가공 인물 : 지역과 관련된 설화나 전설에 등장하는 인물도 항목으로 선정한다.

  예 성춘향, 심청이, 홍길동 등

- 현대 인물
  - 독립운동가 : 국가를 위해 공헌하였거나 희생한 사람은 항목으로 선정한다.
  - 정치인 : 대통령, 국회의원 및 도의원, 시의원을 역임한 자로 지역 사회 발전에 공로가 큰 인물은 항목으로 선정한다.

    예 박정희, 이승만 등

  - 공무원 : 정부 기관, 지역의 공공 기관(시·군·구·읍·면)에서 장을 역임한 자로 공로를 남긴 인물은 항목으로 엄선한다.
  - 학자·교육자 : 각 공교육 기관(대학교, 대학, 고등학교, 중학교, 초등학교)에서 장을 역임하면서 탁월한 업적을 남겼거나 학계 및 학문 영역의 발전에 기여한 인물은 항목으로 엄선한다.
  - 금융·기업인 : 경제 단체, 금융 기관, 기업체 등에 종사하면서 지역 발전에 공로가 큰 인물은 항목으로 엄선한다.
  - 언론·출판인 : 지역의 언론 및 출판 분야 발전에 공로가 큰 인물은 항목으로 선정한다.
  - 군인·경찰 : 군인과 경찰관으로서 국가와 민족 또는 그 지역과 관련하여 훌

륭한 업적을 남긴 인물은 항목으로 엄선한다.

- 사회사업가(봉사자) : 지역 사회 사업 발전에 공헌이 큰 인물은 항목으로 선정한다.

- 법조인 : 법조인으로서 지역 사회 발전에 공로가 큰 인물은 항목으로 선정한다.

- 종교인 : 종교 활동을 통하여 지역 사회 문화 발전에 기여한 공로가 큰 인물은 항목으로 선정한다.

- 과학자·의료인 : 지역민의 의료 보건의 향상에 큰 업적을 남긴 인물은 항목으로 선정한다.

  예 우장춘 등

- 문화예술인 : 전통문화를 계승 발전시켰거나, 문화예술 분야에서 업적이 탁월한 인물은 항목으로 선정한다.

  예 황혜성, 최승희, 한영숙, 김초월 등

- 체육인 : 지역 체육 발전에 공로가 큰 운동 선수 및 관련 인물은 항목으로 선정한다.

  예 김형칠 등

- 대중문화·연예인 : 작품이나 연예 활동을 통해 지역 홍보나 발전에 기여한 인물은 항목으로 선정한다.

  예 남인수, 이난영, 나운규 등

- 해외 동포 : 교육, 경제산업 등 지역과 해외 교류를 위해 공헌한 인물은 항목으로 선정한다.

[유형 16] 작품

ⓐ 선정 원칙

● 지역에서 창작된 공연 예술, 조형 예술, 언어 문학, 무형문화재를 항목으로 선정한다.

● 국가와 지자체에서 지정한 무형문화재는 모두 항목으로 선정한다.

- 지역에서 소장하고 있는 작품 중 단순히 소장의 의미만 지니는 것은 제외한다.
- 공연 예술(국악, 클래식, 오페라, 콘서트, 뮤지컬, 창작 무용, 연극 등), 조형 예술 (회화, 조각, 건축, 사진, 서예 등), 언어 문학(소설, 시, 한시, 설화 · 전설, 야담, 민요, 무가, 속담, 수수께끼, 방언, 금기어 등), 무형문화재(전통 연희, 전통 의식, 무예 등)의 작품 중에서 향토적 의미가 있는 것을 항목으로 선정한다.

ⓑ 세부 기준 및 항목 사례
- 지역 출신 인물의 작품은 항목으로 선정한다.
  - 지역 내에서 보편적으로 알려지거나 해외 및 전국 규모의 대회에서 수상, 초빙된 것은 항목으로 선정한다.
    > 예 『접시꽃 당신』(청주), 『혼불』(남원), 『봄여름가을겨울 그리고 봄』(청송), 『이재수의 난』(제주) 등
- 지역을 소재로 한 작품은 항목으로 선정한다.
  - 지역의 특징을 부각시킨 순수 예술, 대중 문화 작품으로서 가치를 서술할 필요가 있는 것은 항목으로 선정한다.
    > 예 「직지오페라」(청주), 「목포의 눈물」(목포), 「마포종점」(마포) 등
- 무형 문화유산을 항목으로 선정한다.
  - 지정된 문화재는 모두 항목으로 선정한다.
  - 지정되지 않은 작품이라 할지라도 지역의 무형 문화 유산으로서 역사적 가치가 있는 것은 항목으로 선정한다.
    > 예 「계화타령」(제주), 「달아달아 밝은 달아」(성남), 「청주아리랑」(청주) 등

[유형 17] 제도

ⓐ 선정 원칙
- 해당 지역에 있었던 행정 기구는 항목으로 선정한다.
- 지역민이 주체가 되어 설치한 기구 및 직명은 지역에 관계없이 모두 항목으로 선정한다.

- 지역 자치 단체의 각종 법령의 기본법, 절차법은 선정한다.
  ※ 단, 제도와 관련된 법은 제도 안에서 포함, 서술한다.
- 관습법도 선별하여 항목으로 선정한다.

ⓑ 세부 기준 및 항목 사례
- 정치 제도
  - 기구·법제 : 과거에 해당 지역에 있었던 중앙과 지역 관청의 하부 종속 기구나 각종 도감, 중요한 임시 관청 등은 모두 항목으로 선정한다. 해당 지역의 현대 기구는 특수성이 있거나 독립성이 큰 것만 항목으로 선정한다.
  - 국방 : 해당 지역과 관련된 제도, 인원, 병기, 전술, 전투 관계 내용 중에 향토적 의미가 있는 것을 항목으로 선정한다.
    예 우수영, 오군영, 방군수포 등
- 상벌 제도 : 지역 자치단체가 제정한 상훈은 항목으로 선정한다.
    예 성남예술상, 유네스코직지상 등

[유형 18] 지명

ⓐ 선정 원칙
지역 내의 법정 지명은 모두 항목으로 선정한다.

ⓑ 세부 기준 및 항목 사례
- 행정지명 : 해당 지역의 행정지명(시·군·읍·면·동·리)은 법정동은 모두 항목으로 선정한다.
- 고지명
  - 조선시대 이전의 지명 중 역사적으로 의의가 있는 것은 항목으로 선정한다.
  - 조선시대의 지명은 『신증동국여지승람』의 지명과 동·리 단위 이상의 현 행정지명이 일치할 경우에는 현 행정지명만을 선정하고, 다를 경우에는 각각 항목으로 선정한다.
    ※ 단, 행정 구역 개편으로 인한 일괄적인 명의 변화는 제외한다.

- 자연 지명
  - 고원, 대지(臺地), 평야, 반도, 군도, 열도, 해(海), 해협, 만(灣) 등을 항목으로 선정한다.
  - 산[봉], 령[재·고개], 하천, 호수 등은 항목으로 선정한다.
  - 지역에 포함된 섬은 항목으로 선정한다.
  - 폭포·동굴 등 생활이나 관광 등에서 중요한 위치를 차지하는 것은 항목으로 선정한다.
- 시설
  - 국가나 지역 자치 단체가 복지 증진을 위해 설치한 곳은 항목으로 선정한다.
    ※ 단, 개별 도서관과 박물관은 유형을 기관단체로 분류한다.
  - 지역에서 의미 있는 공원, 식물원, 동물원, 수목원, 운동장, 경기장, 체육관, 공연장, 회관, 극장, 공설 수영장, 전시관, 야구장, 화랑 등 항목으로 선정한다.
    예 공설운동장, 상암월드컵경기장 등
- 기타 지명
  - 광산(폐광산 중에는 광업 발전에 기여도가 높은 것만)을 항목으로 선정한다.
  - 주요 농업·공업 단지는 항목으로 선정한다.
  - 시장, 역, 터미널, 상가, 약수터, 저수지, 해수욕장 등은 항목으로 선정한다.
  - 철도와 도로, 항(港), 다리, 터널 등은 항목으로 선정한다.
  - 나루·못·포(浦)·댐·방조제 등은 항목으로 선정한다.

[유형 19] 행사

ⓐ 선정 원칙

지역에서 정기적으로 시행되는 행사 중 각종 축제 및 경연대회, 향토문화제, 예술제(연극제, 미술제, 무용제, 음악제, 영화제 등), 국내외 행사, 민간 단체 행사 등을 항목으로 선정한다.

ⓑ 세부 기준 및 항목 사례

● 지역 자치구 주최 · 후원 행사 : 지역의 홍보에 기여하고, 지역민의 결속을 다질
수 있는 공공성을 띤 문화 행사는 항목으로 선정한다.
> 예 건전가요경연대회, 성남시민사진촬영대회(성남), 강릉시민의 날(강릉) 등

● 향토문화제 : 지역 특유의 문화적 색채를 드러낼 수 있는 향토문화제는 항목으로
선정한다.
> 예 제주감귤축제, 제주억새꽃축제, 청결고추축제(음성), 신라문화제(경주) 등

● 예술제 : 지역을 대표하는 문화예술적, 혹은 역사적 특색을 지닌 행사는 항목으로
선정한다.
> 예 김복진 미술제, 단재문화예술제전(청주), 강릉예술축전(강릉) 등

● 국내외 행사 : 국제 또는 전국 · 도규모의 행사 중에서 해당 지역에서 개최된 것
은 항목으로 선정한다.
> 예 성남세계민속예술축제(성남), 세계태권도문화축제(청주), 강릉국제관광민속제(강릉) 등

● 민간 단체의 행사 : 지역 내에 보편적으로 알려지고 꾸준하게 활동하고 있는 각
종 규모의 민간 단체 주최 행사는 항목으로 선정한다.
> 예 송담서원 다례(강릉), 아트페어(청주) 등

(2) 항목 구성 체계도 작성

항목 구성 체계도는 각 지역의 항목 선정 지침에 따라 해당 디지털지역문화대전 항목
의 구성 체계를 설계하고 이를 계층적 구조의 도표 형태로 정리한 것이다. 이는 해당
디지털지역문화대전의 콘텐츠 목차로 활용된다.

항목 구성 체계도는 대분류, 중분류, 소분류로 나뉘는데, 대분류는 '한국향토문화전
자대전 분야 · 유형 · 시대 분류표(23쪽 표 2.4)'에서 제시한 분야의 대분류를 그대로 따
른다. 중분류는 '한국향토문화전자대전 분야 · 유형 · 시대 분류표'에서 제시한 중분류
를 참고하여 지역의 특성에 따라 작성한다. '한국향토문화전자대전 분야 · 유형 · 시대
분류표'의 중분류와 일치할 수도 있고 새로운 중분류를 만들 수도 있으나, 나름대로의

기준과 통일성을 지켜야 한다. 특히 다른 분류와의 균형을 생각하여 작성하도록 한다. 소분류는 위계상 대분류와 중분류의 하위에 해당하는 것으로 항목 선정 작업과 병행하여 진행된다. 항목이 세부적으로 어떤 분류에 해당되며, 어떤 성격을 나타내는가를 구체적으로 알 수 있도록 한다.

(3) 항목 목록 작성

항목이란 사전의 표제어에 해당하는 것으로, 한국향토문화전자대전의 개별 내용을 구성한다. 항목 선정은 각 지역의 향토문화 지식자원 아카이브 구축 등을 통해 수집된 각종 자료를 분석하여 한국향토문화전자대전의 항목 기사가 될 지식 요소를 선정하는 작업이다.

한국향토문화전자대전의 항목은 일반항목, 개관항목, 기획항목, 마을항목으로 나누어지는데, 기초 조사 연구에서는 일반항목과 개관항목, 기획항목을 선정한다. 항목의 선정은 지역별 항목 선정 지침에 의해 이루어지며 향토문화의 각 분야 및 유형별로 균형 있게 선정해야 한다. 선정하는 시점의 기준은 기초 조사를 시작하는 현재를 기준으로 한다.

일반항목이란 지역 향토문화의 특성을 구체적으로 서술할 수 있는 항목을 말하며 개관항목은 지역의 문화상을 개괄적으로 안내해줄 수 있는 항목이다. 기획항목은 각 지역 향토문화의 특수성·독창성을 부각시켜 보여줄 수 있고, 나아가 해당 지역의 대표 콘텐츠로 개발할 수 있는 항목이다.

표 2.5 일반항목 작업 양식

항목 구성 체계 ⓐ				한글 항목명 ⓑ	한자 항목명 ⓒ	항목 설명 ⓓ
대분류 ⓐ-1	중분류 ⓐ-2	소분류 ⓐ-3	세분류 ⓐ-4			
자연·지리 (삶의 터전)	인문지리	관광· 위락 시설		금동관광 농원	金銅觀光 農園	총면적 8,000평으로 1993년 관광농원으 로 인가받은 곳 (055) 298-4818
자연·지리 (삶의 터전)	인문지리	관광· 위락 시설		울진 불영사 계곡 일원	蔚珍 佛影寺 溪谷 一圓	울진 004-2, 011-1, 012-2, 013-1, 014-1, 021-1, 022-2, 023-1, 031-1, 032-1, 명 승 제6호(정식 명칭임)
자연·지리 (삶의 터전)	동식물	식물	천연 기념물	신방리의 음나무군	新方里의 음나무群	천연기념물 제164호(경남)
역사 (삶의 내력)	전통시대	고려 시대	사건	박달현 전투	朴達峴 戰鬪	김취려의 박달현 전투를 포함하여 서술할 예정
문화유산 (삶의 자취)	유형 유산	유물		갑사석조 보살입상	甲寺石造 菩薩立像	도유형 제51호
문화유산 (삶의 자취)	유형 유산	유적		공산성	公山城	사적 12호, 공산성 고대, 공산성 광복루 앞 광장, 공산성 서문지 및 복원서문, 공 산성 굴건식건물지, 공산성 동문지 및 복 원동문, 공산성 성곽, 공산성 치성, 공산 성 만아루지, 공산성 목곽고, 공산성 서문 지 후면 건물지, 공산성 수구문지, 공산성 암문지, 공산성 월파당지, 공산성 서문지 입구 비석군, 공산성 임류각지, 공산성 장 대지, 공산성 저장혈군, 공산성 영은사앞 지역, 공산성 중군영지, 공산성 8칸 건물 지(중군영지본건물), 공산성 28칸 건물지 등 포함 서술
문화유산 (삶의 자취)	유형 유산	유적		태하리 임오명각 석문	台霞里 壬午銘刻 石文	문화재자료 412호
정치·경제· 사회 (삶의 틀)	경제·산업	산업지 원기관		울릉군 농업기술 센터	鬱陵郡 農業技術 센터	

분야(코드) ⓔ		유형 ⓕ		시대 ⓖ	지역 ⓗ	집필 후보자 ⓘ		원고량 ⓙ	중요도 ⓚ	참고 자료 1 ⓘ		참고 자료 2	
대표 분야	중복 분야	대표 유형	중복 유형			제1집 필자 ⓘ-1	후보자 그룹 ⓘ-2			자료 (약호)	면수	자료 (약호)	면수
A2		지명		현대	동읍 금산리 136-12	백시출		4	A				
A2		유적		미상	근남면 수곡리 산 121외 855필	손명원	WG15	10	A	문화지도04	291	백암산성	33
A3		식물			신방리	김인택	WG3	3	A				
B1		사건		고려 후기	충주시	김택균	WG3	5	A	시지	200	중원지	91
F1	B1, C1	유물		백제	계룡면 중장리	곽동석	WG33	5	A	시지02하	780	분포지도98	259
B1	C1	유적		백제	산성동, 금성동	서정석	김현규	15	A	공문유95	473	시지02하	801
B1	C1	유적		조선	태하리 산196	이청규	WG7	5	A	울릉99	222-246	문화재청	
E2		기관 단체		현대	사동리 541-8	성낙현		3	A	군지89	116	기술센터웹	

항목 구성 체계 ⓐ				한글 항목명 ⓑ	한자 항목명 ⓒ	항목 설명 ⓓ
대분류 ⓐ-1	중분류 ⓐ-2	소분류 ⓐ-3	세분류 ⓐ-4			
정치·경제·사회 (삶의 틀)	경제·산업	산업지 원기관		추산수력 발전소	秋山水力 發電所	전우실업주식회사 울릉도사업소(추산수력 발전소). 국내 유일의 용천수 발전소. 용출소의 물을 도수관을 통해 104m 낙차로 떨어뜨려 제2수력발전소에서 발전(시설용량 200kw)하고, 이후 방류된 물을 또다시 모았다가 143m 낙차로 떨어뜨려 제1수력발전소에서 발전(시설용량 1,200kw)한다.
종교 (삶의 내용 1)	기독교	천주교	성당	칠곡낙산 성당	漆谷洛山 聖堂	시도유형문화재 제348호(칠곡군)/가실성당
문화·교육 (삶의 내용 2)	문화			충주시 문화상	忠州市 文化賞	올해로 15회째를 맞고 있으며, 충주에서 향토문화예술 관련해서는 최고의 권위를 가진 시상제도
문화·교육 (삶의 내용 2)	체육	체육 단체		충주성심 학교 야구부	忠州聖心 學校 野球部	청각장애인으로 구성된 우리나라 최초의 야구부
문화·교육 (삶의 내용 2)	교육	도서관· 박물관		국립공주 박물관	國立公州 博物館	백제 문화재를 보존하기 위해 1940년 조선시대 관아 건물인 선화당을 이용하여 박물관 사업을 시작한 곳
생활·민속 (삶의 방식)	생활	식생활		동백송편	冬柏송편	울릉도 자생 섬동백꽃을 활용하여 동백기름, 동백잎, 동백꽃으로 송편을 빚는 내용
생활·민속 (삶의 방식)	민속	민간 신앙		이류면 탄용리 숯골서낭제	利柳面 炭龍里 숯골城隍祭	탄용리 숯골. 현재까지 매년 서낭제가 열리고 있는 곳임
구비전승·어문학 (삶의 이야기)	문학	문학 행사		권태응 문학잔치	權泰應 文學잔치	아동문학가 권태응을 기념하기 위해 1997년에 시작된 행사로 문족문학작가회의 충주지부 주최로 열리고 있다.

분야(코드) ⓔ		유형 ⓕ		시대ⓖ	지역 ⓗ	집필 후보자 ⓘ		원고량 ⓙ	중요도 ⓚ	참고 자료 1ⓛ		참고 자료 2	
대표분야	중복분야	대표유형	중복유형			제1집필자 ⓘ-1	후보자그룹 ⓘ-2			자료(약호)	면수	자료(약호)	면수
E2		기관단체		현대	저동리 산39	정기억		3	A	현장답사			
F3	C1	기관단체	유적	현대	왜관읍 낙산리 281	김정숙	WG20	10	A	군지	753	향지7	147~175
G1		제도		현대	충주시	서동형	임연규	5	A	시지	695		
G2		기관단체		현대	교현동 640-2	이준화	김왕기	5	A	현지조사			
G3		기관단체		현대	웅진동	이일조		7	A	시청웹			
H1		음식물	식물	미상	울릉군	성태규		4	A	인터뷰 자료			
H2		의례		현대	이류면	어경선	WG9	3	B	문화원01	77	한국의 마을 제당04	773
I3	G1	행사		현대	칠금동	한원균	오영미	5	A	충주문학24집	51		

ⓐ 항목 구성 체계

● ⓐ-1 대분류 : 항목 구성 체계상 항목이 속하는 최상위 단계로서 '한국향토문화전자대전 분야·유형·시대 분류표(23쪽 표 2.4)'에서 제시한 분야의 대분류를 그대로 따른다.

● ⓐ-2 중분류 : 항목이 속하는 중간 단계를 기입하되, '한국향토문화전자대전 분야·유형·시대 분류표'에서 제시한 분야에서의 중분류와 같을 수도 있고 다를 수도 있다. 지역의 특성에 따라 작업하되 나름대로의 기준과 통일성을 지켜야 하며, 다른 분류와의 균형을 생각하여 정한다.

● ⓐ-3 소분류 : 중분류의 아래 단계로서 항목이 세부적으로 어떤 분류에 해당되며, 어떤 성격을 나타내는가를 구체적으로 알 수 있도록 연구팀에서 합의한 원칙에 따라 기입한다.

● ⓐ-4 세분류 : 소분류보다 세부적인 단계로 항목 구성의 위계에서 가장 하위 단계에 속한다.

ⓑ 한글 항목명 : 항목의 한글 명칭을 기입한다.

● 기관·단체명이나 시설명, 행사명, 사건명 등은 반드시 가장 최근의 공식 명칭을 확인하여 기입하고, 공식 명칭 외에 많이 불리는 명칭은 '항목 설명'란에 이칭·별칭으로 기입한다.

> 예 한국예술문화단체총연합회 강릉지부(이칭 : 강릉예총)

● 유물의 경우 출토지가 명확한 경우에는 출토지가 어디인지 구체적으로 알 수 있도록 항목명을 표기한다.

> 예 남강유적 출토 붉은간토기

● 유적은 소재지와 성격이 드러나도록 다음의 기준에 따라 항목명을 표기한다.

　　− 일반 유적인 경우에는 '리'나 '동' 다음에 성격을 규정한다.

> 예 용산리 고분군, 가진리 고인돌, 강문동 주거지유적, 강문동 저습지유적

　　− 리나 동의 이름이 같으나 상위 구역(리, 면)이 다른 경우에는 상위 구역까지

함께 표기한다.

> 예 • 명석면 용산리 고분군, 구정면 용산리 고분군
> • 동덕리 담산동 유적, 석실리 담산동 유적

   — 리나 동을 기준으로 같은 지역의 유적 중에서 세부 주소지가 다르면서 여러
시대가 나올 경우에는 번호로 구분한다.

> 예 • 가둔지 유물산포지 1, 가둔지 유물산포지 2
> • 지곡리 요지 1, 지곡리 요지 2

ⓒ **한자 항목명** : 한글 항목명의 한자음을 기입한다.

● 영어나 숫자, 조사 등이 섞여 있을 경우에는 해당되는 것만 한자로 바꿔 표기한다.

> 예 大垈里 窯址 2, 浦南1洞, 水枝靑少年 오케스트라, 竹軒 배롱나무
> ※ 이류면탄용리 숯골서낭제(利柳面炭龍里 炭洞城隍祭) → 이류면탄용리 숯골서낭제(利柳面炭龍里 숯골城隍祭)

● 해당되는 한자가 없는 경우는 한글 항목명을 그대로 표기한다.

> 예 가래소리
> ※ 한자 항목명은 반드시 한글 항목명과 일치시킨다.

ⓓ **항목 설명** : 항목을 선정한 이유에 대해 간략하게 서술한다. 항목의 성격이나
세부 사항(건립 및 폐지 연도, 생몰년, 인명의 자나 호, 본관, 출생지 등), 혹은
이칭·별칭, 문화재 지정번호, 산 높이 등 참고가 될 만한 부가적인 사항을 기입
한다. 최대한 상세한 설명을 기술하도록 한다.

ⓔ **분야(코드)** : '한국향토문화전자대전 분야·유형·시대 분류표(23쪽 표 2.4)'의
'분야'를 참고하여 해당되는 분야의 중분류 코드를 기입한다.

● 대표 분야에는 C1, C2, C3, D2, D3를 제외한 코드를 하나만 기입한다. 중복 분야
에는 대표 분야 외의 코드를 하나 이상 기입할 수 있다.

● C1, C2, C3, D2, D3은 대표 분야가 될 수 없으며, 반드시 '중복 분야'란에 기입해
야 한다.

ⓕ **유형** : '한국향토문화전자대전 분야·유형·시대 분류표'의 '유형'을 참고하여 항
목이 해당되는 유형을 기입한다.

- 포괄적인 내용을 담고 있는 항목의 경우는 개념용어로 기입한다.
- 대표 유형에는 집필 내용, 즉 어떤 측면에서 서술하면 좋을지를 고려하여 항목에 가장 적합한 유형을 기입한다. 중복 유형에는 대표 유형 외에도 해당될 수 있다고 생각하는 유형을 하나 이상 기입할 수 있다.
- 각종 도서관과 박물관은 대표 유형을 기관단체로 한다. 각종 운동장, 체육관, 공원, 미술관, 전시실(관), 극장, 수영장, 야구장, 기념관 등 각종 '시설'은 대표 유형을 지명으로 분류한다.
  ※ 유형에 관한 자세한 내용은 '유형별 항목 선정 지침'을 참고한다.

ⓖ **시대** : '한국향토문화전자대전 분야·유형·시대 분류표'의 '시대'의 중분류를 기준으로 하되, 항목이 시대를 포괄적으로 나타내는 경우에는 대분류 기준으로 표기할 수 있다.
- 고대의 경우에는 시대 코드표에서 제시한 해당 내용을 함께 표기할 수 있다.
- 복수로 기입할 경우 구분은 쉼표(,)로 한다.
- 산이나 바다, 동식물, 개념용어는 '현대'로 기입한다.
- 지역적 특색을 고려하여 시대 분류표에 없는 시대를 표기할 수도 있다.
  예 탐라(제주시), 우산국(울릉군)

ⓗ **지역**
- 법정동을 기준으로 번지(상세 주소지)까지 기입한다.
  예 분당구 하오고개길 110(운중동 50번지)
- 여러 지역에 걸쳐 해당될 경우에는 쉼표(,)로 구분하여 해당 지역을 모두 기입한다.
  예 분당구 운중동, 분당구 판교동
- 도·시(군) 단위의 주소는 생략하고, 그 이하의 주소를 상세히 기입한다.
  예 충청북도 충주시 흥덕구 송정동 110번지(×), 흥덕구 송정동 110번지(○)
- 해당 지역 전반에 걸쳐진 항목의 경우에는 시(군) 단위로 기입할 수 있다.
  예 청주시에서 항목명이 '청주아리랑'인 경우, 지역은 '청주시'로 기입

ⓘ 집필 후보자

● ⓘ-1 제1집필자 : 해당 항목에 관한 전문가로서 원고를 가장 정확하고 충실하게 집필할 수 있는 집필 예정자를 지정한다. 제1집필자에 지정된 사람은 반드시 '연구자 명단' 시트에 포함시켜야 한다.

● ⓘ-2 후보자 그룹 : 제1집필 예정자가 집필을 할 수 없는 경우를 대비하여 제2, 제3집필자가 될 만한 연구자들의 그룹 코드를 기입한다. 그룹 코드는 항목 구성 체계의 중분류 이하 소분류를 기준으로 그룹화한 코드를 기입한다. 반드시 '집필 후보자 그룹' 시트와 내용을 일치시켜야 한다.

ⓙ 원고량 : 해당 항목을 집필할 경우, 어느 정도의 분량으로 기술해야 할지를 200자 원고지 기준으로 원고 매수를 기입한다.

ⓚ 중요도 : 항목의 중요도에 따라 A, B, C로 기입한다. 반드시 항목으로 선정되어야 하는 경우에는 A로 표기한다.

ⓛ 참고 자료 : 항목 추출 시 참고가 된 자료명을 '약호(연구팀에서 임의로 지정)'로 기입하며, 면수에는 해당 항목명이 실려 있는 참고 자료의 쪽수를 정확하게 기입한다. 웹사이트의 경우에는 해당 웹사이트명의 약호를 기입한다. '참고 자료 목록' 시트의 내용과 일치시켜야 한다.

표 2.6 개관항목 작업 양식

항목 구성 체계 ⓐ			한글 항목명 ⓑ	한자 항목명 ⓒ	관련 하위 항목 ⓓ	분야(코드) ⓔ	
대분류 ⓐ-1	중분류 ⓐ-2	소분류 ⓐ-3				대표분야	중복분야
자연·지리 (삶의 터전)	자연지리	[개관]	자연지리	自然地理		A1	
자연·지리 (삶의 터전)	인문지리	[개관]	인문지리	人文地理		A2	
자연·지리 (삶의 터전)	인문지리	[개관]	○○시	○○市		A2	
자연·지리 (삶의 터전)	동식물	[개관]	동물상	動物相		A3	
자연·지리 (삶의 터전)	동식물	[개관]	식물상	植物相		A3	
역사 (삶의 내력)	[개관]		역사	歷史		B1	
역사 (삶의 내력)	[개관]		선사	先史		B1	
성씨·인물 (삶의 주체)	성씨 세거지	[개관]	세거 성씨	世居 姓氏		D1	
정치·경제·사회 (삶의 틀)	정치·행정	[개관]	정치	政治		E1	
정치·경제·사회 (삶의 틀)	정치·행정	[개관]	행정	行政		E1	
정치·경제·사회 (삶의 틀)	경제·산업	[개관]	경제산업	經濟産業		E2	
정치·경제·사회 (삶의 틀)	사회·복지	[개관]	사회·복지	社會福祉		E3	
정치·경제·사회 (삶의 틀)	과학기술	[개관]	과학기술	科學技術		E4	
종교 (삶의 내용 1)	[개관]		종교	宗教		F4	
종교 (삶의 내용 1)	불교	[개관]	불교	佛教		F1	

유형 ⓕ		시대 ⓖ	지역 ⓗ	집필 후보자 ⓘ		원고량 ⓙ	참고 자료 1 ⓚ		참고 자료 2	
대표유형	중복유형			제1 집필자	후보자 그룹		자료 (약호)	면수	자료 (약호)	면수
개념용어			○○시							
개념용어			○○시							
개념용어	지명		○○시							
개념용어			○○시							
개념용어			○○시							
개념용어			○○시							
개념용어			○○시							
개념용어			○○시							
개념용어			○○시							
개념용어			○○시							
개념용어			○○시							
개념용어			○○시							
개념용어			○○시							
개념용어			○○시							
개념용어			○○시							

(계속)

항목 구성 체계 ⓐ			한글 항목명 ⓑ	한자 항목명 ⓒ	관련 하위 항목 ⓓ	분야(코드) ⓔ	
대분류 ⓐ-1	중분류 ⓐ-2	소분류 ⓐ-3				대표분야	중복분야
종교 (삶의 내용 1)	유교	[개관]	유교	儒教		F2	
종교 (삶의 내용 1)	기독교	[개관]	개신교	改新教		F3	
종교 (삶의 내용 1)	기독교	[개관]	천주교	天主教		F3	
종교 (삶의 내용 1)	신종교	[개관]	신종교	新宗教		F4	
문화 · 교육 (삶의 내용 2)	문화	[개관]	문화 · 예술	文化藝術		G1	
문화 · 교육 (삶의 내용 2)	체육	[개관]	체육	體育		G2	
문화 · 교육 (삶의 내용 2)	교육	[개관]	교육	教育		G3	
문화 · 교육 (삶의 내용 2)	언론 · 출판	[개관]	언론 · 출판	言論 · 出版		G4	
생활 · 민속 (삶의 방식)	생활	의생활	의생활	衣生活		H1	
생활 · 민속 (삶의 방식)	생활	식생활	식생활	食生活		H1	
생활 · 민속 (삶의 방식)	생활	주생활	주생활	住生活		H1	
생활 · 민속 (삶의 방식)	민속	[개관]	민속	民俗		H2	
구비전승 · 어문학 (삶의 이야기)	구비전승	[개관]	구비전승	口碑傳承		I1	
구비전승 · 어문학 (삶의 이야기)	언어	[개관]	언어	言語		I2	
구비전승 · 어문학 (삶의 이야기)	문학	[개관]	문학	文學		I3	

유형 ⓕ		시대 ⓖ	지역 ⓗ	집필 후보자 ⓘ		원고량 ⓙ	참고 자료 1 ⓚ		참고 자료 2	
대표유형	중복유형			제1 집필자	후보자 그룹		자료 (약호)	면수	자료 (약호)	면수
개념용어			○○시							
개념용어			○○시							
개념용어			○○시							
개념용어			○○시							
개념용어			○○시							
개념용어			○○시							
개념용어			○○시							
개념용어			○○시							
개념용어			○○시							
개념용어			○○시							
개념용어			○○시							
개념용어			○○시							
개념용어			○○시							
개념용어			○○시							
개념용어			○○시							

ⓐ 항목 구성 체계

● ⓐ-1 대분류, ⓐ-2 중분류 : 일반항목과 같은 방법으로 기입한다.

● ⓐ-3 소분류 : 중분류의 아래 단계로서 항목이 속하는 최하위 단계를 기입한다. 개관항목이 세부적으로 어떤 분류에 해당되며, 어떤 성격을 나타내는가를 구체적으로 알 수 있도록 연구팀에서 합의한 원칙에 따라 기입한다. 최상위 개관항목은 '개관'으로 기입한다.

ⓑ 한글 항목명, ⓒ 한자 항목명

일반항목과 같은 방법으로 기입한다.

ⓓ 관련 하위 항목

해당 개관항목의 한 단계 아래 하위 항목으로 선정된 항목명을 기입한다.

ⓔ 분야(코드)

일반항목과 같은 방법으로 기입한다.

ⓕ 유형

개관항목의 유형은 모두 개념용어로 기입한다.

ⓖ 시대

일반항목과 같은 방법으로 기입한다.

ⓗ 지역

개관항목은 해당 최상위 지역의 어떤 사물이나 현상에 대해 개괄적으로 설명하는 것이므로, 최상위 해당 지역, 즉 시·군·구 이름을 기입한다.

ⓘ 집필 후보자, ⓙ 원고량, ⓚ 참고 자료

일반항목과 같은 방법으로 기입한다.

표 2.7 기록항목 작업 양식

항목 구성 체계 @			한글 항목명 ⓑ	한자 항목명 ⓒ	내용 개요 ⓓ	분야코드 ⓔ		유형 ⓕ		시대 ⓖ	지역 ⓗ	집필 후보자 ①		원고량 ①	참고 자료 1 ⓚ		참고 자료 2	
대분류 @-1	중분류 @-2	소분류 @-3				대표 분야	종목 분야	대표 유형	종목 유형			제1집 필자	후보자 그룹		자료 (약호)	자료 면수	자료 (약호)	자료 면수
문화유산 (삶의 자취)	유형 유산	유적	부처님의 그 발자취 등에 연은 불영사	부처님의 그 발자취 등에 연은 佛影寺	경내 연못에 천축산 위의 부처 형상을 한 그림자가 비친다고 하여 불려지는 자기 비친다고 하여 불려지는 곳가지 자료들을 가지고 있다. 외장내사가 세워지고 전체게는 불영양사는 비가 내리고 정갈하기도 소문이 났으며, 입며 자연환경과 함께 신비로움을 그대로 간직하고 있는 곳이다.	F1	C1	개념 용어	유적	현대	울진군 서면 하원리 122	황정수	WG28	40	불영사 불교문화	61-131	신자산 불영사 불교	21-52
자연·지리 (삶의 터전)	자연 지리	기후	태풍에 맞서는 사람들 - 사라호에서 매미까지	颱風에 맞서는 사람들 - 사라호에서 매미까지	동해 해상에 위치한 울릉도는 매해 여름이면 태풍으로 많은 피해를 겪고 있다. 특히 2004년 태풍 매미로 피해를 보았으며, 이 과정에서 더 많은 마을이 수몰도 했느데, 태풍을 피하거나 대응하기 위해서 마을 사람들 또는 외부인들이 종종 전체지기도 한다.	A1	C1	개념 사건	사건	현대	울릉군 고경대	고경대	WG21	25	군지 06 종항 계획	385	파동진 혈	84-98
문화·교육 (삶의 내용 2)	문화	예술가 공방, 공주	중고제 판소리의 고장, 공주	중고제 판소리의 고장, 公州	공주 소리판의 독특성을 하마디로 표현한다면 민요권인 경기 지역의 소리와 판소리권인 남도 소리가 혼재되어 있는 고장이라는 것이다. 판소리가 독특성으로 소리꾼들이 딱고일가 편한 곳이었다는 이유로 동편제나 서편제와 겸이 없이 이러한 판소리가 공주를 중심으로 성행하게 했다. 그리고 이러한 음악적 성향도 준제하게 된다. 그럼으로 중고제에 활약한 사람들, 이들의 판소리나 공주를 현재에까지 이어져 박 동진판소리전수관에서 아직도 판소리를 배우고 있다.	G1		개념 용어		현대	공주시 신평철	신평철	WG52	30	시지 028한	268-271	파동진 혈	
문화유산 (삶의 자취)	유형 유산	유적	삼별초의 마지 막 저항지 제주 항파두리	삼별초의 마지 막 抵抗址 濟州 항파두리	1270년(원종 11) 2월 고려 조정이 몽골의 침입으로 굴욕적인 강화를 맺고 강화도에서 개경으로 환도하자, 이에 맞서 강동·경룡 종수옹 한 삼별 초가 고려와 몽골의 혼합군에 대항하여 강화에서 진도로, 진도에서 제주까지 항전하다 1273년 전원이 순의한 삼별초의 마지막 보루이다.	B1		개념 용어	유적	고려 후기	제주시 애월읍 고성리	김동전	WG36	30	군지 하권	1014		

ⓐ 항목 구성 체계

ⓐ-1, ⓐ-2, ⓐ-3는 일반항목과 같은 방법으로 기입한다.

ⓑ 한글 항목명

항목의 한글 명칭을 기입한다. 기획항목은 해당 지역의 문화적 특색을 대표하는 항목이므로 지역적 특색과 개성이 잘 드러나는 제목으로 정한다.

ⓒ 한자 항목명

일반항목과 같은 방법으로 기입한다.

ⓓ 내용 개요

항목 선정의 이유 및 개략적인 설명을 기입한다. 원고 집필 시 어떤 내용을 중심으로 서술되어야 하는가를 고려하여 항목에 관한 상세한 내용을 원고지 1매 정도 분량으로 기입한다. 원고에 대한 기획안이라 할 수 있다.

ⓔ 분야(코드), ⓕ 유형, ⓖ 시대, ⓗ 지역, ⓘ 집필 후보자

일반항목과 같은 방법으로 기입한다.

ⓙ 원고량

해당 항목에 대해 집필할 경우, 어느 정도의 양으로 기술이 되어야 할지를 고려하여 200자 원고지를 기준으로 적당한 원고 매수를 기입한다. 기획항목은 최소 20매 이상으로 정한다.

ⓚ 참고 자료

일반항목과 같은 방법으로 기입한다.

3) 참고 자료의 수집 · 정리

항목을 선정할 때 기초 및 참고 자료로 사용한 자료(책, 논문, 잡지, 웹사이트, CD 등의

각종 매체)의 목록을 작성하는 참고 자료의 목록은 항목의 적합성 여부를 판단하는 객관적인 기준으로 활용되므로, 정확하고 상세하게 작성해야 한다.

표 2.8 참고 자료 목록의 예

자료명 (1)	저자 (2)	간행처 (3)	간행 연도 (4)	약호 (5)
울진군지(상)	울진군	울진군	2006	군지(상)
울진군지(중)	울진군	울진군	2006	군지(중)
울진군지(하)	울진군	울진군	2006	군지(하)
군정백서 2003	울진군청	울진군청	2003	군정백서 03
군정백서 2006	울진군청	울진군청	2006	군정백서 06
울진통계연보	울진군	울진군	2006	통계연보
사업체기초통계조사보고서	울진군	울진군	2005	통계조사
울진종합레저타운조성사업 예정부지 내 문화유적 지표조사보고서	대경문화재연구원	대경문화재연구원	2007	레저타운
울진군문화유적분포지도	경상북도문화재연구원	울진군청	2004	문화지도04
울진민요와 규방가사	울진문화원	울진문화원	2001	민요가사
신라 지방통치체제의 정비과정과 촌락	주보돈	도서출판 신서원	1998	지방통치
「삼한의 국읍과 그 성장에 대하여」 역사학보 69	이현혜	역사학회	1976	삼한국읍
「울진」 안내 팸플릿			2007	울진안내
「불영사」 안내 팸플릿			2007	불영팜플
1 : 5,000 울진 지도	울진군청	울진군청		울진지도
http://ujcc.or.kr/main.php		울진문화원		문화원웹
http://www.uljin.go.kr		울진군청		군청웹
http://baegam.invil.org		백암온천마을		온천마을웹
http://www.uljin.hs.kr		울진고등학교		울진고웹
http://www.uljinlib.or.kr		울진공공도서관		울진도서관웹
http://cafe.daum.net/uljinccilem		울진군 씨름협회		울진씨름협회웹
http://www.uljinnews.co.kr		울진신문사		울진신문웹
http://tour.uljin.go.kr		성류문화제		울진군 문화관광웹
http://www.umc.or.kr		울진의료원		의료원웹
http://www.artuljin.com		울진문예총		울진문예총 웹

(1) 자료명

● 항목 추출 시 참고했던 자료의 정식 명칭을 기입한다.

● 문헌 자료는 물론이고, 참고 자료로 활용한 영상 자료, 웹사이트 등도 모두 기입
한다.

● 웹사이트의 경우에는 사이트명이 아니라 URL을 기입한다.

(2) 저자

● 참고 자료의 저자명을 기입한다.

● 저자를 알 수 없는 경우에는 비워 둔다.

(3) 간행처

● 참고 자료를 간행한 곳을 기입한다.

(4) 간행 연도

● 참고 자료의 간행 연도를 초판 간행 연도를 기준으로 네 자리 숫자로 기입한다.

(5) 약호

● 항목 추출 시 참고가 된 자료명을 '약호'로 기입한다.

● 약호 지정 방식은 연구팀 나름의 규칙에 의해 임의로 정할 수 있다.

● 엑셀 시트에서 셀이 길어지는 것을 방지하기 위해 약호를 지정하는 것이기 때문
에 4음절 이하의 짧은 자료명에는 굳이 약호를 지정할 필요가 없다.

● 자료명이 긴 경우에는 핵심 단어 한 어절 정도를 약호로 지정하거나, 각 어절의
첫 글자를 따서 지정할 수 있다.

4) 연구 인력 풀의 구성

연구자 목록의 작성은 각 지역의 향토문화 연구자를 파악함으로써 한국향토문화전자대전의 집필자 확보와 자문위원, 분과위원 등의 용이한 구성을 목적으로 한다. 연구자 목록에는 향토문화 연구자, 분야별 전문가 등을 망라한다. 집필 후보자 그룹은 연구자 목록을 기초로, 분야별로 그룹화하여 작성한 목록으로 한국향토문화전자대전의 집필자를 지정하는 용도로 사용된다.

작업의 방법은 먼저 지역의 향토문화를 연구하는 인력을 총망라해서 연구자 목록을 작성한다. 이 목록을 바탕으로 집필 후보자 그룹을 정한다. 집필 후보자를 그룹화하는 방법은 연구팀이 임의로 정하거나, '한국향토문화전자대전 분야 · 유형 · 시대 분류표 (23쪽 표 2.4)'의 중분류(28개)를 기준으로 그룹화하면 된다. 분야나 연구자의 특성에 따라 한 사람이 복수의 그룹에 포함되는 것도 가능하다.

표 2.9 연구자 목록 작성의 예

성명	소속	전공 및 관심 분야	집필 가능·분야	이메일	전화번호
홍길동	공주대학교 자연과학대학 지질환경과학과	지구물리학	지질	abcd@hanmail.net	000-000-0000
홍길동	공주영상정보대학	교육심리학	교육사	abcd@hanmail.net	000-000-0000
홍길동	공주대학교 교육학과	교육과정	교육, 학교	abcd@hanmail.net	000-000-0000
홍길동	선사박물관 학예연구사	고대사	전통시대 인물 －문무관인	abcd@hanmail.net	000-000-0000
홍길동	친일진상규명위원회 연구원	근현대사	근현대 인물 －정치인	abcd@hanmail.net	000-000-0000
홍길동	대전보건전문대학 전통조리과	전통음식	궁중음식, 향토음식	abcd@hanmail.net	000-000-0000

(계속)

성명	소속	전공 및 관심 분야	집필 가능 분야	이메일	전화번호
홍길동	충남대학교 국어국문학과	국어학	지명, 방언	abcd@hanmail.net	000-000-0000
홍길동	한남대학교 강사	기독교사	기독교	abcd@hanmail.net	000-000-0000
홍길동	공주민속극박물관 관장	민속극	민속극, 놀이	abcd@hanmail.net	000-000-0000
홍길동	백제신문/공주향토문화연구회 회원		언론	abcd@hanmail.net	000-000-0000
홍길동	공주대학교 관광학부	문화관광	관광, 문화재, 대중문화	abcd@hanmail.net	000-000-0000
홍길동	공주대학교사범대학부설고등학교	역사교육	조선후기	abcd@hanmail.net	000-000-0000
홍길동	공주대학교 사범대학 역사교육과	한국사	고지명, 지리지 및 고지도	abcd@hanmail.net	000-000-0000
홍길동	한국사진협회 공주지부 사무장		사진	abcd@hanmail.net	000-000-0000
홍길동	경인교육대학교 사회교육과	역사지리학	촌락	abcd@hanmail.net	000-000-0000
홍길동	세광교회 목사/ 공주향토문화연구회 회원	기독교	기독교	abcd@hanmail.net	000-000-0000
홍길동	충남대학교 사회학과	사회통계, 인구학	사회, 복지	abcd@hanmail.net	000-000-0000
홍길동	충남대학교 연구원	한문학	한문학, 고전문학	abcd@hanmail.net	000-000-0000
홍길동	충남대학교	고전문학	고전문학, 구비전승	abcd@hanmail.net	000-000-0000
홍길동	양업교회사연구소장	한국근대사	근대교회사, 기독교사	abcd@hanmail.net	000-000-0000
홍길동	공주대학교 국민윤리교육과	비교철학	종교	abcd@hanmail.net	000-000-0000
홍길동	공주대학교 행정학과	조직, 인사	정치 행정	abcd@hanmail.net	000-000-0000

표 2.10 집필 후보자 그룹 작성의 예

집필 후보자 그룹		
그룹 코드	전문분야	집필 후보자 명단
WG1	지형	최○길, 장○호
WG2	행정구역	최○회, 류○현
WG3	고지명	최○회, 윤○혁
WG4	지리지 및 고지도	이○종, 윤○혁
WG5	관광	이○종, 전○한
WG6	교통	정○정, 강○복, 고○연, 김○진
WG7	동물상	조○래, 정○화
WG8	식물상	문○태, 김○훈
WG9	천연기념물과 보호수	문○태, 이○진
WG10	선사시대	박○형, 이○승, 이○석, 이○조
WG11	고려시대	김○동, 김○연, 이○희, 이○신
WG12	조선 전기	김○수, 김○미, 서○원, 성○현
WG13	조선 후기	고○연, 곽○제, 최○묵
WG14	근현대사	김○국, 정○재, 노○종, 이○우
WG15	현대사	박○승, 허○종
WG16	문화유산(고고 전반)	이○석, 서○석, 최○화, 이○호
WG17	문화유산(불교-유적)	송○정, 이○경
WG18	문화유산(불교-유적건조물)	이○기, 조○창
WG19	문화유산(고분)	이○석, 이○엽
WG20	문화유산(성곽, 성곽시설)	서○석, 최○화
WG21	문화유산(공예, 회화)	곽○석, 박○순, 안○자
WG22	문화유산(근현대)	정○수, 이○윤, 정○경
WG23	문화유산(건축)	이○기, 황○현, 김○정
WG24	문화유산(무형유산, 민속)	황○숙, 최○진, 정○민
WG25	문화유산(기록유산)	김○현, 김○혜, 박○의

(계속)

집필 후보자 그룹		
그룹 코드	전문분야	집필 후보자 명단
WG26	전통시대 인물-문무관인	정○호, 박○만, 이○찬, 김○영
WG27	전통시대 인물-효자, 열녀	이○권, 김○중, 김○신
WG28	전통시대 인물-종교인	이○민, 나○신, 박○중
WG29	근현대 인물-정치 행정인	박○식, 양○자, 채○정
WG30	근현대 인물-예술가	이○춘, 김○영, 김○순
WG31	근현대 인물-사회운동가	박○권, 김○혜, 김○신
WG32	정치·행정	배○수, 원○수, 이○만, 오○수
WG33	관공서	이○준, 홍○연
WG34	근대교육	최○협, 유○준, 오○근
WG35	언론	신○희, 오○숙

5) 항목별 분포도 작성

최종적으로 선정된 항목은 각 분야별, 유형별로 적절하게 배분되어야 한다. 항목별 분포도는 선정된 항목의 균형을 살펴보기 위해 작성한다.

표 2.11 항목별 분포도 서식

구분	개념용어	기관단체	놀이	동물	문헌	물품도구	사건	성씨	식물	유물	유적	음식물	의례	의복	인물	작품	제도	지명	행사	총합계	백분율
자연지리																					
인문지리																					
동식물																					
전통시대																					

(계속)

구분	개념용어	기관단체	놀이	동물	문헌	물품도구	사건	성씨	식물	유물	유적	음식물	의례	의복	인물	작품	제도	지명	행사	총합계	백분율
근현대																					
성씨·세거지																					
정치·행정																					
경제·산업																					
사회·복지																					
과학기술																					
불교																					
유교																					
기독교																					
신종교																					
예술																					
체육																					
교육																					
언론·출판																					
생활																					
민속																					
구비전승																					
언어																					
문학																					
총합계																					
백분율																					

III. 텍스트 콘텐츠 제작

1. 텍스트 콘텐츠 제작이란

1) 텍스트 콘텐츠 제작의 목적

한국향토문화전자대전 텍스트 데이터는 지역 자료를 활용하여 지역의 역사와 문화 및 정체성 제고를 위해 지역 사회의 전체적인 발전의 모습을 파악함을 목적으로 제작하고 있다. 이를 위하여 역사학을 비롯하여 지리학, 인류학, 민속학, 정치학, 경제학, 사회학, 언어학 등 학제적 연구를 기반으로 한다. 문헌 조사와 함께 현지 조사를 통하여 지역성, 구체성, 현장성을 아울러 갖춘 성과물 제작을 목표로 한다.

2) 텍스트 콘텐츠 제작의 추진 과정

(1) 제작 과정

한국향토문화전자대전 텍스트 데이터는 다음과 같은 단계와 과정을 거쳐 제작하고 있다.

- 기초 연구에서 선정된 항목을 검토한 후, 집필 의뢰 항목과 집필자를 확정한다.
- 지역 연구팀에서 집필 의뢰서와 함께, 한국학중앙연구원에서 제공하고 있는 원고 집필 양식인 원고 템플릿 등 관련 서류를 집필자에게 보내어 원고 집필을 의뢰한다.
- 집필된 원고는 지역 연구팀에서 수합·검토하여 한국학중앙연구원으로 보낸다.
- 한국학중앙연구원에서는 지역 연구팀으로부터 받은 원고를 검수한다. 원고 검토 과정에서 부적합하다고 판단된 원고는 재집필과 보완 집필을 요청한다.
- 윤문·교열 과정을 거쳐 원고를 완성한다.
- 전자 문서로 작성하여, 디지털 콘텐츠로 완성한다.

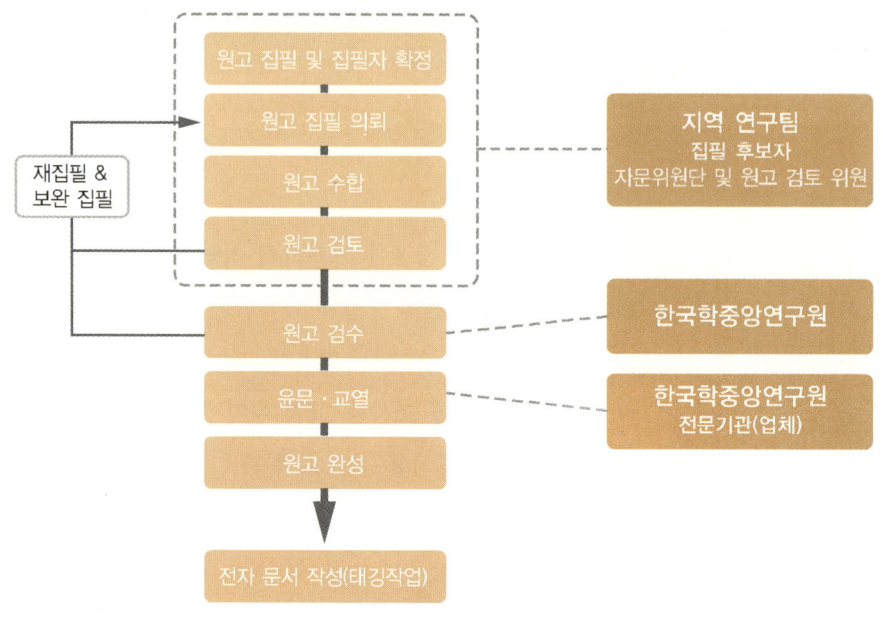

그림 3.1 텍스트 데이터 제작 과정

(2) 집필 청탁 관련 서류

집필 청탁 시 집필자에게는 집필 의뢰서와 함께 분야별 항목 목록, 샘플 원고, 원고 템플릿, 원고 집필 지침, '한국향토문화전자대전 분야·유형·시대 분류표(23쪽 표 2.4)'를 제공한다.

① 집필 의뢰서

집필자가 집필해야 할 항목명, 집필 매수, 집필 기한 등이 기재되어 있다.

② 분야별 항목 목록

집필자가 집필할 항목과 동일한 분야의 항목 전체를 수록한 목록으로서, 항목의 체계와 더불어 같은 분야의 항목 전체를 볼 수 있도록 제공한다.

표 3.1 집필 의뢰서 양식

○○○ 선생님께

안녕하십니까?

저희 ○○대학교 한국향토문화전자대전 연구팀에서는 한국학중앙연구원의 한국향토문화전자대전 사업의 일환인 디지털○○문화대전 텍스트 데이터 제작 사업을 수행하고 있습니다.

디지털○○○문화대전은 ○○시(군)의 지역문화를 일반 이용자가 이해하기 쉬운 문장으로 사전적으로 기술하여 널리 알리고자 합니다. 또한 디지털 환경에 맞추어 서술 체계를 구조화하여 편리한 검색 기능을 제공하고, 이용자들이 보다 다양하게 활용할 수 있는 디지털 콘텐츠를 제작하고자 합니다.

그 사업의 하나로, 선생님께 다음과 같이 원고 집필을 청탁하오니, ○월 ○일까지 바쁘시더라도 옥고를 보내 주시면 감사하겠습니다.

집필하시는 원고의 저작권은 한국학중앙연구원에 귀속됩니다만, 집필자께서는 집필하신 원고를 제한을 받지 않고 사용하실 수 있습니다. 다만, 집필하신 원고가 윤문·교열 과정을 거치면서 다소 수정이 가해질 수 있으며, 동의 없이 증보 개정될 수 있음을 혜량하여 주십시오.

집필과 관련된 문의 사항은 디지털○○문화대전 연구팀의 ○○○(전화 :   )에게 연락 주십시오.

〈집필 청탁 내용〉

총계 : 3항목 / 9매

항목명(한글)	항목명(한자)	의뢰 매수	참고사항	원고 서술 체계
복신미륵	福神彌勒	3	제주도민속자료 제1호	첨부한 신복사지 석불좌상 샘플 원고의 서술 체계를 따라 주십시오.
동자복	東資福	3	제주도민속자료 제1-1호	
서자복	西資福	3	제주도민속자료 제1-2호	

표 3.2 항목 목록 예 – 디지털남원문화대전 '불교' 분야

항목 구분	대분류	중분류	소분류	세분류	세세 분류	항목명 (한글)	항목명 (한자)	대분야	중분야	소분야
개관	삶의 내용	종교	불교			불교	佛教	삶의 내용 (종교와 문화예술)	종교	불교
일반	삶의 내용	종교	불교	불교단체		불교 단체	佛教 團體	삶의 내용 (종교와 문화예술)	종교	불교
일반	삶의 내용	종교	불교	불교단체		사찰	寺刹	삶의 내용 (종교와 문화예술)	종교	불교
일반	삶의 내용	종교	불교	불교유적과 유물		대복사 극락전	彌勒庵 極樂殿	삶의 내용 (종교와 문화예술)	종교	불교
일반	삶의 내용	종교	불교	불교유적과 유물		선국사 대웅전	善國寺 大雄殿	삶의 내용 (종교와 문화예술)	종교	불교
일반	삶의 내용	종교	불교	불교유적과 유물		선원사 대웅전	禪源寺 大雄殿	삶의 내용 (종교와 문화예술)	종교	불교
일반	삶의 내용	종교	불교	불교유적과 유물		선원사 약사전	禪院寺 藥師殿	삶의 내용 (종교와 문화예술)	종교	불교
일반	삶의 내용	종교	불교	불교유적과 유물		실상사 극락전	實相寺 極樂殿	삶의 내용 (종교와 문화예술)	종교	불교
일반	삶의 내용	종교	불교	불교단체	사찰	가덕사	가덕사	삶의 내용 (종교와 문화예술)	종교	불교
일반	삶의 내용	종교	불교	불교단체	사찰	감로사	甘露寺	삶의 내용 (종교와 문화예술)	종교	불교
일반	삶의 내용	종교	불교	불교단체	사찰	경덕사	경덕사	삶의 내용 (종교와 문화예술)	종교	불교

분야코드	대분야	중분야	분야코드	유형	세부유형	시대	지역	근거자료	집필후보자	집필원고량
G2	종교	불교	F1	개념용어	개념용어 (개관)	현대	남원군	불교사상, 불교 유적과 유물	○○○	20
G2	종교	불교	F1	개념용어	개념용어 (일반)		남원시		○○○	20
G2	종교	불교	F1	개념용어	개념용어 (일반)	현대	남원시	실상사, 용담사	○○○	20
G2	종교	불교	F1	유적	건물	통일신라	왕정동	남원의 문화유산, 전라북도 문화재자료 48호	○○○	3
G2	종교	불교	F1	유적	건물	남북국시대	산곡동	남원의 문화유산, 전라북도 유형문화재 114호	○○○	5
G2	종교	불교	F1	유적	건물	삼국시대	도통동	남원의 문화유산, 전라북도 문화재자료 45호	○○○	3
G2	종교	불교	F1	유적	건물	조선 후기	도통동	남원의 문화유산, 전라북도 유형문화재 119호	○○○	4
G2	종교	불교	F1	유적	건물	남북국시대	산내면 입석리	남원의 문화유산, 전라북도 유형문화재 45호	○○○	4
G2	종교	불교	F1	기관단체	기관단체 (일반)		남원시	남원지	○○○	3
G2	종교	불교	F1	기관단체	기관단체 (일반)		남원시	남원지	○○○	3
G2	종교	불교	F1	기관단체	기관단체 (일반)		남원시	남원지	○○○	3

③ 샘플 원고

집필자가 집필할 항목과 같은 유형의 샘플 원고를 지역 연구팀에서 선별하여 제공한다.

〈원고 1〉 샘플 원고 예 – 유물/불상

[기본 정보]						
항목 ID	30002265					
항목명(한글)	신복사지 석불좌상					
항목명(한자)	神福寺址 石佛坐像					
항목명(영어)	Seated Stone Buddha in Sinboksaji Archeological Site					
이칭 · 별칭						
키워드	불상 ǀ 석불 ǀ 보물					
관련 항목	신복사지 ǀ 신복사지 삼층석탑 ǀ 신복사지 석불좌상의 복식					
항목 체계	삶의 자취(문화유산)/유형 유산/유물					
분야 1	종교/불교	분야 2	문화유산/유형유산	분야 3	문화 · 교육/예술	
유형 1	유물/불상	유형 2		유형 3		
지역	강원도 강릉시 내곡동 403-2					
시대	고려/고려 전기					
멀티미디어 지정	사진	신복사지 석불좌상 정면 사진 ǀ 신복사지 석불좌상 왼쪽 측면 사진 ǀ 신복사지 석불좌상 오른쪽 측면 사진				
	지도					
	도면					
	동영상					
	음향					
	기타 자료					
집필자	홍길동					
집필자 의견						

[유형별 상세 정보]	
성격	불상
제작 시기 / 일시	고려 전기
제작 지역	미상
재질	화강암
높이	121cm
소장처	
소장처 주소	강원도 강릉시 내곡동 403-2
소유자	국유
관리자	강릉시
문화재 지정번호	보물 제84호
문화재 지정일	1963년 1월 21일

※ 반드시 [정의], [개설], [제작경위], [형태], [특징], [의의와 평가], [참고문헌] 등과 같이 소표제
  를 달아 주세요.

[정의]

강원도 강릉시 내곡동의 신복사지에 있는 고려 전기의 불상.

[개설]

신복사지 석불좌상은 강원도 강릉시 내곡동에 있는 신복사지 삼층석탑을 향하여 공양하고 있
는 모습의 보살상을 표현하고 있는데, 왼쪽 다리를 세우고 오른쪽 다리를 꿇어앉은 자세를 하
고 있으며 두 손은 가슴에 모아 무엇인가를 잡고 있는 모습을 하고 있다. 고려 전기에 조성된
독립 공양상으로서 1963년 1월 21일 보물로 지정되었다.

[형태]

높이는 181cm이다. 상·중·하대석을 구비한 팔각형의 대좌 위에서 탑을 향해 왼쪽 무릎을
세우고 오른발은 꿇어앉은 공양상(供養像)의 자세이다. 원통형의 높다란 관(冠)을 쓰고 있는
얼굴은 미소를 가득 머금어 부드럽고 복스러우며, 체구도 풍만하다. 관 밑으로 드러난 머리카
락은 어깨너머로 길게 늘어져 있으며, 양 어깨에서부터 걸쳐 내려진 옷자락은 몸의 굴곡을 따

라 자연스럽게 표현되어 보살상의 사실성을 더해 준다. 왼팔은 왼쪽 무릎에 걸치고 오른손을 마주 잡아 가슴에 모아 붙이고 있다. 가슴에 모은 두 손에는 철심이 남아 있어 원래 지물을 쥐고 있었음을 알 수 있다.

[특징]

신복사지 석불좌상이 쓰고 있는 높다란 원통형의 관 위에 팔각형의 갓 같은 것이 있는데, 보관의 지름과 갓 하부 연관의 지름이 적당하지 않고 팔각형의 갓 상면에 철심이 박혀 있으므로 원래는 석등의 옥개석(屋蓋石 : 석등이나 석탑의 지붕처럼 생긴 부분)을 올려놓은 것으로 추정된다.

하지만 갓의 하부에 연꽃무늬장식과 금속령 자리가 있으므로 천개라고 보는 입장도 있다. 일반적으로 천개는 사각형이 많은데, 주로 고려시대에 집중되고 있다. 반면, 팔각형의 천개는 통일신라 후기에 조성된 것으로 보는 구례 화엄사 석등의 공양상을 제외하면 매우 드물다. 따라서 신복사지 석불좌상은 보살상과 천개의 비례가 부자연스럽고, 한송사지(寒松寺址) 보살상이나 월정사(月精寺) 보살상에는 천개가 없으므로 후대에 올려진 옥개석일 가능성이 높다.

전체적인 양식과 조각 수법, 풍만한 몸의 굴곡을 잘 표현한 옷자락과 단순해진 장신구, 신복사지 삼층석탑과의 관계, 그리고 월정사 구층석탑 및 보살상과 비교해 보았을 때 신복사지 석불좌상은 동시기인 고려 전기에 조성된 것으로 판단된다.

[의의와 평가]

신복사지 석불좌상은 자세와 조각 수법, 탑을 향하여 공양하는 배치 등이 월정사 보살상과 흡사하여 같은 유파의 작품으로 평가된다. 또한 한송사지에서 출토된 보살상과 함께 고려 전기에 강릉 지역에서 유행하였던 한 양식을 보여주고 있다.

[참고문헌]

『강원도지(江原道誌)』(강원도, 1940)
『문화유적총람(文化遺蹟總覽)』(문화재관리국, 1977)
최성은, 「고려 초기 명주지방 석조보살상에 대한 고찰」(『불교미술』 5, 동국대학교 박물관, 1980)
신종원, 「강원도의 사찰」(『강원도향교서원사찰지』, 강원도, 1992)
지현병·홍순욱, 「신복사지 시굴조사 보고」(『강릉 문화유적 발굴조사 보고서 – 시굴 및 긴급 수습조사』, 강릉대학교 박물관, 1996)

④ 한국향토문화전자대전 분야·유형·시대분류표

23쪽 〈표 2.4〉 참고

⑤ 원고 집필 지침

원고를 작성하는 방법에 대한 지침서로, 집필할 때 참고할 수 있도록 제공한다.

⑥ 원고 템플릿

집필자가 집필할 항목별 원고 집필 양식을 한글(HWP) 파일로 제공한다.

〈원고 2〉 원고 템플릿 예 – 유형 : 유물/불상

[기본 정보]					
항목 ID	80000915				
항목명(한글)	실상사 철제여래좌상				
항목명(한자)	實相寺 鐵製如來坐像				
항목명(영어)					
이칭·별칭					
키워드					
관련 항목	실상사 l 실상사 목조아미타불상 l 실상사 금동여래좌상 l 실상사 관세음보살입상				
항목 체계	삶의 내용(종교)/불교/불교유적과 유물/불상				
분야 1	종교/불교	분야 2	문화유산/유형유산	분야 3	
유형 1	유물/불상	유형 2		유형 3	
지역	전라북도 남원시 산내면 입석리 50				
시대	고대/남북국시대/통일신라				

멀티미디어 지정	사진	
	지도	
	도면	
	동영상	
	음향	
	기타 자료	
집필자		홍길동
집필자 의견		

[유형별 상세 정보]	
성격	
제작 시기/일시	
제작 지역	
재질	
높이	
소장처	
소장처 주소	
소유자	
관리자	
문화재 지정번호	
문화재 지정일	

※ 반드시 [정의], [개설], [제작경위], [형태], [특징], [의의와 평가], [참고문헌] 등과 같이 소표제를 달아 주세요.

[정의]

[개설]

[제작경위]

[형태]

[특징]

[의의와 평가]

[참고문헌]

3) 텍스트 콘텐츠 제작의 기대 효과와 활용

과거로부터 현재까지 전승되어 온 역사와 전통, 풍물과 생활, 예술과 유물·유적 등 모든 향토문화를 체계적으로 집대성하고 있는 한국향토문화전자대전은 전 세계에 우리의 소중한 문화유산을 알리는 초석이 될 것이다. 이와 더불어 도시화·산업화의 흐름 속에서 급속하게 소멸되고 있는 지역문화 자원을 체계적으로 발굴하고 기록·보존하여 후세에 계승한다는 시대적 요청에 부응할 수 있다.

2. 텍스트 콘텐츠 제작과 실제

1) 원고 템플릿 작성법

원고 템플릿은 [기본 정보]와 [유형별 상세 정보], 그리고 본문으로 구성되어 있다.

(1) 기본 정보 작성법

기본 정보는 모든 원고에 공통적으로 통용되는 정보를 기입하는 템플릿이다. 기본 정보 템플릿 중 항목 ID, 항목명(한글), 항목명(한자), 관련 항목, 항목 체계, 분야, 유형, 지역, 시대, 그리고 집필자란은 연구원에서 기입하여 집필 의뢰를 한다. 집필자는 잘못된 사항이 있는지 살펴서 수정 혹은 보완하면 된다. 특별히 한글 항목명, 분야, 유형과 관련하여 수정이나 변경이 필요한 경우에는 집필자 의견란에 기입한다.

① 항목 ID

ID와 항목명(한글)이 항목 목록의 정보와 일치하는지를 확인한다. 항목 ID는 전자적으로 디지털화하는 중요한 키가 되는 정보이므로 원고 템플릿을 복사해서 사용하면 안되고, 반드시 하나의 원고 템플릿 파일에 한 항목의 원고만을 작성한다.

② 항목명(한글)

항목명(한글)은 공식 명칭을 입력한다. 예를 들어 문화재의 경우에 문화재청에서 지정한 공식 명칭을 기입하는 것이 원칙이다. 기관단체의 경우에도 지역에서 일반적으로 통용되는 명칭이 아닌 공식 명칭을 기입한다.

③ 항목명(한자)

항목명(한자)은 한글 항목명의 음에 대한 한자가 맞는지를 확인·대조한 후, 틀린 한자의 경우 수정하고 한자명이 누락된 경우에는 집필자가 기입한다.

④ 항목명(영어)

항목명(영어)은 '공식 명칭', '음역', '의미역'으로 구성되는데, 항목의 성격에 따라 세 가지 중에서 필요한 경우만 표기한다. 전공 분야와 관련하여 공식 명칭이 있을 경우에는 반드시 기입한다. 공식 명칭이란 기관, 문화재명, 동식물명 등 공식적으로 지정된 명칭을 지칭한다.

⑤ 이칭·별칭

이칭·별칭은 그 지역에서 공식 명칭과 다르게 부르는 모든 명칭을 기입한다. 예를 들어 인물의 경우에는 자(字)·호(號)·시호(諡號) 등, 기관단체의 경우에는 지역에서 통칭되는 명칭이나 약칭, 전칭 등을 기입한다.

⑥ 키워드

키워드는 이용자가 본 항목을 검색하기 위해 사용하리라 예상되는 모든 단어를 주제어 중심으로 기입한다. 예를 들어 '여동리'라는 항목에 대한 키워드는 '지명, 마을, 법정리, 여동리' 등이 해당한다.

⑦ 관련 항목

집필 의뢰 시, 원고 템플릿의 관련 항목란에는 집필자가 집필할 항목과 관련이 있다고 여겨지는 항목을 기입하여 제공한다. 이는 집필자가 집필하는 항목과 다른 관련 항목과의 내용 중복을 피하고 해당 항목에 직접적으로 관련된 내용만을 서술할 수 있도록 하기 위함이다. 집필 의뢰 시에는 내용상 관련성이 있는 항목 모두를 작성할 수 없으므로, 집필자는 집필 과정에서 해당 항목과 내용상 관련 있는 항목들을 전체 목록에서 찾아 기입한다.

⑧ 항목 체계

항목 체계는 항목 간의 위계를 파악할 수 있도록 하기 위하여 제공한다. 항목 체계를 통하여 집필 항목의 서술 범위와 정도를 구상할 수 있다.

⑨ 분야와 유형

분야와 유형은 중복 분류가 가능하다. 다른 분야도 해당된다고 판단될 때, '한국향토문화전자대전 분야ㆍ유형ㆍ시대 분류표(23쪽 표 2.4)'를 참고로 하여 '분야 2, 분야 3'에 해당 분야를 기입한다. 유형도 마찬가지이다. 다만 유형을 변경할 경우, 원고 서술 체계인 원고 템플릿을 변경해야 하므로 반드시 연구팀과 논의하여 결정한다.

⑩ 지역

지역란은 시ㆍ군까지는 기입하여 제공한다. 한국향토문화전자대전은 전자지도를 서비스하므로 공간 정보를 지닌 항목의 경우, 법정동 기준으로 가능한 한 지번까지 정확히 기입한다.

⑪ 시대

시대는 '한국향토문화전자대전 분야ㆍ유형ㆍ시대 분류표'에 따라 1단계/2단계까지 기입한다. 단, 고대는 3단계까지 기입한다. 두 시기 이상을 지정해야 할 경우에는 버티컬(ㅣ)을 사용하여 해당되는 시대를 기입한다.

예 • 선사 / 청동기
    • 고대 / 삼국시대 / 신라
    • 조선 / 조선 후기 ㅣ 근대 / 개항기

⑫ 멀티미디어 지정

한국향토문화전자대전은 사진ㆍ지도ㆍ도면ㆍ도표ㆍ동영상ㆍ음향 등 집필 항목과 관련된 시청각 자료를 제시하여 해당 원고 내용을 다양한 방식으로 체험하도록 구성하고 있다. 따라서 집필자는 집필하는 항목의 특성을 부각시킬 수 있는 시청각 자료를 지정하여 이용자가 보다 구체적인 정보를 얻을 수 있도록 한다.

표 3.3 멀티미디어 지정 방식(항목명 : 임진년의 한이 서린 임진산 전투)

멀티미디어 지정	사진	임진산 전경, 수지지구 아파트 공사 현장에서 발견된 총통 사진, 개화기 때 광교산 일대 전경 사진(용인시청 담당자 ○○○에게 문의)
	지도	대동지지 문소산진과 북두산성 부분 지도, 연려실기술 임진산성 기록 부분 지도
	도면	임진산의 전략적 위치 개황도, 죽산·양지·용인 일대의 일본군과 조선군 병력 배치 상황도, 광교산 일대 관방 체계도
	동영상	임진산 발굴 조사 관련 동영상(발굴 관련 동영상 및 사진 자료는 경기도박물관 학예관 ○○○에게 요청하면 수집 가능함)
	음향	
	기타 자료	임진산 전투 개황도(애니메이션)

⑬ 집필자 의견

집필자 의견란은 집필 도중 발견되는 분야·유형 변경을 비롯하여, 항목의 적합성 문제나 잘못된 항목명, 항목 중복 문제, 항목명 표기 원칙이나 항목 선정 원칙 등 한국향토문화전자대전 편찬과 관련하여 논의가 필요한 모든 사항에 대하여 자유롭게 의견을 제시할 수 있다. 더 나은 향토문화전자대전 편찬을 위한 초석을 마련하기 위해 집필자가 제기하는 모든 의견을 수렴한다.

특히 항목명은 백과사전식 편찬 방식에 적합하지 않은 항목명이 선정되어 집필 의뢰가 되는 경우가 간혹 있다. 예를 들면 디지털제주문화대전의 '원과 제주'와 같이 시군지의 제목을 그대로 항목명으로 정한 경우가 이에 해당된다. 또한 기관단체의 경우, 공식 명칭 여부를 확인하지 못한 채 집필이 의뢰되는 문제점도 있다. 이러한 사항에 대해서 집필자 의견란에 의견을 남기고 지역 연구팀과 논의하여 의사를 결정한다.

(2) 유형별 상세 정보 작성법

상세 정보는 19개의 유형별(개념용어·기관단체·놀이·동물·문헌·물품도구·사건·

성씨·식물·유물·유적·음식물·의례·의복·인물·작품·제도·지명·행사)로 52개의 세부 유형에 따라 각각 다른 정보를 기입하는 템플릿이다. 유형별 상세 정보는 해당되는 내용을 기입하면 되며, 이용자들에게 많은 정보를 제공할 수 있도록 상세한 정보를 기입한다.

그 가운데 특히 '제작(건립)시기/일시', '문화재 지정일', '시작 연도/일시', '행사 시기/일시', '생몰년' 등 시간 정보는 전자연표로 서비스하기 위한 자원이므로 정확한 연도를 기입한다. 지역의 다양한 문화 내용을 충실하게 담은 연표를 만들기 위해서는 가능한 한 상세한 연·월·일을 기입해야 한다.

〈원고 3〉 유형별 상세 정보 작성 예 - 1

[유형별 상세 정보]	
성격	농민운동
발생(시작) 연도/일시	1894년 4월 10일
종결 연도/일시	1894년 9월
발생(시작) 장소	충청북도 충주 일원
관련 인물/단체	손병희 | 신재련

〈원고 4〉 유형별 상세 정보 작성 예 - 2

[유형별 상세 정보]	
성격	서원
양식	맞배지붕
건립 시기/일시	1675년

정면 칸수	사당 3칸	강당 5칸	동재 4칸	서재 4칸
측면 칸수	사당 3칸	강당 3칸	동재 1칸	서재 1칸
소재지 주소	충청남도 논산시 광석면 오강리 227
소유자	파평 윤씨 종중
관리자	파평 윤씨 종중
문화재 지정번호	충청남도 유형문화재 제30호
문화재 지정일	1974년 8월 31일

(3) 본문 작성법

본문에는 서술해야 할 소표제를 제시하고 있다. 집필자는 유형별로 제시된 소표제에 따라 원고를 작성한다. 대표적인 소표제는 〈표 3.4〉와 같으며, 정의, 개설, 위치, 연원과 역사적 관련 사항, 내용과 구성, 변천, 현황, 생활민속적 관련 사항, 의의와 평가, 참고문헌 등으로 이루어져 있다. [정의]와 [참고문헌]은 모든 항목에 있어서 필수적 소표제이다.

표 3.4 대표적 소표제

소표제	설명	서술 내용	비고
정의 [필수 소표제]	항목에 대한 간략한 성격 규정	지역, 시대, 내용, 성격 포함	일반적인 용어 정의보다 지역적 특성과 관련해서 정의
개설	정의에 대한 보충 설명 및 지역과 관련하여 일반론적 서술	다른 소표제에서 담을 수 없는 내용 포함	외래적 성격의 항목 및 일반적이고 포괄적인 설명이 필요한 항목에 해당
위치		대상항목이 소재하고 있는 지역의 교통편, 인접 지명 등을 포함한 위치 설명	단순 주소를 기입하는 것이 아님

(계속)

소표제	설명	서술 내용	비고
연원/ 역사적 관련 사항	해당 지역을 기반으로 한 형성, 유래 배경 서술. 특정 역사적 관련 상황 서술	시대적 배경, 전래, 유래, 명칭 유래, 관련 기록 등 포함	유물, 유적, 문헌에 대한 고찰 병행 가능
내용/구성	대상항목이 담고 있는 내용과 특성, 구성 형식 등을 서술		
변천	시대적 변천, 연대적 변천 과정을 서술	전반적인 연혁, 편년, 발달 및 변화 과정, 전개 과정 포함	
현황	현재의 상황을 지역적 특수성에 초점을 두고 서술	조직 현황, 시설 현황, 이용 방법 및 이용 현황, 유물·유적의 경우 보존 현황 등 포함	위치 소표제가 없는 유형은 현황에서 현재 위치와 관련된 내용 서술
생활민속적 관련 사항	생활상 또는 민속 관련 상황 기술	민속, 상징, 풍습, 관련 의례 포함	
의의와 평가	향토문화 관점에서 본 의의 및 평가	감정적 표현은 배제, 객관적인 시각에서 서술	결론에 해당
참고문헌 [필수 소표제]	집필에 준거가 되거나 내용 이해에 도움이 되는 기본적 자료, 대표적 문헌 및 논저, 신문기사, 팸플릿, 리플릿, 현지 자료(인터뷰 등)	원전류, 논저 등을 연대순으로 기술	자료적 가치가 드러나도록 출판 사항, 인터뷰 사항 등 기술

이 중에서 [정의](174쪽 표 3.5 참고)는, 한국향토문화전자대전의 성격을 가장 두드러지게 대변하고 있는 소표제이다. [정의]는 항목에 대한 간단한 성격 규정으로써, 지역·시대·성격을 포함하는 내용으로, 일반적인 용어 정의보다는 지역적 특성과 관련해서 정의하고 있다.

예를 들어 '고분(古墳)'이라는 항목의 경우, 『한국민족문화대백과사전』에서는 글자 그대로 '옛무덤, 고고학에서 개념적으로 한정한 특정 시기의 무덤 양식을 지칭한다' 고

정의한다면, 디지털공주문화대전에서는 '충청남도 공주시에 분포하고 있는 선사시대에서 고대에 이르는 시기의 무덤'으로 규정함으로써, 지역·시대·성격을 포함하여 정의하고 있다.

[정의]가 본문의 서론으로서 원고 집필의 방향이나 요점을 간략하게 정리·요약한 소표제라면, [의의와 평가]는 결론에 해당하는 소표제라 할 수 있다. [의의와 평가]에서는 주관적 평가보다는 가치중립적 입장에서의 객관적 서술에 주의한다.

또한 한국향토문화전자대전의 유적, 특히 서낭당 등 민간신앙 관련 유적이나 의례, 놀이 등 민속 분야 관련 내용은 [현황]이라는 소표제가 매우 중요하다. [현황]에서는 유적이나 의례, 놀이, 행사 등에 대하여 보존 현황이나 현재 전승되고 있는 지역이나 집단의 성격을 부각하여 지역에서 특별히 전승되고 있는 문화 내용을 종합적으로 서술한다. 도시화·산업화의 흐름 속에서 급속하게 소멸되어 가고 있는 향토문화의 보존과 계승을 위해서 현재의 시점에서 전승되고 있는 문화 내용을 정리하는 일은 한국향토문화전자대전 사업의 필요성에 직결되는 문제인 만큼 현지 조사를 통하여 비중 있게 서술되어야 한다.

[참고문헌](193쪽 참고문헌 지침 참고)은 반드시 기입한다. 한국향토문화전자대전 편찬에서는 문헌 자료뿐만 아니라 인터뷰, 현지 조사도 참고문헌으로 간주하고 있다. 현지 조사를 포함하는 인터뷰의 경우에는 대상자, 장소, 일시의 순으로 기입한다. 다만, 장소는 특별한 경우가 아니면 제시하지 않아도 된다. 일반인의 경우 소속이나 거주 지역을 이름 앞에 드러내고 성별과 인터뷰 당시의 나이를 병기한다.

예 • 인터뷰(성남시 체육회 회장 임회교, 2007. 1. 4)
   • 인터뷰(양지리 주민 박경옥, 남, 89세, 2007. 12. 18)

이와 같이 한국향토문화전자대전은 향토문화를 현재적 시점에서 집대성하는 지역 백과사전이므로 집필 시에는 먼저 지역과의 관련성을 염두에 두고 기본 정보란의 분야 유형을 확인하여 집필 방향을 구상한다. 또한 항목 체계의 정보를 통하여 서술 범위를 정한 후에 집필하면 한국향토문화전자대전에서 요구하는 기준에 적합한 원고를 작성할 수 있다.

2) 원고 집필 방법

(1) 집필 원칙

① 제1원칙

유형별로 제시된 소표제에 따라 원고를 작성한다.

② 제2원칙

내용에 있어서 특히 개설 부분에 해당하는 일반적인 내용은 간략하게 기술하고, 그 지역 고유의 사항을 보다 중점적으로 서술한다. 여러 지역에서 공통적으로 나타나는 항목, 예를 들어 '설날' 같은 항목은 설날에 관한 일반적인 사항(음력에서 비롯된 설날의 기원, 윷놀이, 떡국 등 전 지역에서 공통적으로 지켜지는 풍습들)보다는 예전에 그 지역에서만 특별히 행해졌거나 현재 행해지고 있는 사항(설날에 특정 지역에서만 먹는 음식이나 놀이 등)에 관해 중점적으로 서술한다.

③ 제3원칙

방법에 있어서는 현지 조사를 통하여 지역문화의 현 상황을 정확하게 서술한다. 이와 더불어 관련 인물이나 지역민과의 인터뷰를 통하여 지역문화의 특징을 부각하여 서술한다.

한국향토문화전자대전의 유적(서낭당 등 민간신앙 관련 유적이나, 건물, 터), 기관단체, 행사, 놀이, 의례, 성씨, 행정지역과 마을, 시설 등 [현황]이라는 소표제가 중요하게 다루어지는 유형은 지역문화 백과사전으로서 지역문화 내용이 충실하게 반영될 수 있도록 현지 조사나 관계자와의 인터뷰 등 여러 방법을 활용한다.

④ 제4원칙

정확한 서술을 위해 기본 사료의 경우에는 재확인하고, 반드시 최근 정보를 인용한다. 특히 기관단체의 경우, 최근 정보가 아닐 경우 정보로서의 가치를 잃을 수 있다. 아울러 기본적인 원천 자료도 중요하게 취급한다. 예를 들어 유적의 경우, 『문화유적분포지도』뿐 아니라 발굴 보고서와 같은 1차 자료를 활용하여 심도 있는 원고를 작성한다.

⑤ 제5원칙

한국향토문화전자대전은 백과사전식 편찬 방식을 채택하고 있으므로, 객관적 사실을 기반으로 한 사전적 기술을 원칙으로 하고 있다.

⑥ 제6원칙

문장은 서술할 때 해당 지역과 지역민을 주체로 하여 서술한다.

⑦ 제7원칙

한국향토문화전자대전은 하이퍼텍스트 기술 응용을 통해 상호 연관성이 있는 모든 정보들이 무한히 이어질 수 있는 구조로 개발되고 있으므로 다른 유사한 기사와의 중복을 피하면서 지역문화 내용에 집중하여 집필한다.

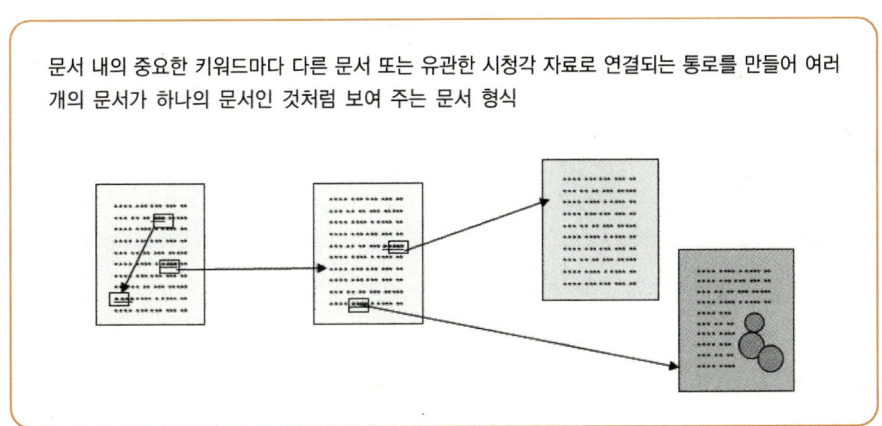

문서 내의 중요한 키워드마다 다른 문서 또는 유관한 시청각 자료로 연결되는 통로를 만들어 여러 개의 문서가 하나의 문서인 것처럼 보여 주는 문서 형식

그림 3.2 하이퍼텍스트

이러한 문서 형식에 입각하여 한국향토문화전자대전은 기본 정보란의 지역에 기재

된 주소는 전자지도로, 유형별 상세 정보란에 기재된 건립 연대는 전자연표로, 항목명과 관련된 시청각 자료 등으로 연결하여 서비스하고 있다. 뿐만 아니라 문서 내의 인명, 서명, 지명, 기관단체 등 중요 키워드는 관련 항목으로 링크되어 연결됨으로써 풍부한 정보를 제공할 수 있도록 하고 있다. 여기에서 더 나아가 현재 한국향토문화전자대전은 『한국민족문화대백과사전』, 한국역대인물종합정보DB와도 연결하여 서비스하고 있다.

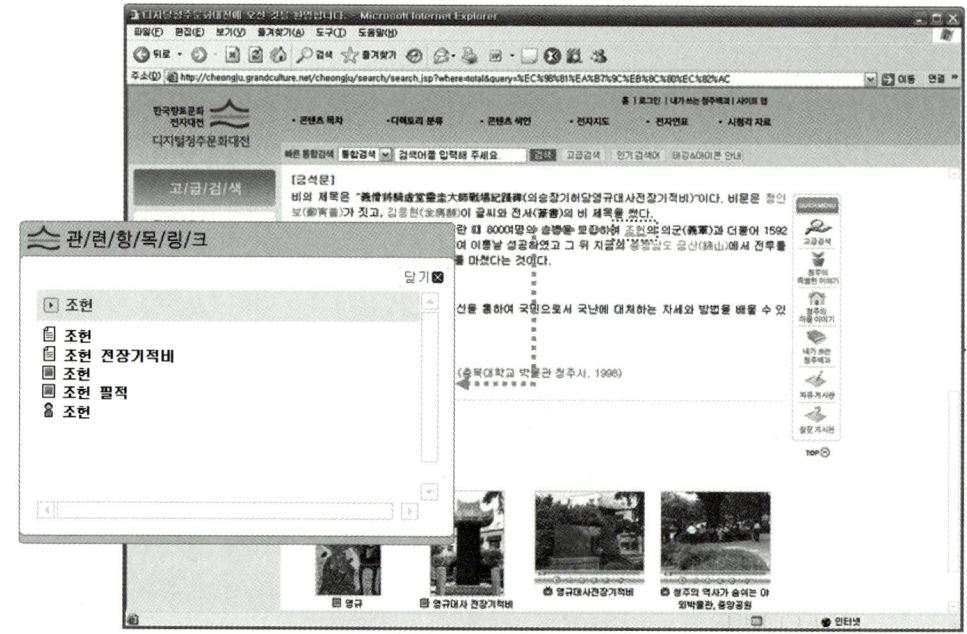

그림 3.3 한국향토문화전자대전 관련 항목 링크 서비스

위와 같은 한국향토문화전자대전 편찬의 내용과 형식에 있어서의 특성을 염두에 두고, 일반적인 내용은 향토문화의 내용과 직접적으로 관계 있는 부분만 압축하여 간결·명료하게 서술하고, 지역과 관계되는 내용을 중심적으로 서술하여 지역문화 백과사전으로서의 특성이 부각될 수 있도록 집필한다.

(2) 일반항목의 유형별 사례

우리나라는 일찍부터 중앙 집권의 역사를 가지고 있고 국토가 좁아 각 지방 특유의 문화 성격이나 지배 체제, 풍속 등을 파악하기에 어려움이 따르는 것이 사실이다. 따라서 지역문화를 이해하는 데 있어서 인류학의 조사 방법인 현지 조사는 적합한 수단이 된다. 현지 답사를 통해 다양한 자료들을 직접 수집함으로써 현장성을 생생하게 반영하고 있는 연구 성과는 지방사 연구의 가장 중요한 요소인 지역성, 구체성, 현장성을 아울러 갖추고 있는 성과물이라는 점에서 중요성이 있는 만큼, 한국향토문화전자대전의 원고에서도 현지 조사는 강조되고 있다.

다음에서는 지역문화의 특성을 서술하기 어려운 유형이나 집필 단계에서 항목 선정 의도가 반영되지 않아 집필 방향 설정에 문제가 있었던 유형들을 예시로 보여 줌으로써 최소한의 집필 기준을 구체적으로 제시하고자 한다. 즉 전통인물, 기관단체, 민속놀이, 평생의례, 세시풍속, 명절음식 등 지역문화의 특성이 잘 반영되지 않았던 유형과 동식물 등 항목 선정 의도가 집필에 반영되지 않았던 원고가 그것이다.

① 인물/성씨

인물 유형은 그 특성상 지역과의 관련 하에 정의를 규정한다. 특히 전통시대의 인물의 경우에는 지역에서의 활동 사항이 두드러지지 않은 경우가 대부분이므로, 정의에서 그 지역 출신이라든지, 그 지역의 관직을 역임하였다든지 해당 지역과의 관련 내용을 밝혀 정의하고, 지역에서의 문화 내용을 중심으로 서술한다. 전통인물 가운데서도 효자·열녀 항목은 효행이나 열행에 대한 일반적인 내용으로 서술되어 지역의 문화 내용을 부각하여 서술하기 어려운 경우에는 최소한 그 지역의 향토지에 해당 인물이 등재된 사실이라도 본문에서 밝혀 지역문화 내용의 특성을 기술하는 것으로 한다.

그리고 인물 유형에 해당하는 소표제 가운데 [가계]에 해당하는 내용에 대해서는 족보나 『한국인의 족보』·『씨족원류』·『성씨총람』 등과 더불어 인터넷에서 검색할 수 있는 종친회 자료 등을 참고하여 정확한 사실을 기술한다.

이러한 자료는 성씨 분야의 원고 집필에 있어서도 참고할 수 있다. 성씨의 집필에 있어서는 그 지역에 들어오게 된 [입향 경위]와 현재 [집성촌 현황]에 대하여 현지 조사를 통한 정확한 통계 자료를 제시하여 집성촌의 성씨 분포 현황 등에 대하여 기술한다.

〈원고 5〉 원고 예 – 인물 : 효자

[기본 정보]					
항목 ID	80001681				
항목명(한글)	양필				
항목명(한자)	梁必				
항목명(영어)	Yang Pil				
이칭 · 별칭	양정(梁涎) ǀ 여관(汝寬)				
키워드	양집(梁濈) ǀ 정려				
관련 항목	유교 ǀ 효자				
항목 체계	삶의 주체/성씨 세거지/인물				
분야 1	종교/유교	분야 2		분야 3	
유형 1	인물/전통인물	유형 2		유형 3	
지역	전라북도 남원시 용정동				
시대	조선/조선 후기				
멀티미디어지정	사진				
	지도				
	도면				
	동영상				
	음향				
	기타 자료				
집필자	홍길동				
집필자 의견					

[유형별 상세 정보]	
성격	효자
출신지	전라북도 남원시 용정동
성별	남
생년	1772년
몰년	1844년
본관	남원
대표 관직	동몽교관조봉대부

※ 반드시 [정의], [개설], [가계], [활동사항], [학문과 사상], [저술 및 작품], [묘소], [상훈과 추모], [참고문헌] 등과 같이 소표제를 달아 주세요.

[정의]

조선 후기 남원 출신의 효자.

[가계]

본관은 남원. 초명은 양정(梁涏), 자(字)는 여관(汝寬). 부인은 전주 최씨이다. 형제로 양집(梁瀄)이 있다. 양필은 조선 순조 때 남원 용정동(龍井洞)에서 태어났다.

[활동사항]

양필은 양집과 함께 부모에게 효성이 지극한 형제였다. 두 사람은 아침에는 부모께 문안을 드리고 밤이면 편히 주무시도록 자리를 보아드렸다. 중병(重病)으로 어머니가 위태롭게 되자 대소변의 맛을 보아 병의 차도를 감지하였다.

어머니의 생명이 위독해지자 손가락을 칼로 찢어 피를 마시게 하여 생명을 7일간이나 연장케 하였고 별세 후 3년간 성묘를 지성으로 하였다. 그때 호랑이가 효성에 감동하여 길을 인도하였다고 전한다.

[묘소]

양필의 묘는 장승촌(長承村) 후곡(後谷)에 있으며, 선영(先塋)은 북유(北酉) 좌(左)에 있다.

[상훈과 추모]

조정에서 양집에게는 1881년(고종 18) 8월, 양필에게는 1882년(고종 19) 5월에 각각 동몽교관 조봉대부(童蒙教官朝奉大夫)를 증직(贈職)하였다. 전라북도 남원시 용정동 용정마을 입구에 양필과 양집의 정려비가 있는데, 이들 정려비는 후손 양창현 등에 의해 나중에 세워진 것이다. 2004년 8월 16일에 남원문화원에서 정려비의 왼편에 표지석을 세웠다.

[참고문헌]

『남원지』(남원지편찬위원회, 1992)

『전북의 정려·충효열비』(전북향토문화연구회, 2000)

〈원고 6〉 원고 예 – 성씨·세거지

[기본 정보]					
항목 ID	GC01902568				
항목명(한글)	잠병리 순흥 안씨 집성촌				
항목명(한자)	岑屏里 順興安氏 集姓村				
항목명(영어)	Sunheung An Clan Village, Jambyeong-ri				
이칭·별칭					
키워드	세거 ∣ 집성촌 ∣ 법정리동 ∣ 행정리동				
관련 항목	세거 성씨 ∣ 집성촌 ∣ 순흥 안씨				
항목 체계	삶의 주체/성씨, 세거지/성씨 세거지				
분야 1	성씨·인물/성씨·세거지	분야 2		분야 3	
유형 1	지명/행정지명과 마을	유형 2		유형 3	
지역	충청북도 충주시 금가면 잠병리				
시대	조선/조선				

멀티미디어 지정	사진	잠병리 축동 마을 전경/충흥사/향나무
	지도	지형도나 요도
	도면	
	동영상	
	음향	
	기타 자료	
집필자		홍길동
집필자 의견		
교열자 의견		

[유형별 상세 정보]

성격	집성촌
면적	4,000,000m^2
총인구(남, 여)	201명(남 103명, 여 98명)
가구수	78호

※ 반드시 [정의], [개설], [명칭 유래], [형성 및 변천], [자연환경], [현황], [참고문헌] 등과 같이 소표제를 달아 주세요.

[정의]

충청북도 충주시 금가면 잠병리 축동·금병에 있는 순흥 안씨 집성촌.

[명칭 유래]

잠병리(쏙屛里)는 본래 충주군 가차산면 지역으로 산이 병풍처럼 둘러싸고 있다 하여 명명되었다. 1914년 행정구역 통폐합에 따라 중잠리, 사천리, 사랑리, 하담리와 상잠리 일부를 병합하여 잠병리가 되었다. 법정리인 잠병리는 3개의 행정동[축동·금병·초당]으로 구성되어 있는데 이중 잠병리 순흥 안씨 집성촌이 형성되어 있는 곳은 축동[일명 싸리골]과 금병이다.

잠병리가 공식 행정구역 명칭이 된 것은 1914년부터지만 잠병리란 이름은 이미 예전부터 사용되어 왔다. 1760년(영조 36)에 편찬된 『여지도서(輿地圖書)』에는 잠병리는 관문에서 북쪽 20리에 있고, 82호에 남자 205명, 여자 330명이 거주하고 있다고 기록되어 있다.

그보다 20년 뒤인 1780년에 편찬된 『충청도읍지(忠淸道邑誌)』「충주목 가차산면조」는 잠병리는 관문에서 북쪽 20리에 있고, 89호에 남자 266명, 여자 170명이 거주하고 있다고 기록하고 있다. 1870년에 편찬된 『호서읍지(湖西邑誌)』「충주목 방리조」에도 잠병리는 관문에서 북쪽 20리에 있고 269호에 남자 394명, 여자 422명이 거주하고 있다고 기록되어 있다.

[형성 및 변천]
잠병리 순흥 안씨 집성촌은 순흥 안씨 17세손으로 용양위 부사과를 지낸 안경창(安景昌)이 1600년경 경기도 양주에서 현 충주 금가면 잠병리로 이주하여 정착하면서 세거하기 시작했다. 안경창의 세 아들 중 안명원(安命遠)의 후손이 잠병리 금병에 주로 세거하고, 안복원(安福遠)의 후손은 주로 잠병리 축동에 세거하고 있다.

[자연환경]
잠병리는 금가면의 중앙 북쪽에 위치하여 동은 금가면 도촌리, 서는 금가면 하담리, 남은 금가면 매화리, 북은 엄정면 율능리와 경계하고 있다. 잠병리 동쪽에는 태고산[186m]의 한 줄기가 서쪽으로 뻗어 엄정면 율능리와 경계를 이루면서 잠병리 북쪽을 감돌아 태장산[123.9m]의 봉우리를 만들고 한강과 접한다.

태고산의 또 다른 줄기는 남서로 뻗어 잠병리 남쪽에서 내기대봉[105.5m]이 되고 하담리 뒤를 돌아서 한강에 닿는다. 또한 태고산에서 발원한 개울이 잠병리 금병과 축동 사이를 지나 한강으로 흘러든다. 잠병리 일대의 산은 평평하고 낮아 과수농사와 밭농사에 이용되고, 산 능선 사이로 논이 있다.

[현황]
1960년대 잠병리 순흥 안씨 집성촌에는 금병에 60여 가구, 초당에 40여 가구 등 총 100여 가구가 살고 있었다. 2008년 현재 78가구가 살고 있으며 그 중 순흥 안씨는 50여 가구이고 나머지 30여 가구는 이씨, 김씨, 유씨, 신씨, 반씨, 권씨, 박씨와 그 외의 성씨로 인척관계이다.

관련 유적으로 안경창(安景昌)을 배향한 충흥사(忠興祠), 안명원(安命遠) 묘, 안복원(安福遠) 묘가 있다. 충흥사는 음력 10월 8일 제사를 지내고, 시제는 10월 10일에 지낸다. 안명원 묘와 안복원 묘 앞에는 한 그루 향나무가 있는데 안명원과 안복원이 중국에 다녀올 때 사용했다가 땅에 꽂아 둔 지팡이가 자라서 향나무가 되었다는 전설이 전해진다.

잠병리 순흥 안씨 집성촌에 이르는 길은 금가면 소재지인 도촌리에서 서쪽으로 지방도 24호선을 따라 하소로 가서 다시 북쪽으로 가면 이 마을에 도착한다. 또 충주시 엄정면 목계리에서 국도 19호선을 따라 가다 율능리 바마루에서 지방도 24호선을 따라가도 된다. 4차선으로 확장된 국도 38호선 금가인터체인지에서 지방도 24호선을 이용하면 더욱 좋다.

[참고문헌]

『여지도서(輿地圖書)』
『충청도읍지(忠淸道邑誌)』
『호서읍지(湖西邑誌)』
『충주의 지명』(예성문화연구회, 1997)
『영진5만지도』(영진문화사, 2004)
인터뷰(○○○, 남, 68세, 2008. 7. 7)

② 기관단체/시설

기관단체는 인물과는 달리 지역에 소재하였거나 현재 지역에 있는 단체를 항목으로 선정하므로 지역과의 관련성보다는 문헌 자료의 한계에서 파생하는 문제점이 부각되고 있다. 다시 말해서 기관이나 단체의 활동 사항이 서술되어 있지 않아 지역문화가 드러나지 않을 뿐만 아니라 무미건조한 내용으로 서술되기 쉽다는 것이다. 또한 해당 인터넷 홈페이지에 올라 있는 내용을 그대로 전재하는 경우도 현재 드물지 않게 발생하고 있다.

다음의 원고는 관계자와의 인터뷰, 해당 기관단체의 내부 자료 등을 통하여 문헌이나 인터넷 자료의 한계를 극복하여 지역문화를 충실하게 반영하고 있어 소개한다. 이밖에 지역 신문기사도 기관단체 집필에 있어서 유용한 자료로 활용할 수 있을 것이다.

〈원고 7〉 원고 예 – 기관단체

[기본 정보]

항목 ID					
항목명(한글)	경원사회복지회				
항목명(한자)	暻園社會福祉會				
항목명(영어)	Kyongwon Social Welfare Center				
이칭 · 별칭					
키워드	여성복지단체 | 사회단체				
관련 항목	태평동				
분야 1	정치 · 경제 · 사회/사회 · 복지	분야 2		분야 3	
유형 1	기관단체/기관단체(일반)	유형 2		유형 3	
지역	경기도 성남시 수정구 태평2동 3406번지 502호				
시대	현대/현대				
멀티미디어지정	사진				
	지도				
	도면				
	동영상				
	음향				
	기타 자료				
출처					
집필자	홍길동				
집필자 의견					

[유형별 상세 정보]

성격	여성복지단체
설립 연도/일시	2001년 4월
해체 연도/일시	
설립자	사단법인 경원사회복지회

전화	(031) 755-2526
팩스	(031) 758-4724
홈페이지	경원사회복지회(www.happywithus.org)

※ 반드시 [정의], [개설], [설립목적], [변천], [주요사업과 업무], [활동사항], [현황], [의의와 평가], [참고문헌] 등과 같이 소표제를 달아 주세요.

[정의]

경기도 성남시 수정구 태평2동에 있는 여성복지단체.

[개설]

경원사회복지회는 성차별적이고 억압적인 가부장제 사회에서 폭력 피해를 당하는 여성들의 인권과 권익을 보호하는 여성복지단체이다.

[설립목적]

경원사회복지회는 사회적·문화적 상황에서 일어나는 성 불평등으로 인한 폭력으로부터 여성을 보호하고 성 평등사회의 주체자로서 삶을 살아갈 수 있도록 여성복지 증진에 기여함을 목적으로 한다.

[변천]

경원사회복지회는 2001년 4월 개소하였으며 9월에는 부설 '여성장애인 성폭력상담소'가 개소되었다. 2002년 3월에는 성남시 청소년 및 장애인 학교 성교육실시기관으로 선정되었으며, 같은 해 8월 사단법인으로 승인받았다. 2003년 2월에는 성매매 근절을 위한 한소리회에 가입했으며 한국여성재단의 '딸들에게 희망을 주는 일터 10호'로 선정되기도 하였다. 4월에는 부설 '여성장애인 가정폭력상담소'를 개소하였으며 2004년 10월에는 사회복지 공동모금회 테마사업인 '아동 성학대 대응능력 강화사업' 실시기관으로 선정되었다. 2005년 9월 부설 성매매피해자 현장지원센터 '열린 길'을 개소하였고, 12월에는 성매매피해자보호시설 '열린 터'를 개소하였다.

2006년 2월 경원대학교 산학협력기관으로 지정되었으며, 3월에는 을지대학교 산학협력기관으로 지정되었다. 6월 장애아동성학대 근절을 위한 지역 대토론회를 개최하였고, 2007년 4월 성매매피해자 그룹 홈 '샘'을 개소하였다.

[주요 사업과 업무]

경원사회복지회는 4개의 부설기관이 각각 운영되고 있다.

'여성장애인가정·성폭력상담소'에서는 여성장애인 가정·성폭력 피해자 상담 및 의료, 법률을 지원하며 가정폭력 피해자 지지 그룹 및 가정폭력 행위자에 대한 교정교육을 하고 성폭력 피해자를 위해 심리치유 프로그램을 실시한다. 또한 장애부모 지지 그룹을 운영하며 정신지체인의 성폭력 피해 예방을 위한 지속적인 성교육을 실시한다.

성매매 피해자 현장지원센터인 '열린 길'에서는 성매매 피해여성들의 탈 성매매를 위한 생계비, 의료비, 법률 지원 및 직업훈련을 실시하거나 재유입 예방을 위한 집단 프로그램을 실시하며, 성매매 유입 예방교육, 강사교육 및 중고생 대상 예방교육을 실시하고 있다. 성매매 피해자 지원시설 '열린 터'에서는 쉼 자리를 제공해 주고 폭력 피해 극복을 위한 상담을 하고 의료, 법률, 자활 지원을 해주고 있으며 문화체험 프로그램도 실시한다. 성매매 피해자 그룹 홈 '샘'에서는 자활의지가 높은 탈 성매매 여성들을 위한 생활공간을 제공해 주며 사회적응훈련을 위한 개별, 집단 상담을 하고 민주적인 의사소통을 위한 공동체 회의 시간을 갖는다.

[활동사항]

경원사회복지회는 2004년 10월부터 2007년 9월까지 장애아동에게 성에 대한 올바른 가치관을 정립시키고 성학대 예방을 위해 사회복지공동모금회의 테마기획사업인 아동 성학대 대응능력 강화사업을 실시하였다. 또한 2006년 3월부터 11월까지는 가정폭력으로 인한 한 부모 가족으로서 사회적 고립과 양육문제 등의 비슷한 문제를 가진 어머니 및 자녀들이 집단 활동을 통해 정서적 지지와 상호조력관계를 맺어 삶에 대한 대처능력을 향상시킬 수 있도록 하기 위해 폭력가정 피해여성과 노출아동의 심리안정을 위한 치유 프로그램을 실시하기도 하였다.

여성장애인 성폭력 상담소에서는 2006년 4월부터 11월까지 성 교구 제작 자원봉사자 20명과 성폭력 예방 지킴이 활동 자원봉사자 20명이 정신지체인 성폭력 예방을 위한 성 교구 제작 및 성폭력 예방 지킴이 활동을 하였다. 또한 2006년 3월부터 12월까지 총 64회의 개별상담과 집단상담[성교육, 유리드믹스, 미술치료, 원예치료] 및 1회의 치료회복캠프[여행치료]를 통해 성폭력 피해 정신지체인에게 올바른 성정체감과 자아 존중감을 증진시켜 성폭력 후유증을 치유, 정서적 안정을 돕기 위한 성폭력 피해자 치료, 회복사업을 실시하였다.

여성장애인 가정폭력 상담소에서는 2006년 4월부터 12월까지 가정폭력 행위자 12명을 대상으로 교정, 치료 사업을 하였다.

성매매집결지현장지원센터 '열린 길'에서는 성매매 또는 성매매업소 생활에서의 과정에서 발생한 사고 등으로 인한 정신적·신체적 부상을 치유하기 위해 연중 325건의 의료지원을 하였으며 집결지 종사 여성들의 탈 성매매를 위해 성매매 당시에 선불금 등의 민·형사상의 문제 해결을 위해 총 13건의 법률지원을 하였다. 2006년 한 해 동안 280건의 생계비를 지원하였고 총 72회의 현장방문활동[아웃리치]을 벌였다.

[현황]
2007년 현재 경원사회복지회는 여성장애인 가정폭력 상담소에 2인, 여성장애인 성폭력 상담소에 3인, 성매매 피해자 현장지원센터 '열린 길'에 8인, 성매매 피해자 지원시설 '열린 터'에 5인 등 총 18명의 상근활동가들이 활동하고 있다.

[의의와 평가]
경원사회복지회는 지역에서 발생하는 여성장애인 가정폭력, 성폭력과 성매매 피해여성 등 사회에서 소외된 여성들의 인권을 보호하고 치료하기 위한 사업을 현장지원, 상담, 법률지원, 쉼터 제공 등 다양한 형태로 기획 추진하고 있는 여성복지단체라는 데 의의가 있다.

[참고문헌]
『경원사회복지회 2006년 사업운영보고서』
인터뷰(경원사회복지회 소장 ○○○, 2007. 11. 8)

③ 놀이

한국의 민속놀이는 약 120가지 정도가 있는데, 대부분이 설·정월대보름·단오·한가위 등 4대 명절에 집중되어 있는 세시놀이 종류이며, 대개 풍년을 기원하고 사악한 악귀를 물리치며 액을 막고 복을 부르는 토속신앙의 의미를 지니고 있다. 이런 점에서 지역에 따른 특징보다는 일반적이고 보편적인 내용으로 서술되는 경우가 많다.
그러나 전국적으로 행해지고 있는 국중(國中) 놀이라 하여도 현재 전승되고 있는 지역이나 집단의 성격을 부각하여 원고를 작성한다면, 지역의 특성이 살아 있는 내용을 담을 수 있다. 다음의 원고는 정초에 전국적으로 행해지고 있는 세시놀이인 윷놀이를 구미 지역의 전승 현황을 담아 서술하고 있어 소개한다.

〈원고 8〉 원고 예 – 놀이

[기본 정보]					
항목 ID	GC01202552				
항목명(한글)	윷놀이				
항목명(한자)					
항목명(영어)	Yut Game				
이칭 · 별칭	척사희 ㅣ 사희				
키워드	윷 ㅣ 풍흉 ㅣ 민속점 ㅣ 대동윷 ㅣ 박달나무 ㅣ 아카시아나무 ㅣ 윷판 ㅣ 비오뽑기 ㅣ 따내기 ㅣ 편놀이 ㅣ 뒷도				
관련 항목	민속 ㅣ 민속놀이 ㅣ 산동면 ㅣ 봉산리 ㅣ 정월 대보름 놀이				
항목 체계	삶의 방식(생활과 민속)/민속/민속놀이				
분야 1	생활 · 민속/민속	분야 2		분야 3	
유형 1	놀이/놀이	유형 2		유형 3	
지역	경상북도 구미시				
시대	시대구분 없음				
멀티미디어지정	사진				
	지도				
	도면				
	동영상				
	음향				
	기타 자료				
집필자	홍길동				
집필자 의견					

[유형별 상세 정보]	
성격	세시풍속 ┃ 민속놀이
노는 시기	정초부터 대보름 무렵
관련 의례행사	
관련 단체	
예능 보유자	
문화재 지정번호	
문화재 지정일	

※ 반드시 [정의], [개설], [연원], [놀이도구 및 장소], [놀이방법], [생활민속적 관련사항], [현황],
　[참고문헌] 등과 같이 소표제를 달아 주세요.

[정의]

경상북도 구미 지역에서 정월 초부터 대보름까지 편을 갈라 윷으로 승부를 겨루는 놀이.

[개설]

윷놀이는 네 개의 윷가락을 던져 그것이 나타내는 형상을 통해 일정한 행로를 통과하도록 말
[馬]을 놓아 승부를 겨루는 놀이이다. 이를 사희(柶戲) 또는 척사희(擲柶戲)라고도 한다.

[연원]

윷놀이는 전통적으로 정초에서 정월 대보름까지 하다가 거의 예외 없이 그만 두었다. 윷놀이는
아무 때나 하는 놀이가 아니라 한 해의 풍흉을 점치는 세초(歲初)에 행하는 일종의 민속점(民
俗占)에서 유래한 것이다.

[놀이도구 및 장소]

집안에서 식구끼리 할 때는 방안에서 하기도 하지만 마을 사람들이 대동윷을 놀 때는 넓은
마당에서 주로 하였다. 산동면 봉산리에서는 박달나무로 만든 윷가락을 가장 좋은 것으로 쳤으
며, 박달나무가 없으면 아카시아나무를 사용하였다. 그 외의 도구로는 4개의 윷말과 윷말을
쓰는 윷판이 있어야 하며, 윷을 던지는 멍석이 필요하기도 하다.

[놀이방법]

산동면 봉산리에서는 보름 전에는 주로 집안에서 식구끼리 작은 윷으로 놀다가 보름 무렵에는 마을 사람들이 전부 모여서 함께 노는 마을윷놀이를 하였다. 노는 방식은 남성들의 경우, '비오뽑기'라고 하여 2~3사람을 한꺼번에 연달아 이긴 사람에게 결선에 곧바로 참석할 수 있는 자격을 부여하는 독특한 방식이 있었다.

그에 비해 여성들의 경우는 편을 갈라 한 사람씩 돌아가면서 하였다. 때로는 '띠내기' 방식으로 이긴 사람이 질 때까지 놀아서 최종 승자의 편이 이기는 경우도 있다. 남성들의 놀이방식이 주로 개인전인데 반해 여성들의 놀이는 대개 편놀이, 즉 단체전이었다.

[현황]

윷놀이는 놀이의 단조로움을 없애고 흥미를 더 유발시키기 위해 '뒷도'의 설정 등을 비롯한 다양한 방법들이 개발되고 있다.

[참고문헌]

『한국민족문화대백과사전』(한국정신문화연구원, 1991)
『구미시지』(구미문화원, 2005)

④ 의례

의례라는 유형에는 평생의례와 세시풍속, 그리고 제라는 세부 유형이 있다. 사람이 평생을 사는 동안 통과해야 할 출생·성년·혼인·사망 등에 관한 평생의례와 예로부터 해마다 관례(慣例)로서 행하여지는 전승적 행사인 세시풍속은 여러 지역에서 공통적으로 나타나는 보편적인 사항에 대하여 서술되기 쉽다. 그러나 한국향토문화전자대전은 지역 백과사전이므로 일반적인 사항보다는 지역에서 특별히 전승되고 있는 풍습을 현지 조사를 통해 간단하게라도 서술한다.

또한 제는 장승제, 서낭제, 별신제, 산신제, 거리제, 당산제, 용신제, 선돌제, 목신제, 풍어제 등 대부분 마을의 수호신에게 마을 사람들의 안녕과 풍요를 기원하기 위해 지내는 동제로 구성되어 있다. 이러한 마을 제사의 집필에 있어서도 현지 조사는 필수적이다. 마을에서 전승되고 있거나, 혹은 단절되었다 하여도 직접 조사 대상지를 방문하여 마을 주민과 면접하고 자료를 수집 조사하여 집필할 때, 현재의 문화 내용을 풍부하게 서술할 수 있을 것이다.

다음의 두 원고는 세시풍속과 동제를 현지 조사를 통해 지역 문화대전으로서 성격을 부각하여 집필하고 있다. 하나는 전국적으로 음력 11월에 행해지고 있는 세시풍속인 '단오'라는 항목을 구미 지역의 풍습을 반영하여 서술하고 있으며, 다른 하나는 울진 지역의 죽변리 성황사 제사를 현재 행해지는 동제 준비 과정이나 진행 과정을 상세하게 서술하고 있어 소개한다.

이러한 민속 관련 원고를 집필할 때는 국립문화재연구소에서 제공하는 우리나라 전국의 세시풍속이나 민간신앙에 대해 현지 조사를 했던 지역의 자료를 참고로 할 수 있다.

〈원고 9〉 원고 예 – 의례/평생의례와 세시풍속

[기본 정보]			
항목 ID	GC01202519		
항목명(한글)	단오		
항목명(한자)	端午		
항목명(영어)	Dano Festival		
이칭 · 별칭	수릿날		
키워드	양기ㅣ창포물ㅣ명절ㅣ씨름ㅣ절식ㅣ약쑥ㅣ궁궁이ㅣ칡ㅣ마른버짐ㅣ단오떡		
관련 항목	민속ㅣ세시풍속ㅣ그네뛰기ㅣ설ㅣ추석ㅣ삼짇날ㅣ궁궁이 꽂기		
항목 체계	삶의 방식(생활과 민속)/민속/세시풍속		
분야 1	생활 · 민속/민속	분야 2	분야 3
유형 1	의례/평생의례와 세시풍속	유형 2	유형 3
지역	경상북도 구미시		
시대	시대구분 없음		

멀티미디어 지정	사진	
	지도	
	도면	
	동영상	
	음향	
	기타 자료	
집필자		홍길동
집필자 의견		

[유형별 상세 정보]

성격	세시풍속
시작 시기/연도	
의례 시기/일시	5월 5일(음력)
문화재 지정번호	
문화재 지정일	

※ 반드시 [정의], [개설], [연원 및 변천], [절차], [생활민속적 관련사항], [참고문헌] 등과 같이 소표제를 달아 주세요.

[정의]

경상북도 구미 지역에서 음력 5월 5일에 지내는 명절.

[개설]

5월 5일 단오는 양의 수가 겹치는 날로서 일 년 중에 양기가 가장 왕성한 날이라 하여 큰 명절로 '수릿날'이라고도 불린다. 설·추석과 함께 3대 명절의 하나로 꼽는 단오가 되면 여자들은 그네뛰기를 하고 창포물에 머리를 감으며, 남자들은 씨름으로 힘자랑을 했다. 예로부터 농경사회에서 삼짇날 무렵에 파종을 하고 모를 낸 후 약간의 휴식이 준비되는 시점이 단오절이기 때문에 이날 하루는 마음껏 놀이를 즐긴다. 구미의 단오풍속은 전국적인 양상과 거의 비슷하다.

[연원 및 변천]

단오는 중국 초나라에 연원을 둔 명절이다. 초나라의 굴원이라는 사람이 간신의 모함으로 귀양을 가자 5월 5일 멱라수에 빠져 자살한 날을 기려 제사를 지내던 것이 시초가 되었다고 한다. 우리나라의 『동국세시기(東國歲時記)』와 『열양세시기(洌陽歲時記)』에는 이날을 수릿날이라 적고 있으며, 쑥떡과 수리취 나물에 대한 기록도 남아 있다.

[절차]

구미 지역에는 단오풍속이 거의 남아 있지 않다. 예전에도 단오 경에는 전작물 수확과 모내기가 한창이었기 때문에 강릉 이북 지역처럼 큰 행사를 열지 않았다. 다만 '노는 날'로 정하여 여성들이 그네뛰기를 하는데, 상품을 걸고 겨루는 경우가 많았다. 또 창포와 약쑥, 궁궁이, 칡

등을 삶은 물에 머리를 감고, 아들 낳기를 기원하는 여인들은 창포를 삶아 먹기도 하였다. 마른버짐이 피지 말라고 상추잎에 맺힌 이슬을 받아 분과 섞어서 발랐다. 약쑥을 뜯어 말리는 풍습도 있었다. 절식으로 단오떡이라 하여 쑥떡을 해먹고, 배추뿌리를 삶아 콩고물에 묻혀 먹었으며, 수수시루떡·쑥시루떡·찰시루떡 등의 시루떡을 해 먹기도 하였다.

[생활민속적 관련 사항]

과거에는 머리카락에 윤기가 흐르며 빠지지 않는 효과가 있다고 하여 창포물에 머리를 감았다. 또한 액을 물리치기 위하여 궁궁이잎을 머리에 꽂는 궁궁이 꽂기도 하였다. 그러나 요즘은 샴푸를 사용하기 때문에 단오풍속은 거의 사라졌다.

[참고문헌]

『구미시지』(구미문화원, 2000)
『세시풍속』-경상북도(국립문화재연구소, 2002)
『한국세시풍속사전』-여름편(국립민속박물관, 2005)

〈원고 10〉 원고 예 - 의례/제

[기본 정보]

항목 ID	GC01801375				
항목명(한글)	죽변리 성황사 제사				
항목명(한자)	竹邊里 城隍祠 祭祀				
항목명(영어)	Religious Service of Seonghwangsa Shrine in Jukbyeon-ri				
이칭·별칭	향나무 성황당				
키워드	의례 l 제 l 민간신앙 l 서낭제				
관련 항목	별신굿 l 후정리				
항목 체계	삶의 방식(생활과 민속)/민속/민간신앙				
분야 1	생활·민속/민속	분야 2		분야 3	
유형 1	의례/제	유형 2		유형 3	
지역	경상북도 울진군 죽변면 후정리 297-2				
시대					
멀티미디어지정	사진	필자가 현지 조사과정에서 찍은 관련 사진 19장을 첨부함			
	지도				
	도면				
	동영상				
	음향				
	기타 자료				
집필자	홍길동				
집필자 의견	항목명이 竹邊里 城隍堂祭祀인데, 편액에 城隍祠라 하였으므로 항목명을 '竹邊 城隍祠 祭祀'로 수정하는 것이 합당함				
교열자 의견					

[유형별 상세 정보]

성격	동제
의례 시기/일시	1월 15일(음력)
의례 장소	후정리 성황사

신당/신체	당집 ǀ 위패 ǀ 향나무
문화재 지정번호	
문화재 지정일	

※ 반드시 [정의], [개설], [연원 및 변천], [신당/신체의 형태], [절차], [축문], [부대행사], [현황], [참고문헌] 등과 같이 소표제를 달아 주세요.

[정의]

경상북도 울진군 죽변면 후정리 성황사에서 정월 대보름에 마을의 안녕과 풍요를 비는 마을 제사.

[개설]

성황사는 울진군 죽변면 후정리 297-2번지에 위치하는데, 죽변1리·죽변2리·죽변4리·죽변5리와 후정3리 주민들의 마을 제당으로 기능한다. 그러나 인근의 죽변3리[봉개마을]와 봉평리·후정리 주민들에게도 영향을 미쳐 사실상 죽변면을 대표하는 마을 제당으로 기능한다. 서낭고사는 죽변어촌계에서 주관하고 있다.

성황사는 천연기념물 제158호로 지정되어 있는 수령이 500여 년 이상 된 향나무를 신수(神樹)로 하며, '향나무 성황당'이라고도 불린다. 성황사 내부에는 중수와 관련하여 1893년·1938년·1981년에 제작한 현판들이 보관되어 있어 연혁을 잘 알 수 있다. 특히 1893년에 제작된 현판에서는 당시 이 지역 유림들의 자치 조직이 성황사 운영과 중수에 적극 참여하였음을 알 수 있다.

동해안의 마을 제당은 할아버지 서낭과 할머니 서낭으로 구분하여 통상 두 개가 있는데 비해, 죽변리 성황사는 할머니 서낭이 없이 죽변리 성황사만 있다. 원래는 할머니 서낭도 있었던 것으로 보이는데, 현재는 할머니 서낭에서 행하였던 여러 기능 중 용왕제를 지내 풍어를 기원하는 의례만 간단하게 남았다. 물론 이 과정에서 '조밥'을 하여 진설하는 것은 풍어를 기원하는 상징성을 보여준다. 또한 부정풀이 때 대부분의 마을에서 볏짚을 태운 후 그 위를 지나는데, 죽변에서는 향을 피워 그 위를 지난다. 이는 시대 변화에 따른 부정풀이의 변화된 모습을 보여준다.

[연원 및 변천]

『울진군지』에 의하면 울진 지역에서는 옛날부터 어민들을 위해 당집을 지어 성황신을 모셨는

데, 1935년에 죽변 후릿개산 밑에 있던 성황사를 현재의 죽변 향나무 옆으로 이건하였다고 한다. 동해안에서 해사(海事)에 종사하는 마을에는 할아버지 당[혹은 본당]과 할머니 당이 기본적으로 갖추어져 있는데, 시대의 변화에 따라 할머니 당이나 할아버지 당 어느 한 쪽의 기능이 약해져서 없어지는 경우가 있다. 이러한 경우 합사를 하여 서낭고사를 지낼 때 제수를 두 상 차려 놓는 예가 매우 많다.

죽변리 성황사의 경우 제물을 두 상 차려서 할아버지 서낭과 할머니 서낭에게 올린다고 하는 것으로 보아 후대에 합사된 것으로 보이며, 이 과정에서 후릿개산 밑에 있던 할머니 당이 향나무 옆에 있던 할아버지 당으로 합사된 것이라는 추측도 가능하다. 중수와 관련하여 걸려 있는 현판에 성황사의 이전과 관련한 언급이 전혀 없다는 것이 이를 반증한다.

마을 사람들은 동제 올리는 것을 서낭제 또는 제사 지낸다고 하며, 서낭제를 지낸 후 인근 바닷가에 가서 용왕제를 올린다. 서낭제는 마을 이장들이 주관하였으나, 이들의 관심이 점점 없어지면서 지금은 죽변어촌계에서 자체 자금 등을 이용하여 주관하고 있다. 이 어촌계 계원은 190명으로 죽변항에 정박한 모든 배의 선주들이 참여하고 있다.

성황사 중수와 관련하여 제당 내부에 걸려 있는 현판과 죽변어촌계장 방학수의 진술을 토대로 정리를 하면 다음과 같다. 죽변리 성황사 중수기의 현판은 5개로 성황사 내부 좌우 벽에 걸려 있는데, 그 제작 연도를 알 수 있는 것은 3개이다. 나머지 2개는 1981년 중수할 때 협찬자 명단을 이어서 적은 것으로 보인다. 제일 먼저 만들어진 것은 1893년에 만든 것으로, 11번째 줄에 '……복원중수지후극면고명지(伏願重修之後克面高明之)……'라 기록되어 있는 것으로 보아 이 현판은 중수 후 만든 것으로 볼 수 있는데, 이는 이전에도 성황당이 있었음을 반증한다.

중수와 관련하여 중수기는 김현순이 쓰고, 전 진장(鎭將) 김두욱·집강(執綱) 임응식·존위(尊位) 임희옥·두원(頭員) 정운성·황한상·최용규·장병항·동장(洞長) 안정호·김두칠·장세필·최우혁·김만중이 주도적으로 참여한 것으로 기록되어 있다. 이들은 당시 죽변리 일대에서 유지로 활동하였던 세력들로 보이며, 성황사의 중수와 운영에 적극 참여하여 지방에서의 세력을 과시한 것으로 여겨진다.

두 번째로 만들어진 것은 1938년 11월로 기록된 중수 현판으로 구장(區長)·농좌상(農座上) 등이 주도적으로 참여하고, 개인과 죽변수산주식회사·죽변산업주식회사 등에서 성금을 희사하였다고 기록되어 있다. 1981년 2월 24일에 만든 현판에는 죽변리 1구·2구·4구 대표·죽변리수산업협동조합장·성황사 유지 기금, 기타 점포 또는 개인이 협조하여 중수하였음을 기록

하였는데, 개인적으로 돈이나 쌀을 희사한 구체적인 내용을 기록하고 있다.

즉 죽변리 성황사는 1893년 중수 이후 일제강점기인 1938년에 중수하였으며, 1981년에는 마을 이장단 등을 중심으로 중수하였음을 알 수 있다. 죽변어촌계장 방학수의 말에 따르면 현재의 성황사는 1999년 9월에 죽변어촌계에서 주관하여 전면적인 개보수를 하였다고 한다.

[신당/신체의 형태]

울진 죽변리 성황사는 정면 1칸 측면 1칸의 규모로 벽체는 나무를 사용하였으며, 지붕은 맞배기와지붕이다. 기둥은 향나무를 가공하지 않고 그대로 사용하였으며, 출입문은 좌우 여닫이문으로 태극 문양을 그려 놓았다. 내부 정면에는 제단을 설치하여 '성황신위(城隍神位)'라 쓰인 위패를 봉안하였다. 내부의 좌우 벽에는 성황사 중수와 관련하여 주도한 사람들과 협조자들을 기록한 현판이 걸려 있다. 제당의 명칭은 '성황사(城隍祠)'로서 건물 정면에 편액을 걸어 두었다. 제당의 옆에는 수령이 500여 년인 향나무가 있는데, 신목(神木)으로 여겨 동제 전에 성황사와 함께 금줄을 둘러 놓았다.

[절차]

1. 동제 준비

1) 제관 선정

제관은 어촌계원 중에서 생기복덕을 보아 섣달 말에 선정한다. 울진 지역에서는 제수 준비 등을 하는 도가 집을 제관 댁이라 하는데, 죽변에서의 제관은 도가를 의미하여 성황사 청소, 금줄 치기, 황토 뿌리기, 제물 준비 등을 주관하며, 서낭제를 지낼 때 초헌으로서의 역할도 수행한다. 다른 지역과는 달리 제관만 생기복덕을 봐서 선정하고, 나머지 참여자는 이와 무관하게 참여할 수 있다.

2004년 서낭제에서 도가는 어촌계 감사 이명길이 하였고, 어촌계장 방학수가 아헌을 하였으며, 어촌계 간사 윤명숙이 종헌을 하였다. 서낭제를 준비하는 제관이 제수를 준비 중에 뭔가 안 좋은 일이 있으면 제관을 다른 사람에게 넘기고 조용히 근신한다.

2) 제비(祭費)와 제수(祭需) 준비

2004년 서낭고사를 위한 제수 비용은 80만 원을 책정하였는데, 죽변수협에서 일부 지원금을 받아 어촌계 기금으로 조달하였고, 개인적으로 성금을 내는 사람도 있었다. 이들에 대하여는 개인적인 소지도 올려 준다. 제물은 1월 13일[음력]에 주로 시장에서 제수를 구입하였는데, 성황사에 두 상을 진설해야 하므로 모든 제수 물품은 두 개씩 구입하였다.

옛날에는 좋은 어물이 잡히면 성황고사에 쓰라고 회사하여 진설하는 경우도 많았다고 한다. 제수를 구입할 때 주로 죽변 앞바다에서 나는 것으로 당일 위판하는 것을 바로 사서 선도를 유지하고, 싱싱한 생물이 없는 것은 냉동된 것을 구입하여 사용한다고 하는데, 좀 더 구체적으로 살펴보면 다음과 같다.

제관인 이명길에 따르면 술을 서낭제 전에 담아서 사용한 것을 본 적은 없다고 한다. 성황사 제의에서는 정종을 사용하고, 용왕제에서는 막걸리를 준비하여 올린다. 쌀은 시골 할머니들이 갖고 오는 좋은 것으로 준비하는데, 메를 짓고 떡을 하는 데 사용하였다. 떡은 백설기로 세 되를 하는데, 옛날에는 시루에 했으나 지금은 방앗간에서 만들어 두 개 크기로 포장을 하여 진설한다. 용왕제에서 조밥 한 되를 하여 진설하는데, 그 이유를 아는 사람은 없었다.

제수를 만들 때 주의할 점은 간을 보면 안 되고, 전은 명태전과 산적을 준비하였다. 나물은 여덟 가지인데, 콩나물·도라지·고사리·무나물·미역·냉이·시금치·숙주나물이다. 돼지머리도 진설하는데, 고사 후 삶아서 술안주로 하였다. 탕은 육탕이고, 요즘 들어 조기를 진설하는데, 모든 생선의 꼬리를 잘라내어 약간 말린 후 쪄서 사용한다. 포는 오징어포를 진상하였다. 제관 댁에서 제수 목록을 작성한 후 제물을 구입하는데, 만들어진 제수는 제사를 주도하는 사람들이 와서 운반하였다.

제기(祭器)는 별도로 보관하는 것이 없어 제관의 집에 있는 것을 이용하였다. 2004년에 제수를 구입하는 데 65만 원이 소요되었으며, 이와는 별도로 30여 명의 지역 인사들에게 성황사 제사 안내장을 발송하였다. 이에 소요된 경비는 8,000원이다.

2. 동제(洞祭) 진행

동제 하루 전인 2월 3일 청소를 한 후 금줄을 친다. 전에는 제관 댁에도 금줄을 걸었으나, 지금은 걸지 않고 성황사와 신목인 향나무에 금줄을 건다. 제관 댁에서 준비한 제물은 2월 4일 밤 10시 20분에 서낭제에 참여하는 사람들에 의해 준비된 차량으로 이동하여 10시 27분경 성황사에 도착하였다. 성황사에 도착한 후 입구와 성황사 건물 출입구 앞에 부정씻기용 향불을 피워 그 위를 10시 30분경 지나갔다.

제물 진설은 밤 11시 정도까지 하였는데, 제단에 한지를 편 후 할아버지 성황과 할머니 성황을 위해 두 상을 차렸다. 진설하는 과정에서 준비한 제물에 비해 제단이 작아서 과일 일부[수박·오렌지]는 제단 아래에 진설하였다. 서낭 제사는 2월 4일 밤 11시 8분경에 시작하였는데, 구체적인 순서는 다음과 같다.

초헌은 제관 이명길이 하였는데, 부부 신이어서 두 잔을 먼저 올린다. 이후 어촌계장 방학수가 축을 하고, 헌작 후 재배하였다. 이후 메의 뚜껑을 열어 삽시한 후 다른 제관이 첨작한 후 재배하였다. 나물을 내리고 산물을 올리고 재배한 후 메를 세 수저 떠서 산물에 넣고, 메의 뚜껑을 덮은 후 합동 재배하였다. 제사 후 개인적으로 잔을 올릴 사람들이 들어와서 준비해 온 술을 올렸다. 주로 배를 가지고 있는 선주들이 잔을 올렸는데, 당일에 외부 인사로 참석한 번영회장 오계동, 울진군의회 전완철 의원 등이 와서 잔을 올렸다.

제사가 진행되는 동안 참석한 사람들은 제당 밖에서 조용히 대기하였다. 개인적으로 잔을 올린 후 서낭당 옆의 영화보살이 제당 밖에서 축원 독경을 하며 소지를 올려 주었는데, 제관이 먼저 올리고, 어촌계장 등이 연이어 올렸다. 삼척의 대진 성황당에서는 무당이 부정치기를 하고, 독경을 하며 서낭고사를 주도하는데, 죽변리 성황사에서는 보살의 역할이 소지 올리는 것으로 축소되었다.

소지를 올린 후 용왕제를 지내기 위해 제관과 어촌계장이 제물을 들고 인근 바닷가로 가는데, 이때는 제사를 주도한 제관과 아헌·종헌·집사만 참석한다. 제물은 별도로 준비한 조밥, 막걸리 1병, 오징어 포, 배, 초 2개, 향을 준비한다. 바닷가에 신문지를 편 후 그 위에 제물을 진설하였다. 용왕제를 지낼 때는 제물에 대한 진설을 한 후 제관이 막걸리를 1잔 올린 후 재배하고, 조밥을 한지에 싼다. 이때 조밥은 3순가락씩 3장의 한지에 각각 싸서 다른 제물 옆에 둔 후 제관이 재배한다. 재배 후 용왕님께 올리기 위해 마련한 술과 한지에 싼 조밥, 제물을 바다에 헌식하는데, 가져온 제물 모두를 헌식하였다.

[축문]

축문은 제관이 초헌으로서 두 잔을 헌작한 후 어촌계장이 고축(告祝)을 하였다. 한글 축문을 사용하는데, 그 내용은 갑신년 한 해 죽변항 어민들에게 무사고와 만선의 기쁨으로 누릴 수 있기를 기원하며, 더 나아가 죽변면 주민들의 화합과 무궁한 발전을 내려 주시길 기원하였다. 구체적인 내용은 다음과 같다.

"유세차 갑신년 정월 경자월 십사일 계축일 제관 대표 이명길 감소고우 남성부주 해동 대한
민국 경북 울진군 죽변면 성황신께 지극정성 축원드립니다. 성황신이시여. 합의동심하시여 정
성들여 만들은 제물을 빛으로 감동하시고, 착실히 운감하시여 갑신년 한 해 죽변항 어민들에게
무사고와 만선의 기쁨으로 늘 웃음꽃이 피도록 복을 내려 주시고, 죽변면에 화합과 무궁한 발
전을 내려주시길 축원으로 제물을 올립니다. 갑신년 정월 십사일 제관 대표 이명길 상향."

[부대행사]

서낭 제사를 지낸 후 제사에 참여하였던 사람들과 번영회장·군의원·면장·선주들이 어촌계
사무실로 가서 음복하고, 제물과 술을 나눠 먹으며 환담하고 결산하였다.

개인적으로 배를 가지고 있는 사람들은 설날 새벽 4시경에 만선기를 꽂거나 배 고사를 지내
기도 하였으며, 정월 대보름 서낭고사 후 안택하는 예가 전에는 많았다고 한다.

죽변에서 배 성주는 1년에 한 번 하기도 하고 안 하기도 하는데, 실시하는 경우 주로 2월
전에 무속인을 불러서 하였다. 경비는 10만 원 정도의 수고비와 제물비로 20만 원에서 30만
원이 소요된다고 한다. 배와 집 각각 같은 제물을 마련하는데, 배 고사 후 성주를 달기도 하고
안 달기도 하는데, 안 단 경우를 허공성주라 하였다. 배에 성주를 다는 사람은 주로 조타실에
단다.

[현황]

죽변리 마을 주민들은 매년 풍어제를 올렸으나, 지금은 경비가 많이 들어서 폐지하고 서낭제만
유지되고 있다. 죽변리 성황사는 이를 관장하는 죽변리와 후정3리 사람들뿐만 아니라 죽변3리
봉수마을, 봉평리 등 죽변면의 다른 지역 사람들도 중요한 일이 있거나 관광 등을 떠나기 전에
안전과 건강을 기원하는 술과 포를 올리고 떠나는 것으로 보아 죽변을 대표하는 서낭당으로
볼 수 있다.

[참고문헌]

『한국의 마을제당』-경상북도 하편(국립민속박물관, 2004)
김도현, 「울진군 죽변의 마을신앙-죽변 성황사를 중심으로」(『사향』, 울진역사연구회, 2005)
인터뷰(죽변리 어촌계장 ○○○, 남, 61세, 2004. 2. 4~5)
인터뷰(죽변리 서낭제사 제관 ○○○, 남, 60세, 2004. 2. 4~5)

⑤ 음식물

특정 지역에서만 생산되는 식료품 혹은 지역 특유의 방법으로 만드는 향토음식의 경우에는 자연히 지역의 특성이 잘 표현되지만, 떡국·송편 등 명절에 만들어 먹는 절식(節食)은 지역의 특성을 반영하기 어려운 것이 사실이다.

다음의 원고는 음력 정월 대보름날의 전통적인 절식인 '오곡밥'의 재료와 혼합 비율에 있어서 특정 지역에 따라 다른 점을 부각하여 서술함으로써 지역 백과사전으로서의 특성을 잘 나타내고 있어 소개한다.

〈원고 11〉 원고 예 – 음식물

[기본 정보]					
항목 ID	GC01202613				
항목명(한글)	오곡밥				
항목명(한자)	五穀밥				
항목명(영어)	Rice with Five Grains				
이칭·별칭					
키워드	밥ㅣ향토음식ㅣ시절음식ㅣ대보름				
관련 항목	민속ㅣ세시풍속ㅣ대보름ㅣ식생활ㅣ향토음식ㅣ명절음식ㅣ찰밥				
항목 체계	삶의 방식(생활과 민속)/생활/식생활				
분야 1	생활·민속/민속	분야 2		분야 3	
유형 1	음식물/음식물	유형 2		유형 3	
지역	경상북도 구미시				
시대	현대/현대				
멀티미디어지정	사진				
	지도				
	도면				
	동영상				
	음향				
	기타 자료				

집필자	홍길동
집필자 의견	

[유형별 상세 정보]

성격	향토음식 l 시절음식
재료	찹쌀 l 차조 l 붉은팥 l 찰수수 l 검은콩
관련 의례/행사	정월 대보름
계절	겨울

※ 반드시 [정의], [개설], [연원 및 변천], [만드는 법], [생활민속적 관련사항], [참고문헌] 등과 같이 소표제를 달아 주세요.

[정의]

경상북도 구미시에서 찹쌀·차조·붉은팥·찰수수·검은콩 등 5가지 곡식으로 지은 밥.

[개설]

오곡밥은 음력 정월 대보름의 전통 절식(節食)으로 지방에 따라 재료가 조금씩 다르다. 조선시대 음식조리서인 『정조지(鼎俎志)』와 『규합총서(閨閤叢書)』에 오곡밥의 재료와 조리법이 소개되어 있다. 그러나 『동국세시기(東國歲時記)』에는 정월 대보름 절식으로 약밥이 소개되어 있어, 오곡밥이 대보름 절식이 된 것은 조선 후기 이후인 것으로 보인다.

[생활민속적 관련 사항]

구미 지역에서는 정월 대보름에 오곡밥이나 찰밥을 지어 먹었다. 오곡밥의 재료는 집집마다 약간씩 다른데, 장천면 명곡리에서는 멥쌀과 찹쌀, 콩, 서숙, 좁쌀, 팥 등을 넣어 오곡밥을 짓고, 장천면 양포마을에서는 서숙찰밥이라고 하여 찹쌀 대신 서숙을 넣어 오곡밥을 지었다.

오곡밥 짓는 방법은 콩은 물에 담가 불리고 팥은 삶아 건지며, 서숙과 좁쌀, 멥쌀, 찹쌀을 씻어 일어 놓는다. 찹쌀·팥·콩·서숙과 멥쌀을 고루 섞고 받아 놓은 팥물에 맹물을 섞어 보통 밥을 지을 때보다 물을 적게 잡고 소금을 조금 넣어 밥을 짓는다. 밥이 끓어오르면 좁쌀을 얹고 불을 줄여서 뜸을 천천히 들인다.

[참고문헌]

『구미시지』(구미문화원, 2000)

『세시풍속』-경상북도(국립문화재연구소, 2002)

⑥ 유적

한국향토문화전자대전의 유적, 특히 서낭당 등 민간신앙 관련 유적이나 건물, 터 등 [현황]이라는 소표제가 중요하게 다루어지는 유형은 현지 조사가 필수적으로 이루어져야 원고 서술이 가능한 항목이다. 특히 서낭당과 같이 도시화·산업화의 흐름 속에서 급속하게 소멸되어 가고 있는 민간신앙 유적은 더욱 현지 조사와 같은 방법이 요구된다. 현지 조사는 또한 지역문화의 보존과 계승이라는 한국향토문화전자대전 편찬 사업의 필요성이라는 측면에서도 강조되어야 할 것이다. 다음의 원고는 현지 조사 방법에 의하여 사라져가는 용인의 서낭당에 대한 내용을 충실하게 서술하고 있어 소개한다.

〈원고 12〉 원고 예 – 유적

[기본 정보]	
항목 ID	GC00902664
항목명(한글)	백봉리 서낭당
항목명(한자)	栢峰里 서낭당
항목명(영어)	Village Guardian Shrine in Baekbong-ri
이칭·별칭	광고개 서낭당 ┃ 훈고개(큰고개) 서낭당 ┃ 숯돌고개 서낭당
키워드	백봉리 ┃ 서낭당 ┃ 벌말 ┃ 평촌 ┃ 백동마을 ┃ 잣나무골 ┃ 사은마을 ┃ 샛말 ┃ 봉리마을 ┃ 광고개 서낭당 ┃ 훈고개(큰고개) 서낭당 ┃ 숯돌고개 서낭당 ┃ 이정표 ┃ 광고개 ┃ 죽산 ┃ 훈고개 ┃ 큰고개 ┃ 샘말 ┃ 숯돌고개 ┃ 진촌 ┃ 고갯마루 ┃ 달구지 ┃ 소로 ┃ 신목 ┃ 돌무더기 ┃ 참나무 ┃ 서낭나무 ┃ 서낭수비 ┃ 잡귀 ┃ 잡신 ┃ 상여 ┃ 민간신앙

관련 항목	민간신앙 | 서낭제				
항목 체계	삶의 자취/유형 유산/민속, 신앙 유적				
분야 1	생활 · 민속/민속	분야 2		분야 3	
유형 1	유적/민간신앙유적	유형 2		유형 3	
지역	경기도 용인시 처인구 백암면 백봉리				
시대	현대/현대				
멀티미디어지명	사진	백봉6리 사은마을 서낭당 전경			
	지도				
	도면				
	동영상				
	음향				
	기타 자료				
집필자	홍길동				
집필자 의견					
교열자 의견					

[유형별 상세 정보]

성격	마을 신당 | 서낭당
건립 시기/연도	
관련 인물	
면적	
소재지 주소	경기도 용인시 처인구 백암면 백봉리
소유자	해당사항 없음
관리자	해당사항 없음
문화재 지정번호	지정되지 않음
문화재 지정일	지정되지 않음

※ 반드시 [정의], [개설], [위치], [형태], [의례], [현황], [참고문헌] 등과 같이 소표제를 달아 주세요.

[정의]

경기도 용인시 처인구 백암면 백봉리에 있는 서낭당.

[개설]

용인시 처인구 백암면의 백봉리에는 백봉2리의 벌말[평촌]과 백동마을[잣나무골], 백봉6리의 사은마을[샛말], 백봉8리의 봉리마을 등에 서낭당이 있었다. 벌말의 서낭당은 광고개 서낭당으로 불리고, 백동마을의 서낭당은 훈고개[큰 고개] 서낭당, 사은마을의 서낭당은 숯돌고개 서낭당이라고 불렀다. 이들 서낭당은 현재 대부분 사라지고 사은마을 서낭당만이 남아 있다.

백봉리에 있던 서낭당들은 제당이긴 하지만 동제의 대상은 아니고, 행로의 안전이나 집안의 평안을 비는 개인 신앙처로서의 의미와 함께 마을과 마을 간의 이정표 구실을 하는 곳으로서 의미가 컸다.

[위치]

벌말마을 서낭당은 죽산으로 이어지는 광고개에 있었고, 백동마을 서낭당은 마을 입구 훈고개[큰고개]에 자리잡고 있었다. 또한 봉리마을 서낭당은 봉리에서 샘말로 들어서는 길목에 있었으며, 사은마을 서낭당은 진촌으로 가는 숯돌고개에 있다. 서낭당이 있는 고갯마루나 마을 입구의 길은 모두 달구지만이 겨우 다닐 수 있을 정도의 소로였다.

[형태]

백봉리 서낭당은 신목과 돌무더기로 이루어졌는데, 신목은 모두 참나무이며, 그 아래에 돌무더기가 쌓여 있었다. 사은마을 서낭당의 경우 예전의 참나무 고목은 죽고 현재의 나무는 새로 싹이 나서 자란 것으로, 마을 사람들은 참나무 주변의 아카시아나무와 함께 이곳을 성역으로 여긴다. 과거에는 서낭나무 밑에 돌무더기가 있었으나 현재는 신목만이 남아 있다.

[의례]

서낭당을 지날 때는 돌멩이를 한 개 내지 세 개를 던지고 가거나 돌멩이를 던진 후 침을 세 번 뱉고 가기도 하였다. 백동마을의 경우, 신부가 가마를 타고 시집갈 때는 반드시 서낭당에 북어와 청색·홍색 천을 매달아 놓고 갔는데, 이렇게 폐백을 드리는 것은 서낭당에 있는 '서낭수비'라는 잡귀·잡신이 신부를 따라오지 못하도록 하기 위해서였다고 한다.

백동마을과 사은마을의 일부 가정에서는 정기적인 의례로서 정월 보름경[14일] 백설기를 한 시루 쪄서 서낭당 앞에 놓고 고사를 지냈다. 치성을 드린 떡은 당시 먹을 것이 넉넉하지 못하던 시절이라 배가 고픈 사람들이 가져다 먹었는데, 이 떡을 먹으면 재수가 좋다는 속설이 있어서 많이들 가져다 먹었다.

또한 사은마을의 경우 가을 농사를 다 지은 뒤 좋은 날을 받아 떡시루를 해놓고 개인 치성을 드리기도 하였다.

[현황]

사은마을을 제외한 백봉리의 서낭당들은 도로를 새로 내거나 확장하면서 모두 사라지고 흔적조차 남아 있지 않다. 사은마을의 경우 서낭나무는 있으나 현재 치성을 드리는 사람은 없다.

그러나 서낭에 대한 금기는 아직도 지켜지고 있어서, 서낭나무에 함부로 손을 대면 화를 입는다든가, 혼례나 상례 때는 서낭당 앞으로 지나가지 않고 다른 길로 지나간다. 봉리마을의 경우도 서낭당이 있던 곳에 큰 길이 났지만, 예나 지금이나 이 길로는 상여가 지날 수 없기 때문에 초상이 나면 상여를 메고 마을 아래쪽으로 난 길로 다닌다.

[참고문헌]

『용인시사』 2(용인시사편찬위원회, 2006)

인터뷰(백봉6리 사은부락 주민 ○○○, 여, 88세, 2007. 6. 16)

인터뷰(백봉6리 사은부락 주민 ○○○, 여, 87세, 2007. 6. 16)

⑦ 동식물

동식물에 대한 한국향토문화전자대전의 항목 선정 원칙은 지역 내에 분포·서식했거나, 분포·서식하고 있는 동식물, 지역에서 많이 분포하는 식물의 수종이나 동물의 종, 지역의 보호수나 보호 대상 동물, 지역에 소재한 천연기념물을 대상으로 항목을 선정하고 있다. 지역에 소재하고 있다는 정보가 명확한 천연기념물이나 보호수 등은 원고 내용에서 비교적 지역과의 관련성이 잘 나타나고 있는 반면, 지역 내에 분포·서식하고 있는 동식물은 집필 단계에서 항목 선정 의도가 잘 반영되지 않아 지역과의 관련성이 드러나지 않게 집필되는 경우가 있다.

디지털충주문화대전의 '붉은박쥐'와 디지털용인문화대전의 '박곡리 느티나무' 원고는 서식지를 명시하여 정의를 규정하고, 지역에서의 발견 사례와 같은 관련 문화 내용을 서술하여 소개한다.

〈원고 13〉 원고 예 - 동물

[기본 정보]

항목 ID	GC01900443				
항목명(한글)	붉은박쥐				
항목명(한자)					
항목명(영어)	Copper-winged bat				
이칭·별칭	황금박쥐				
키워드	애기박쥐과	포유류	천연기념물	멸종위기동물				
관련 항목	동물상	가금면	창동리	소태면	앙성면	남한강	호암지	호암지 생태공원				
항목 체계	삶의 터전/동식물/동물상				
분야 1	자연·지리/동식물	분야 2		분야 3	
유형 1	동물/동물	유형 2		유형 3	
지역	충청북도 충주시 가금면 창동리				
시대	현대/현대				
멀티미디어 지정	사진	붉은박쥐 사진			
	지도				
	도면				
	동영상				
	음향				
	기타 자료				
집필자	홍길동				
집필자 의견					
교열자 의견					

[유형별 상세 정보]

성격	포유류	천연기념물
학명	Myotis formosus tsuensis
생물학적 분류	동물계>척추동물문>포유강>박쥐목>애기박쥐과
원산지	동아시아

서식지	동굴	대나무밭	수풀	고목 둥치
몸길이	42~57mm
새끼(알) 낳는 시기	
수명	
천연기념물 지정번호	제452호
천연기념물 지정일	2005년 3월 17일

> ※ 반드시 [정의], [개설], [형태], [역사적 관련사항], [생활민속적 관련사항], [생태 및 사육법], [현황], [참고문헌] 등과 같이 소표제를 달아 주세요.

[정의]

충청북도 충주시 가금면 창동리 등지에서 서식하는 애기박쥐과에 속한 포유류.

[개설]

붉은박쥐는 우리나라를 비롯하여 일본 대마도, 타이완, 필리핀, 북인도, 동아프카니스탄 및 만주 지역에 아주 적은 개체수가 살고 있다. 최근에 강원도 평창군 백룡굴과 영월군 고씨동굴·명마굴·원둔굴, 충청북도 제천시 박쥐굴, 단양군 아천굴, 괴산군 심복굴, 문경시 호계굴·장수굴 등지에서 새로이 발견되었다.

우리나라에서는 2005년 3월 17일 천연기념물 제452호로 지정하여 보호하고 있으며, 환경부에서는 멸종위기동물 제1호로 지정하였다. 환경부는 1999년부터 3차례에 걸쳐 전라남도 함평군 대동면 일대의 고봉산을 생태 조사하여 동굴에서 겨울잠을 자고 있는 붉은박쥐 60여 마리를 발견한 뒤, 붉은박쥐와 그 서식지를 보호하기 위하여 고봉산 12.4km²를 생태계 보전지역으로 지정하였다. 황금박쥐라는 별칭은 몸과 날개의 색깔이 황금빛을 띠어 붙여졌다.

[형태]

몸길이는 약 43~57cm로 우리나라에 서식하는 애기박쥐와 박쥐의 중간 크기이다. 털과 귓바퀴·날개의 골격 부분은 황금빛이며, 귓바퀴와 날개막[앞발과 뒷발, 꼬리 사이를 이어 놓은 날개처럼 된 얇은 막]은 검은색이다. 뒷발은 검은색이며 작고, 날개는 바깥쪽 발가락 끝 부분에 붙어 있다.

[생태 및 사육법]

여름철에는 대나무 숲이나 삼림, 고목 둥치에서 휴식을 취한다. 여름에는 관목에 1~2개체가 거꾸로 매달려 살고, 겨울에는 추위를 피하여 습도가 높고 따뜻한 폐광이나 동굴에서 몇 마리가 천장에 매달려 겨울잠을 잔다. 겨울잠은 11월에서 이듬해 3월까지 잔다.

[현황]

2006년 충주시 가금면 창동리 쇠꽂이 폐광에서 4마리가 발견되었다. 이후 소태면에서 13마리, 앙성면 폐광에서 10마리가 발견되었다. 앙성면에서 발견된 10마리 가운데 5마리는 암컷, 5마리는 수컷으로 확인되었다. 이를 통하여 남한강을 끼고 붉은박쥐가 여러 곳에서 서식하고 있을 것으로 추정된다. 충주시는 2008년 7월 17일 호암지 생태공원을 조성하면서 붉은박쥐의 생태를 보여 주는 전시관을 개관하였고, 개관 기념으로 황금박쥐 축제를 열기도 하였다.

[참고문헌]

문화재청(http://www.cha.go.kr)
한국자연환경연구소(http://www.knei.org)

〈원고 14〉 원고 예 – 식물 : 보호수

[기본 정보]	
항목 ID	GC00900357
항목명(한글)	박곡리 느티나무
항목명(한자)	朴谷里 느티나무
항목명(영어)	
이칭·별칭	거ㅣ계유ㅣ궤목
키워드	보호수ㅣ노거수
관련 항목	보호수ㅣ맹리 느티나무ㅣ사암리 느티나무ㅣ역북동 느티나무ㅣ전궁리 느티나무ㅣ천리 느티나무ㅣ통삼리 느티나무

항목 체계	삶의 터전/동식물/보호수				
분야 1	자연·지리/동식물	분야 2		분야 3	
유형 1	식물/보호수	유형 2		유형 3	
지역	경기도 용인시 처인구 백암면 박곡리 168-2				
시대	현대/현대				
멀티미디어 지정	사진	느티나무전경			
	지도				
	도면				
	동영상				
	음향				
	기타 자료				
집필자	홍길동				
집필자 의견					

[유형별 상세 정보]

학명	Zelkova serrata Makino
생물학적 분류	식물계>겉씨식물군>쌍떡잎식물강>장미목>느릅나무과>느티나무속
수령	200년
높이	22m
흉고둘레	1.18m
소재지 주소	경기도 용인시 처인구 백암면 박곡리 임 168-2
관리면적	
관리자	용인시
보호수 지정번호	경기-용인-40
보호수 지정일시	1982년 10월 15일

※ 반드시 [정의], [개설], [형태], [생태], [역사적 관련사항], [생활민속적 관련사항], [참고문헌] 등과 같이 소표제를 달아 주세요.

[정의]

경기도 용인시 처인구 백암면 박곡리에 있는 수령 200년의 느티나무.

[개설]

느릅나무과에 속하는 낙엽교목으로 갈참나무 · 졸참나무 등 약 200~250종이 자라며, 꽃은 4~5월에 피고 열매는 일그러진 편구형으로 10월경에 익는다. 마을 어귀나 동네의 정자목으로 널리 식재되어 있다.

[형태]

나무 높이는 22m, 가슴 직경은 1.18m이며, 수령은 약 200년 정도이다. 지상 4m 정도에서 2개의 가지가 갈라져서 수관을 형성하고 있으며, 동서남북 사방으로 퍼져 있어 녹음이 많이 진다. 수형은 자연상태이고 수관 폭은 동향 10.4m, 서향 8.6m, 남향 7.6m, 북향 9.2m이다.

[역사적 관련 사항]

박곡리 상촌마을에는 조선 영조 때 이 고장이 낳은 효자 안희중의 효행을 기리기 위해서 1804년(순조 4)에 나라에서 세운 효자각이 있다. 상촌마을 뒷산에서 계곡물이 내려오는 도랑 옆에 이 느티나무가 있어 옛날에는 단오절에 동네 주민들이 와서 그네뛰기를 하기도 하고, 모여서 정담을 나누는 정자목 역할을 하기도 했다.

[생활민속적 관련 사항]

느티나무 목재는 단단하고 결이 고와서 가구재 · 밥상 · 불당을 조각하는 데 많이 쓰인다.

[현황]

박곡리 느티나무는 민가와 농경지 사이의 공터에 위치하고 있어 사람들이 많이 찾지 않는다. 가지가 사방으로 고루 발달하여 수형은 양호하나 수세는 다소 약해져 조기 낙엽 현상과 병충해의 흔적을 찾아볼 수 있어 지속적인 관리가 필요하다. 지제부는 농로 및 개울로 인하여 뿌리의 발달이 제한을 받고 있다. 양성의 나무로 우리나라 · 일본 · 대만 등 온대, 난대 지방 등의 따뜻한 지역에 분포한다.

[참고문헌]

『보호수 생태조사 용역 보고서』(용인시, 2004)
『백암면지』(용인문화원 향토문화연구소, 2006)
『용인시사』 2(용인시사편찬위원회, 2006)

(3) 개관항목

개관항목은 지역 향토문화의 특성을 종합적으로 살펴보기 위해 각 분야를 개관할 수 있도록 설정한 항목이다. 자연지리, 역사, 정치, 불교, 민속 등과 같은 항목이 이에 해당한다. 따라서 '역사'와 같은 개관항목에 대한 집필은 선사에서 현대에 이르기까지 해당 지역의 역사에 대해 단편적인 사실을 열거하는 수준이 아니라, 지역의 문화상에 대해 여러 측면에서 종합적으로 분석하여 서술해야 한다.

지역사 연구는 지역적 특성을 규명하고 종합적으로 설명하려는 노력이다. 무엇보다 그 시대에 그 지역에서 그들만이 만들어낼 수 있었던 특수한 내용은 무엇이며, 그런 특성이 생겨날 수 있었던 이유를 명확히 규명해야 한다. 이러한 관점에서 다음에서 제시하는 디지털진도문화대전의 '역사'라는 개관항목은 삼별초항쟁, 임진왜란 등 명량해협을 무대로 이루어진 진도의 역사적 경험을 진도의 지정학적 위치와 관련하여 설명하고 있어 소개한다. 이 내용을 통해 진도는 그 지리적 성격에서 특별한 역사적 경험과 독특한 문화를 형성하였음을 알 수 있다.

또한 디지털남원문화대전의 '의생활'이라는 개관항목은 과거에 남원 지역에 살았거나 현재까지 남원 지역에 거주하고 있는 대상자들과의 인터뷰를 통해 20세기 중반까지 지속되어 오던 남원 지역의 전통적 의생활 및 현재까지의 변화 과정을 생생하게 서술하여 다른 지역과 차별되는 남원 지역의 문화적 특징을 잘 살리고 있다. 다음에서 제시하는 두 개관항목은 개관항목을 어떻게 집필해야 할 것인가에 대한 물음에 답변이 될 것이다.

〈원고 15〉 개관항목 예 – 역사

[기본 정보]

항목 ID	500985
항목명(한글)	역사

항목명(한자)	歷史				
항목명(영어)	History				
이칭 · 별칭					
키워드	백제	신라	통일신라	고려	조선	근현대				
관련 항목	왕건의 진도점령	용장산성	삼별초	임진왜란				
항목 체계					
분야 1	역사/전통시대	분야 2		분야 3	
유형 1	개념용어/개념용어(개관)	유형 2		유형 3	
지역	전라남도 진도군				
시대	시대구분 없음				
멀티미디어 지정	사진				
	지도				
	도면				
	동영상				
	음향				
	기타 자료				
집필자	홍길동				
집필자 의견					

※ 반드시 소표제를 달아 주세요. [정의], [개설] 다음에는 소표제를 합리적으로 설정하여 집필하시면 됩니다. 끝에 [참고문헌]은 반드시 적어 주십시오.

[정의]

고대로부터 현대에 이르기까지의 전라남도 진도군의 역사.

[개설]

진도는 반도의 서남쪽 모서리에 위치하여 작게는 서남해 섬 지역과 섬 지역, 그리고 크게는 서해와 남해를 연결하는 중간다리 역할을 한다. 지도를 펴놓고 고대 한 · 중 · 일 삼국을 연결했던 바닷길이 지나는 중요한 길목들을 살펴보면, 서해로는 흑산도가 먼저 상기되고 영산강과 연결하여서는 목포와 영산포가 돋보인다. 그리고는 해남의 화원반도와 진도가 마주보는 길목으로 우수영과 명량[울둘목]이 있고, 여기를 지나면 해남과 완도가 연결되는 이진과 달량진[현재의 해남군 북평면]이 있다. 이 해로에서 제주로 연결되는 2개의 길이 있었으니 진도의 남도포진과 탐진만 끝의 마량포구가 그곳이다.

한국의 전근대사에 있어서 진도와 한반도의 서남해안을 가로지르는 이 해로는 역사지리적으로 매우 중요했고, 진도 지역으로 하여금 남다른 역사적 경험을 하게 하였으니, 특히 명량해협을 무대로 이루어진 한국의 역사, 진도의 역사 흔적들이 그를 말해 주고 있다. 역사적으로 왕건과 견훤 간의 쟁패, 고려시대의 삼별초 항쟁, 고려 말과 조선 초기의 왜구 침탈, 임진왜란·정유왜란과 같은 내우외환의 전란 과정에서 쟁패의 중심지로 부각된 것만 보아도 알 수 있다. 즉 명량해협을 포함하여 한반도의 서남부를 경유하는 해로는 고대사에서는 중국~한반도~일본을 연결한 국제문화의 주요 이동로였고, 고려시대와 조선시대에는 조운로(漕運路)로써 그 의미가 돋보이는 바닷길이었던 것이다. 바로 이 같은 입지적 조건으로 진도의 문화는 중층성과 다양성을 지니게 되었고, 이에 따라 진도의 문화는 남해안 문화와 서해안 문화가 어떻게 교류·교차·융합되었는지를 살필 수 있게 한다.

[고대]

구석기시대와 신석기시대의 유물·유적은 발견된 것이 없으나 청동기시대와 철기시대의 유물·유적으로는 진도 전 지역에서 발견되는 고인돌·선돌·석부 등이 있어 일찍부터 사람이 거주했음을 알 수 있다.

마한의 여러 소국 중 초산도비리국(楚山塗卑離國)의 위치를 진도 지역에 비정하는 견해도 있으나 확실하지 않다. 백제시대 진도에는 군내면 일대의 도산현(徒山縣), 고군면 일대의 인진도군(因珍島郡), 임회면 일대의 매구리현(買仇里縣)이 있었다. 물론 이들 3개의 군현은 독립적인 행정 편제를 지니고 있었지만, 인진도만이 군(郡)이었음을 감안한다면, 역시 고군면 일대가 상대적으로 중시되었던 것으로 추측된다. 아마 명량해협의 입지적인 조건과 관련된 것이었을 것이다. 이처럼 진도의 정치·문화적 위상은 명량으로 대표되는 고대 해로와 깊은 관련성을 갖고 있음을 확인할 수 있다.

통일신라시대가 되면 이러한 판세는 변화된다. 즉 통일신라가 되면서 이들 3개 군현은 도산현이 뇌산군(牢山郡)으로, 인진도군이 진도현(珍島縣)으로, 매구리현이 섬탐현(瞻耽縣)으로 각각 이름을 바꾸면서, 군내면 지역이 현에서 군으로 승격되면서 매구리현[지산, 임회] 지역까지 영속현으로 삼고, 인진도군은 진도현으로 격이 하강되면서 무안군의 영속현이 된다. 다시 말하면 과거 상대적으로 중시되어 진도지역의 주도권을 지녔던 고군 지역이 주도권을 잃고, 대신 군내 지역이 새로운 중심세력으로 부상하게 되었다. 물론 고군 지역과 군내 지역의 세력이 이처럼 변화된 정확한 이유를 현존 자료로는 확인할 길이 없다. 또한 당시 진도현과 멀리 떨어져 있던 무안군이 진도현을 어떻게 관할하게 되었느냐 하는 점도 문제이다.

그러나 앞서의 내용을 추측해 보면, 통일신라시대에 들어와서 무안군은 백제시대에 비하여 군세가 크게 부상하였고, 이러한 변화와 함께 고대 해로의 요충을 무안군이 장악한다는 의미로도 볼 수 있어, 내부의 문제보다 외적인 영향의 결과일 가능성도 없지는 않다. 대체로 군내 지역은 친백제적인 성향이 온존하였으며 고군 지역은 통일기의 변화를 현실로 수용하는 친신라적인 변신을 하였던 것이 아니었을까 생각되기도 한다. 그리고 후대의 일이기는 하지만 진도의 유력 성씨 중에 무안 박씨가 세력을 떨치게 되는 것도 이 같은 전 시기의 연고 때문이라고 볼 수 있다.

청해진대사 장보고는 주로 완도의 청해진을 중심으로 활약한 것처럼 알려져 있으나 사실상 청해진을 거점으로 하는 장보고의 해상세력이 기반으로 삼은 것은 중국~신라~왜를 연결하였던 고대 무역로였으며, 바로 이곳 명량해협은 그 무역로가 통과하는 큰 길목이었다. 뒤이어 선종의 발달과 고려의 청자문화가 중국의 강남지방 도자문화와 연계되면서 발달되었던 것도 모두 이 해로를 이용하여 이루어진 문화상들이었다.

[고려시대]

후삼국의 쟁패과정에서 진도는 중요한 전략적인 의미를 가지며, 그 때문에 견훤과 왕건 간에 큰 싸움이 있었던 곳이었다. 왕건은 서남해 도서지역을 중심으로 했던 후백제 편향의 강한 반발세력의 무마에 신경을 곤두세우고 있었고, 도서를 영속시키지 않고는 후백제의 견훤 세력을 장악하기 어려웠음을 스스로도 실토하고 있었다. 견훤의 해상 지원세력들은 바로 압해도와 진도 일대의 섬 지역에 기반을 두고 있었다. 별명이 수달로 널리 알려졌다는 압해도의 능창(能昌)은 왕건이 가장 두려워했던 견훤 편의 장수였고, 당시의 역사기록들은 다른 여러 섬의 세력들이 후백제를 도와 고려에 대항하고 있었음을 말해 주고 있다. 따라서 왕건은 나주 공략에 앞서 호남 장악의 제1보로 진도와 고이도[현재의 신안군 압해면]를 연결하는 해로를 차단하면서 영산강 입구인 목포와 영암 덕진포를 거슬러 나주로 진입할 수 있었던 것이다. 이 때문인지

고군 지역의 진도현은 고려 성립 이후 왕건 세력의 호남 기지인 나주목의 관할 하에 귀속되면서 진도군으로 다시 승격되었고, 군내·임회지역의 가흥·임회현을 영속현으로 거느리게 된다. 이러한 역사가 바구리 섬 전설에 나주가 등장하는 이유와 사연이라고 추측한다. 바구리 섬을 나주와 무안이 자기 것이라고 다투는 이야기의 핵심을 통일신라시대와 고려 초의 진도 역사를 통하여 구체적으로 확인하게 되는 것이다.

또 다른 하나의 근거는 고려 초기에 건립된 것으로 추정되는 군내면 금골산 5층석탑[지방문화재 78호]이다. 비록 건립 시기는 고려시대이지만 금골산 5층석탑의 기본 양식이 백제 석탑의 전통을 보여주고 있다는 점은 바로 군내지역의 이 같은 백제 혹은 후백제 편향의 의식적인 지역 분위기와 전통을 뒷받침하는 것으로 볼 수 있기 때문이다. 그리고 비록 백제 혹은 후백제의 견훤 편에 섰다가 패자가 되고 결국 그로 인해 왕건을 도왔던[사실은 고군 지역이 왕건을 도왔다는 근거는 불분명하고 왕건 세력의 부식 결과로 볼 수도 있음] 고군 지역이 영속현으로 존속하기는 하지만, 아직도 군내 지역의 토착세력들이 고려 시기까지도 전 시기의 정치적 성향을 존속시키고 있음을 보게 되는 것이다.

진도 역사에서 몽고 침입과 삼별초는 빼놓을 수 없는 큰 사건이다. 삼별초(三別抄)는 1,000여 척의 선단에 가족과 공·사노비 재물을 싣고 강화를 출발, 1270년 8월에 진도의 용장성(龍藏城)에 웅거, 이듬해 5월 제주로 피해가기까지 전후 9개월 간 진도에 머물렀다. 당시 삼별초가 진도를 항전의 기지로 선택한 것은 대체로 몽고병이 꺼리는 해전을 할 수 있는 섬이면서도 진도가 남쪽 해안의 여러 섬들 중에서 크고 물산이 풍부하여 군량의 자급자족이 가능했다는 점, 명량해협을 끼고 있어 전략상 요충이자 여러 조건이 웅전에 유리하였다는 점, 삼별초나 무신정권의 기반이 있었던 곳이라는 점 등이 손꼽혀지는데, 이는 진도 역사의 지리적 특성과 성격을 그대로 보여주고 있다.

최씨 정권의 경제적 기반이 진도에 있었음을 일러주는 기록이 있다. 조선시대 영조 때의 진도 사람 김몽규(金夢奎)가 지은 『옥주지(沃州誌)』[1761]에 보이는 최충헌의 손자이자 최우의 아들이었던 최항이 진도 용장사에 머물면서 전횡을 하였다는 기록이 바로 그것이다. 특히 용장사는 고려실록의 사고가 옮겨질 계획도 세워졌던 곳이며, 대규모 불경 간행도 있었던 곳으로 추정된다. 이는 무신정권과 진도와의 인연이 이미 오래된 것이었음을 말해 주고 있는 것이다. 이와 관련하여 특히 배중손이 진도의 임회[현재의 남도포가 있는 면] 출신이라는 구전이 있는 점도 주목된다. 어쨌든 진도에 웅거했던 삼별초는 현재의 진도군 고군면 용장리 일대에 궁성

[용장성]을 건설하고 주위에 대규모의 산성[용장산성]을 건설하여 응전 태세를 갖추는 한편 그 세력을 확장하여 전라·경상의 해안과 남해·창선·거제 등의 30여 개 섬을 장악하고, 독자적으로 일본에 사절단을 파견하기도 하는 등 명실상부한 해상왕국을 건설하여 몽고에 대항하였다.

삼별초의 진도 점거와 진도 지역에서의 강력한 저항이 끝나자 곧이어 고려 말 왜구가 창궐하였고 진도 지역은 다시 그들의 침입로가 되었다. 왜구의 침입으로 서남해안 지역이 폐허가 되자 고려 정부는 이에 보다 적극적으로 대처하기보다는 조창의 이설, 군현 치소의 이폐, 주민들의 이주 등 매우 소극적인 대책을 강구하고 있었다. '공도정책(空島政策)'은 바로 그러한 소극책의 대표적인 예였다. 이로써 바닷가의 섬과 해안지역 주민들은 내륙으로 그 터전을 옮겼는데, 진도 사람들이 고향을 버리고 80여 년간이나 영암[시종면]과 해남[삼산면] 땅에서 타향살이를 해야만 했던 것은 이 같은 과정의 산물이었다. 이후 진도는 오랫동안 공도화(空島化)한 것 같다. 결국 왜구로 인한 혼란과 중앙정부의 행정적 공백이 도서를 황폐화시켜 버린 셈이었다.

[조선시대]

조선이 건국되고 조선의 국가기반이 공고해지면서 도서지역에 대한 연해 주민의 이주도 급속히 전개되었다. 1409년(태종 9)에 해남현과 합해 해진군(海珍郡)으로 했으며, 읍터는 녹산역(鹿山驛)의 옛터에 두었다가 1412년에 영암의 옥산(玉山)[해남군 옥천] 땅으로 옮기었다. 1414년에 주민의 진도 거주를 허락하고 10년간 면세조치를 취했다가 9개월 만에 다시 육지로 옮기는 등의 곡절 끝에 1437년(세종 19)에 해남과 분리해 진도군은 복구되었다. 물론 이 시기의 도서 이주는 정부로부터 여러 종류의 규제를 받고 있었으며 때에 따라서는 쇄환·추포의 명령이 내려질 정도로 금지되어 있었다. 따라서 엄밀한 의미에서 당시의 도서 이주민은 이러한 제약과 한계를 뛰어넘는 경우의 불법적 이주였던 셈이며, 그 수나 처지도 그렇게 양호한 것은 아니었다.

그러나 15세기 중후반 계속되는 금지 조항의 내용과 성격을 미루어 볼 때, 주민들의 이주가 계속 진행되었다. 『세종실록지리지(世宗實錄地理志)』나 『고려사(高麗史)』의 지리지와 비교하여 몇 배에 달하는 섬들이 『동국여지승람(東國輿地勝覽)』에 기록되고 있는 것이 바로 그러한 이주의 결과를 말해 주는 것이라 볼 수 있다. 그러나 이러한 주민의 이주와 정착도 왜란의 와중에서 다시 한 번 굴절되고 만다.

1592년(선조 25) 임진왜란 때에는 이순신의 활동무대가 되었으며, 정세신(鄭世臣)·이대익(李大益)·신여정(申汝禎) 등의 의병이 적을 물리쳤다. 1597년 정유재란 때의 명량대첩과 고금

도해전은 유명하다. 1662년(현종 3)에 향교의 전패(殿牌) 분실사건으로 현으로 강등되었다가 1671년에 군으로 복구되었다. 1671년에 군으로 복구되었다.

진도의 경우 '입도조(入島祖)'들은 많은 경우가 임진왜란 이후[17세기 전후]로 현주민으로부터 10~15대조 정도가 일반적이다. 현재의 섬 주민들이 최초 이주민으로 믿는 입도조는 바로 임진왜란 이후 새롭게 교체된 이주집단의 선착민이었던 셈이다. 17세기를 전후한 시기의 섬 지방 이주민들은 대개 해운로를 사이에 둔 내륙 연안의 주민들이거나 해로[당시는 조운로]를 따라 유리되어 온 사람들이었다. 따라서 진도의 조선시대 문화 저변에는 인접한 서남해 연안의 '조선 전기 내륙 문화' 계열이 섬이라고 하는 특수한 자연환경 때문에 내륙과는 구조적으로 차이를 보이면서 또 내륙보다는 비교적 그 전통을 온존시키면서 살아남았을 가능성이 큰 것이다.

또한 진도는 조선시대의 대표적 유배지로서 노수신(盧守愼)·김수항(金壽恒)·이경여(李敬興)·정만조(鄭萬朝) 등 많은 인물이 유배되어 왔다. 허유(許維)·허형(許瀅) 등 남종화풍의 대가들이 다수 배출되어 현재도 그 제자들이 화단의 중요한 위치를 차지하고 있다.

[근현대]

1895년(고종 32)에 진도군이 되었으며, 1906년에 명산면이 영암군으로, 삼촌면(三寸面)이 해남군으로 이속되었으며, 1914년 행정구역 개편에 따라 안창(安昌)·가좌(加佐)·도초(都草)면이 무안군에 이속되었다. 1919년 3·1운동 때에는 서당학생인 정경옥(鄭京玉)·박석현(朴錫炫) 등이 거사하려다가 발각되어 미수에 그쳤다.

1945년의 8·15해방은 우리 민족에게 커다란 환희와 함께 혼란과 고통도 아울러 가져다 주었다. 진도지역은 해방의 소식이 전해지면서 온 도민이 환호작약하는 가운데, 일제에 충성을 다해 공출, 징발 등에 앞장서 온 면장이나 밀정 행위를 한 자 등을 징치(懲治)하는 등의 행위가 일어나기도 하였다. 같은 해 10월경이 되면서 조선건국준비위원회 진도군 지부가 결성되자 곧바로 인민공화국수립이 선포되었고 조선건국준비위원회는 바로 인민위원회로 개칭하였다. 그러나 한국에 진주한 미군사령부가 군정을 포고하면서 이를 불법단체로 간주하여 해산 명령을 내렸고, 주된 활동 인사들은 지하로 잠적하였다. 이후 대한독립촉성국민회의, 한국민주당 등의 진도군 지부 등이 속속 결성되면서 진도도 해방 후의 어느 공간이나 마찬가지로 좌·우익 간의 대립이 노정되면서 많은 대립과 갈등이 야기되었다.

해방 이후 정국의 숨 가쁜 격랑을 넘어 제헌국회의원 선거를 거쳐 1948년 8월 15일을 기해 대한민국 정부가 수립되고 새로운 제도와 질서가 수립되어 가던 중 1950년 6월 25일에 발발한 한국전쟁으로 인해 처참한 전쟁의 참화를 피해갈 수 없었다. 1950년 8월 31일에 전라남도 해남군의 우수영으로부터 약 1개 소대 병력의 북한군이 상륙하여 진도를 접수하였다. 이후 10월 5일 철수했던 경찰 병력이 다시 진군해 와 진도를 수복하였고 북한군 및 그의 협조 세력들은 많은 수가 섬을 빠져나갔다. 그러나 50여 일간 진도군 내에서는 좌·우익 양 세력이 서로를 해치는 동족상잔의 참혹한 유혈극이 일어났다. 전쟁이 끝난 후 진도도 다른 지역과 마찬가지로 독재정권에 대한 투쟁, 경제개발에의 참여, 교육 및 사회시설 등의 확충, 문화의 전승 및 육성 등 이런저런 일들을 겪으면서 발전을 거듭해 왔다.

1979년에 진도면이 읍으로 승격되었고, 1982년 1월 1일에 신의면 구자리(狗子里)가 구자리(九子里)로, 신의면 침계리 수용소가 진설리로 개칭되고, 1983년 2월 15일 조도면 만재도리와 가사도리의 일부가 신안군에 편입되었다.

1985년에 진도대교가 가설되어 육지와 연결되었으며, 1987년 1월 1일에 임회면 염장리가 진도읍에 편입되었다. 1990년 8월 1일에 신안군 장산면 저도 등 도서 일부가 진도군에 편입되었다.

[참고문헌]

『한국민족문화대백과사전』(한국정신문화연구원, 1991)
『진도군지』(진도군·전남대학교 호남문화연구소, 2007)

〈원고 16〉 개관항목 예 – 의생활

[기본 정보]	
항목 ID	80002135
항목명(한글)	의생활
항목명(한자)	衣生活
항목명(영어)	Costum Life

이칭 · 별칭	
키워드	일상복 ｜ 서양복 ｜ 폐백 ｜ 상복 ｜ 의례복 ｜ 민속조사 ｜ 배냇저고리 ｜ 속싸개 ｜ 바지 ｜ 저고리 ｜ 조끼 ｜ 마고자 ｜ 두루마기 ｜ 유건 ｜ 복건 ｜ 정자관 ｜ 갓 ｜ 한복 ｜ 후루매기 ｜ 치마 ｜ 저고리 ｜ 속옷 ｜ 다리속곳 ｜ 고쟁이 ｜ 단속곳 ｜ 끝에치마 ｜ 겉치마 ｜ 속치마 ｜ 양복 ｜ 원피스 ｜ 투피스 ｜ 전통복 ｜ 뉴룩 ｜ 혼례복 ｜ 회갑연복 ｜ 수의 ｜ 상복 ｜ 제사복 ｜ 조끼 ｜ 전복 ｜ 복건 ｜ 다리동 ｜ 색동 ｜ 조바위 ｜ 타래버선 ｜ 사모관대 ｜ 원삼 ｜ 남색 관복 ｜ 흉배 ｜ 각대 ｜ 목화 ｜ 방한모 ｜ 남바위 ｜ 족두리 ｜ 원삼 ｜ 양복 ｜ 웨딩드레스 ｜ 폐백 ｜ 혼례식 ｜ 피로연 ｜ 원삼 ｜ 궁중 원삼 ｜ 청색 원삼 ｜ 녹색 원삼 ｜ 구고례 ｜ 연미복 ｜ 면사포 ｜ 비즈니스 수트 ｜ 턱시도 ｜ 피로연장 ｜ 파티 드레스 ｜ 굴건제복 ｜ 도포 ｜ 최의 ｜ 최상 ｜ 요질 ｜ 모시 ｜ 무명 ｜ 삼베 ｜ 수질 ｜ 짚신 ｜ 허리띠 ｜ 떠개미 ｜ 짚당목 ｜ 광목 ｜ 미영베 ｜ 춘향제 ｜ 전통 복식
관련 항목	관례 ｜ 혼례 ｜ 상례
항목 체계	삶의 방식/생활/의생활

분야 1	생활 · 민속/생활	분야 2		분야 3	
유형 1	개념용어/개념용어(개관)	유형 2		유형 3	

지역	전라북도 남원시
시대	현대/현대

멀티미디어 지정	사진	
	지도	
	도면	
	동영상	
	음향	
	기타 자료	

집필자	홍길동
집필자 의견	

※ 반드시 소표제를 달아 주세요. [정의], [개설] 다음에는 소표제를 합리적으로 설정하여 집필하시면 됩니다. 끝에 [참고문헌]은 반드시 적어 주십시오.

[정의]

전라북도 남원시에서 몸에 걸치거나 입었던 의복 및 이와 관련한 생활 풍속.

[개설]

남원 지역은 우리나라의 다른 지역과 마찬가지로 전반적인 의생활 양식이 현대화되어 있다. 특히 2007년 현재 대부분 일상복으로 서양복을 착용하고 있으며, 결혼식 폐백이나 상복 등 특별한 의례복으로만 전통 복식이 착용되고 있다.

여기에서는 과거 남원 지역에 살면서 혼례 의식을 치렀거나 현재까지 남원 지역에 거주하고 있는 대상자들에 대한 민속조사를 통해 20세기 중반까지 지속되어 오던 남원 지역의 전통적 의생활 및 현재까지의 변화 과정을 살펴보았다.

조사대상자는 총 4명으로, ○○○[76세]와 ○○○[47세]는 남원에서 출생한 후 현재까지 남원에서 거주하고 있다. ○○○[86세]와 ○○○[81세]는 남원에서 출생 후 성장하여 혼인과 함께 다른 도시로 이주하였으나, 남원에서 살 때의 의생활을 기억하고 있어서 조사대상에 포함하였다.

조사 대상자는 일상복으로 전통 복식을 착용하던 시대와 서양 복식을 착용하던 시대를 두루 경험한 세대여서, 이들을 통해 남원 의생활의 변천과 현황을 살펴볼 수 있었다. 복식 용어는 남원 지역의 토속어를 먼저 쓰고 괄호 안에 표준어를 넣었다.

[일상복]

아기가 태어나면 보통 배냇저고리를 입힌다. ○○○와 ○○○는 모두 흰색 융으로 만든 배냇저고리를 입혔는데, 무명실을 길게 달아 몸에 한 번 두른 후 앞에서 매었다. ○○○는 융으로 만든 속싸개로 아기를 싼 후 여자아이는 꽃분홍 이불, 남자아이는 옥색 이불을 덮어 주었다.

일상복으로서 한복의 소재는 여름에는 모시와 삼베, 봄과 가을에는 무명·명주, 겨울에는 무명과 명주에 솜을 넣어 입었다. ○○○의 경우 여름에는 모시와 삼베를, 봄과 가을에는 미영베[무명]와 밍기베[명주]를, 겨울에는 미영베[무명], 또는 밍기베[명주]에 소케[솜]를 넣어 입었다.

남자의 일상복은 바지·저고리·조끼·마고자·두루마기로 구성되며, 관으로는 유건·복건·정자관·갓 등이 있다. 지금도 한복을 일상복으로 착용하는 ○○○의 남편 ○○○는 집에서 바지·저고리에 유건을 착용하고 있었다.

관으로 유건 외에도 복건 또는 정자관을 쓰기도 하지만, 일을 할 때는 검은색 두건을 쓰고 외출할 때는 조끼와 후루매기[두루마기]를 덧입고 갓을 쓴다. 마고자는 겨울에만 착용한다.

여자의 일상복은 치마·저고리로 구성되며, 속옷으로 다리속곳·고쟁이·단속곳·속치마 등을 입는다. ○○○는 속옷으로 다리속곳, 뒤로만 밑이 트인 고쟁이, 밑이 막힌 단속곳, 속치마를 입은 후 비로소 끝에치마[겉치마]와 저고리를 입었다.

서양복이 들어오면서 일상복으로 전통복과 서양복을 병용하게 되었다. 남자는 바지·저고리 대신 양복을 입었고, 여자는 치마·저고리 대신 원피스나 투피스를 입었다.

○○○는 처녀 때 일상복으로 한복과 양복을 모두 입었는데, 한복은 검은색 치마에 연두색 저고리를 입었고, 양복은 블라우스와 스커트, 또는 원피스를 입었다. 원피스는 허리선에서 후레아진[플레어] 치마에 허리띠를 매었다. 이는 당시 유럽에서 유행이었던 크리스천 디오르의 뉴 룩(New Look) 스타일이 우리나라 여성복에도 나타난 것임을 알 수 있다.

[의례복]

1. 돌복

남자아이의 돌복은 바지·저고리·조끼·두루마기·전복으로 구성되며, 머리에 복건을 씌운다. ○○○는 아들의 돌복으로 보라색 바지·옥색 저고리·남색 조끼·남색 전복을 입히고 검은색 복건을 씌웠으며, ○○○는 아들 돌복으로 다리동[색동] 저고리와 후루매기[두루마기]를 입혔다.

여아 돌복은 치마·저고리로 구성되며, 머리에 조바위를 씌운다. ○○○는 딸 돌복으로 빨강 치마에 노랑 저고리, 또는 꽃분홍색 치마에 배추색 저고리를 입히고 조바위를 씌웠다. 남자아이와 여자아이 모두 타래버선을 신기고 복주머니를 달아준다.

2. 혼례복

혼례복은 한 동네에 한 집 정도 부잣집에서 준비해 놓고 동네 사람들에게 빌려 주거나 마을에서 공동으로 마련해 두었다가 빌려 입었다. 배덕리 배촌마을의 경우 혼례복인 사모관대와 원삼은 부락에서 한 벌을 준비해 이장이 보관하면서 마을 사람들에게 빌려 주었다.

신랑의 혼례복은 사모, 관복, 각대, 목화로 구성된다. 1948년에 결혼한 ○○○의 경우, 신랑은 혼례를 치르기 위해 신부집에 갈 때 바지와 저고리에 두루마기와 갓을 쓰고 갔으며, 신부집에 도착한 후에는 두루마기 위에 사모관대를 착용하였다.

1946년에 결혼한 ○○○의 경우, 신랑은 사모를 쓰고 남색 관복에 흉배를 달아 입고 각대를 찬 후 목화를 신었다. 추울 때는 사모 안에 방한모로 남바위를 쓰기도 하였다.

신부의 혼례복은 족두리와 원삼으로 구성된다. ○○○는 혼례복으로 꽃분홍색 하브단 치마에 배추색 자미사 저고리를 입은 후 원삼을 입고 족두리를 하였다. ○○○ 역시 치마와 저고리 위에 나삼[원삼]을 입고 족두리를 하였다.

서양복이 들어오면서 신랑은 양복, 신부는 웨딩드레스를 입게 되었지만 서양식 예식 후에 다시 집에 와서 전통 혼례복을 입고 전통 혼례 의식을 치르거나 혹은 폐백 의식만을 하기도 하였다. 지금은 모든 예식이 집이 아닌 예식장에서 이루어지지만 서양복으로 예식을 하고 전통 혼례복으로 폐백을 올리는 예복 체계는 현대까지 계속되고 있다.

1942년에 결혼한 ○○○의 경우 남원 용성초등학교 강당에서 신식 혼례식을 올리고 국수여관에서 피로연을 마친 후, 신부집으로 가서 청색 원삼을 착용하고 전통 혼례식을 올렸다.

우리나라 전역에서 혼례복으로 착용하는 원삼은 대부분 녹색이지만 전라북도의 경우 녹색과 함께 청색 원삼도 착용되었다. 전라북도 여러 지역에서 착용되었던 것으로 확인된 청색 원삼은 녹색 원삼과 길의 색만 다를 뿐 일반 서민용 혼례 원삼의 공통된 특징을 지니고 있다.

조선 시대 궁중 원삼은 뒷길이가 앞길이보다 길고 소매에는 길과 다른 두 가지 색의 색동과 흰색 한삼이 달려 있고, 길과 소매에 금직이나 금박이 되어 있다. 반면 일반인들이 혼례복으로 착용하던 원삼은 궁중 원삼보다 길이가 짧다. 대신 소매에 여러 색의 색동을 대었다.

또한 궁중 원삼의 경우는 길과 동일한 색의 깃이 달려 있는 반면 서민용 혼례 원삼의 깃은 홍색 또는 자주색으로 붉은 계열의 색이다. 금직이나 금박을 할 수 없고, 치수도 작은 서민층 원삼에서는 깃의 색과 소매의 색동으로 변화와 화려함을 추구했던 것으로 보인다.

○○○는 혼례를 올린 후 친정에서 하룻밤을 자고, 다음날 신랑과 신부 각각 가마를 타고 함께 시댁으로 가서 시부모님께 구고례를 드렸다. 이때 신랑은 바지 · 저고리 · 두루마기 · 갓을 착용하였고, 신부는 치마 · 저고리를 입고 구고례를 드렸다.

최근에는 결혼식에 신랑 신부 모두 서양식 예복을 착용하고 있다. 초기 서양 문화의 영향을 받은 신식 결혼에서는 신랑은 연미복, 신부는 흰색 치마 · 저고리에 면사포를 쓰다가 20세기 중반부터 1980년대까지는 신랑 예복으로 대부분 비즈니스 수트를 착용하였다.

1984년에 결혼한 ○○○의 경우 신랑은 예복으로 검은색 수트를 입었다. 그러나 최근에는 신랑 예복으로 연미복와 턱시도 등 서양 남자의 정식 예복이 다양하게 착용되고 있다. 또한 예식 후 피로연장에 나타날 때 신부는 또다른 파티 드레스를 입기도 한다. 하지만 폐백을 할 때는 여전히 전통 혼례복인 사모관대와 원삼, 족두리를 착용하고 있다.

결혼식 때 신랑과 신부 부모의 예복으로는 양측 모두 아버지는 수트를 입고 어머니는 한복을 입는다. 그러나 지금도 여전히 일상복으로 한복을 입는 ○○○의 남편 ○○○는 7남매의 결혼식에 바지와 저고리, 검정 두루마기에 갓을 착용하였다.

3. 회갑연복

회갑연 때 주인공은 혼례 때와 같이 남자는 사모관대, 여자는 원삼·족두리를 쓰지만 이러한 예복이 아닌 외출복 정도를 입기도 한다. ○○○의 남편 회갑연 때 회갑을 맞은 ○○○는 바지와 저고리에 검정 두루마기와 갓을 착용하고, 배우자인 ○○○는 흰색 양단 저고리에 짙은 자주색 양단 치마를 입었다. ○○○의 시어머니도 칠순잔치 때 상아색 치마저고리를 입었다.

회갑연에서 자녀들은 한복이나 양복을 서로 통일해서 입는다. ○○○ 남편 ○○○의 회갑연에 아들들과 사위들은 연분홍 양단 바지·저고리에 꽃분홍 양단 조끼·마고자·목수건을 착용하였고, 딸들과 며느리들은 짙은 수박색 명주 치마에 주황색 명주 저고리를 입었다.

딸과 며느리는 색을 구분하기도 하여 ○○○ 시어머니의 칠순잔치 때 아들과 사위는 검은색 수트를 입고, 딸은 진분홍색 치마저고리를 입었으며, 며느리들은 진분홍색 치마에 노랑 저고리를 입었다. 손자와 손녀 역시 한복을 입었다.

4. 상복

남자의 상복은 굴건제복으로 시접이 겉으로 나오게 하여 입었다. 굴건제복은 바지·저고리·두루마기, 또는 도포·최의·최상·요질로 구성되며, 머리에 굴건과 수질을 쓰고, 짚신을 신고, 지팡이를 짚었다. ○○○ 남편 ○○○는 부모님상에 바지·저고리·두루마기의 소재는 일상복과 같이 여름에는 모시, 겨울에는 무명으로 입었으나 최의와 최상만은 사계절 모두 삼베로 입었다.

여자의 상복은 치마·저고리·요질로 구성되며 머리에 수질을 쓰고, 짚신을 신고, 지팡이를 짚었다. ○○○는 삼베 치마·저고리를 입고 허리에 지푸라기 허리띠[요질]를 매고, 머리에는 떠개미[수질]을 하고, 짚신을 신고, 지팡이를 짚었다. 짚신은 평상시에는 신지 않았지만 상복으로 신는 것이었다.

○○○는 삼베 치마에 짚당목[광목] 저고리를 입었다. 짚당목이란 광목인데 제직 후 세탁하지 않은 누르스름한 것을 말한다. 상례를 치른 후에도 한동안은 일상복으로 남자는 흰 두루마기, 여자는 흰색 치마·저고리를 착용하였다.

상복도 서양화되어 남자의 경우 검은색 수트에 검은 넥타이를 매고 굴건과 상장을 착용하며, 여자의 경우는 검은색 또는 흰색 치마·저고리를 상복으로 착용하는 것이 일반적이다.

그러나 ○○○의 경우 1988년 시아버님이 돌아가셨을 때 남편 ○○○는 바지·저고리·두루마기·최의·최상을 모두 삼베로 입고, ○○○ 역시 삼베 치마·저고리를 입었다. 남원 지역의 경우 젊은 세대이지만 여전히 상례에는 전통 상복을 착용하는 것을 볼 수 있다.

5. 수의

수의는 돌아가시기 전에 미리 준비해 두었는데, ○○○는 집안어른들이 베어 주면[마름질] 친척들과 함께 만들거나 또는 혼자서 만들기도 했다. 명주를 거죽[겉감]으로 하고 삼베를 안[안감]으로 했다.

○○○는 남편 ○○○의 수의로 삼베 7필을 풀을 빼고 다듬이질을 해서 명주를 안감으로 넣어 만들었다. 수의의 품목은 홑으로 된 속저고리와 속바지, 겉저고리와 겉바지, 버선·얼굴싸개·손싸개·오낭이며, 입히기 편하도록 상의는 상의대로, 하의는 하의대로 겹쳐 준비해 놓았다.

6. 제사복

○○○의 남편 ○○○는 제사를 드릴 때 바지·저고리에 두루마기를 입고 유건을 쓴다. 옛날에는 모시나 삼베로 도포를 입었는데 도포는 소매가 넓어 불편하므로 지금은 흰색 두루마기를 접[겹]으로 만들어 입는다. 이때 겉감·안감 모두 미영베[무명]로 한다. 옛날에 해놓은 것을 매번 제사 때마다 빨아서 입는다.

[의의와 평가]

남원시 지역의 의생활에 대해 살펴본 결과 일상복은 대부분 서양복이 주를 이루고 있으나, 노년층의 경우 과거 일상복으로서 입던 한복을 여전히 착용하는 예를 볼 수 있다.

일상복으로는 서양복을 입는 젊은 세대라 하더라도 상례나 회갑연 등의 경우에는 전통 예복을 고수하는 것을 볼 수 있어 전통 복식에 대한 지역민의 높은 의식 수준을 느낄 수 있었다.

전통 복식 중, 남원의 특징적인 의복이라고 한다면 20세기 중반 혼례식에 신부가 예복으로 입은 청색 원삼을 들 수 있다. 일반인의 혼례복 원삼의 색은 대부분 녹색이었지만 남원에서는 녹색과 함께 청색 원삼도 착용되어 전라북도 지역의 특성을 함께 가지고 있다.

남원에서는 춘향제를 비롯한 다채로운 전통행사가 시행되고 있어 다른 지역에 비해 간접적으로나마 전통 복식을 경험할 수 있는 기회가 많다. 다만 춘향제에 사용되는 한복이 실제 춘향의 생존 연대와 맞지 않는 현대 한복 형태를 보이고 있어 춘향제를 비롯한 다양한 재현 행사에 정확한 고증을 통해 연대와 계층과 지역에 맞는 복식을 재현한다면 전통 복식에 대한 교육적 가치를 높이게 될 것이다.

〈표〉 조사 대상자

성명	생년월일	결혼년월일	친정주소	현주소	면담년월일
○○○	1922. 3. 17[현 86세]	1943.	남원시 동춘동	전주시	2007. 5. 20
○○○	1927. 6. 20[현 81세]	1946. 5. 15	남원시 동춘동	전주시	2007. 5. 20
○○○	1932. 7. 21[현 76세]	1948. 1. 14	남원군 주천면	남원시 주천면 배덕리 배촌마을	2007. 6. 3
○○○	1961. 5. 7[현 47세]	1984. 4. 29	남원시 주생면	남원시 월락동	2007. 6. 2

[참고문헌]

『한국민속종합보고서』-의생활편-(문화공보부 문화재관리국, 1986)

『남원문화원35년사 향토문화전승과 보존의 발자취』(남원문화원, 1999)

전정희·박현정, 「청색 원삼에 관한 연구」(『한복문화』 2-1, 한복문화학회, 1999)

고부자, 「민속조사에 나타난 일생의례복과 상징성」(『비교민속학』 29, 비교민속학회, 2005)

(4) 기획항목

기획항목은 지역의 특수성, 독창성을 부각시켜 해당 지역의 대표 콘텐츠로 개발할 수 있는 항목이다. 한국향토문화전자대전은 객관적인 사실을 기반으로 한, 사전적 기술을 원칙으로 하고 있으나, 기획항목은 주관적 관점에서의 르포식 구성이 가능하다. 이것은 일반항목과는 다르게 해당 지역의 향토문화의 특징을 강조하고 부각시키기 위한 것이다. 따라서 사전식 정의와 서술 형식보다는 자유로운 구상과 개성 있는 문체의 구사를 허용하고 있다.

현재 기획항목은 항목명부터 일반항목과 차별성이 부각되도록 하여 기획항목이 의도하는 바에 충실한 내용을 유도하고자 시도하고 있으며 점차 원고 내용이 개선되어 가고 있다. 예를 들면, '용인에는 어떤 성씨들이 살아왔을까?', '용인의 재래시장, 도심 속에 간직된 추억들', '면면히 이어지는 전통의 모습–모현면 상하부곡 산신제를 찾아서', '한국민속촌–그리운 우리 삶의 모습' 등이 그것이다.

기획항목의 항목명이 일반항목과 차별성 있는 항목명으로 변화되자, '임진년과 병자년의 한이 서린, 임진산전투'의 경우 소표제 형식도 [탄환이 장착된 총통], [임진산에 오르다], [옛 기록에서의 임진산, 어디인가?], [왜군과의 전투! 그들은 승리했나?], [역사 현장! 지금은 어디에] 등과 같은 특색 있고 개성 있는 흥미를 이끌 수 있는 소표제를 붙이면서 일반항목과는 차별되는 이야기를 자유롭게 기술하고 있다.

이렇게 흥미를 이끌 수 있는 서술 방식뿐만 아니라 심도 있는 학문적인 내용으로 구성할 수도 있다. 즉 기획항목은 필자가 의도하는 바, 학문적이거나 흥미진진한 내용을 자유롭게 기술한다는 점에서 일반항목과 차별성이 있다.

〈원고 17〉 기획항목 예 – 임진년과 병자년의 한이 서린 임진산전투

[기본 정보]

항목 ID	GC00902981
항목명(한글)	임진년의 한이 서린 임진산 전투
항목명(한자)	壬辰年의 恨이 서린 壬辰山 戰鬪
항목명(영어)	Imjinsan Battle, Tragedy of the Imjin Year
이칭 · 별칭	

키워드	
관련 항목	역사 I 조선시대 I 임진왜란 I 임진산 I 임진산성 I 문소산
항목 체계	삶의 내력/전통시대/조선시대

분야 1	역사/전통시대	분야 2		분야 3	
유형 1	개념용어/개념용어(기획)	유형 2		유형 3	

지역	경기도 용인시 수지구 풍덕천동				
시대	조선/조선 중기				

멀티미디어지정	사진	『용인 임진산성』(경기도박물관, 2000) 사진 1 전경 I 사진 11 철제무기류 I 별도 송부 사진
	지도	
	도면	『용인 임진산성』(경기도박물관, 2000) 도면 1 임진산성 현황도
	동영상	
	음향	
	기타 자료	

집필자	홍길동
집필자 의견	

[개설]

임진왜란 당시 대규모의 전투가 벌어졌으며, 조선군과 일본군의 주둔지로 사용될 만큼 중요한 전략 거점으로 활용되었던 임진산성은 원래 임진산의 정상, 곧 수지구 풍덕천동 산 37번지와 기흥구 보정동 산 82-2번지 일대에 세워진 것으로 보인다. 임진산성지·풍덕천동성지·예진 산성지 등으로도 불리는 임진산성은 조선 중기와 후기에 편찬된 각종 지리지에는 전혀 언급되어 있지 않은 성이기도 한데, 이는 아마도 임진왜란 당시 임진산성과 광교산 전투에서 일본군에 대패했기 때문으로 보인다.

[탄환이 장착된 총통]

1997년 4월 30일 수지구 풍덕천동에 있는 임진산의 아파트 건설현장에서 2기의 총통이 발견되었다. 조사 결과 발견된 총통은 유통식(有筒式) 현자총통(玄字銃筒)으로, 전체 길이는 78.5cm, 무게는 43.7kg이나 되었다. 몸통은 7마디의 죽절(竹節)과 같이 이루어져 있었는데, 통장(筒長)은 63.8cm, 약실(藥室)은 14.7cm, 약실의 외경은 11.8×14cm, 통구(筒口)의 외경은 11.9×

12.5cm, 내경은 6.9×6.7cm였다.

거금(擧金)은 약실과 포구(砲口) 사이 셋째와 다섯째 죽절 사이에 꺾쇠형으로 조성되었으며, 크기는 길이 11.9cm, 높이 6.2cm, 두께 1.6cm였다. 약실은 몸체보다 지름이 약간 크고, 선혈(線穴)은 포미(砲尾)에서 7.5cm 되는 곳에 뚫려 있었으며, 포미는 폭 1.1cm로 한 단이 지고 원형으로 마무리되어 있었다. 몸체는 포미에서 7조(條)를 이루며 조금씩 좁아지다 포구 5.4cm 앞에서 밖으로 살짝 벌어져 있었다.

특히 몸통 내부에는 포구에서 57.4cm 되는 곳에 탄환이 장착되어 있어 긴박했던 당시의 전황을 느끼기에 충분했다. 왜 탄환이 장착된 채 그대로 버려졌을까? 적진에 발사하기 위해 탄환을 장착했으나 오히려 습격을 당해 장렬하게 전사했을지도 모를 일이다. 탄환이 제대로 발사되었더라면 당시의 전황이 역전되지는 않았을까?

[임진산에 오르다]

임진산의 아파트 건설현장에서 실시된 긴급조사는 경기도박물관에 의해 1997년 6월 4일부터 7월 10일까지 1달 조금 넘게 이루어졌다. 물론 조사 시점부터 북동쪽 일부를 제외하고 대부분의 지역에서 벌목이 이루어져, 이를 옮기는 작업이 한창 진행되고 있었다. 다른 공사들 역시 상당 부분 진행되어 지형 변경이 끝났기 때문에 원래의 상태는 알 수 없었다.

현장 조사에서는 먼저 유적 일대에 대한 지표 조사부터 시작하였다. 그 결과 동쪽과 남쪽 경사면에서 많은 양의 기와가 채집되었다. 조사의 기준점은 해발 129.2m의 구릉 정상으로 설정하고, 이를 중심으로 조사 지역 안에 동서 5m, 남북 10m 길이의 트랜치(Trench)를 설치했다. 이와 더불어 이미 노출되어 있던 남서쪽과 북동쪽 절개부의 단면을 조사하여 토층(土層)의 흐름과 문화층(文化層)이 존재할 가능성도 탐색하면서 총통이 출토된 북서쪽에 대한 조사를 병행했다.

트랜치 조사는 기준점을 중심으로 서쪽 방향으로 4개를 구획하고 폭 2m의 피트를 정해 흙을 걷어 내는 작업을 실시했다. 그 결과 대부분의 지역이 중장비에 의해 풍화암반층까지 교란되어 있는 것을 확인할 수 있었으나, 일부 지역에서 부식토층 아래에 두께 20~30cm 정도의 암적갈색 점질토층을 확인할 수 있었다. 그리고 여기에서는 각종 철제 유물을 비롯해 자기류 등이 안정적으로 출토되었다.

정상부의 트랜치를 북쪽과 동쪽·서쪽 방향으로 확장 조사하여, 지름 80cm 정도 크기로 이루어진 원형의 저장공(貯藏孔)과 총통이 출토된 부근에서 청동기시대의 민무늬토기 조각 등이 출토되었다. 또 북동쪽 절개부에서는 역시 민무늬토기 조각과 타날무늬토기 조각, 목탄층이 출토되어 이곳이 집터일 가능성도 제기되었고, 그 주변에서는 조선시대 기와가 쌓여 있는 문화층이 확인되기도 하였다.

조사 결과 이 지역에서는 백제시대 집터와 조선시대 토성 벽 일부, 저장공 1기, 소형 유구 2기 등이 확인되었다. 유물로는 백제시대의 집터에서 타날문토기류가 발견되었고, 조선시대 토성 벽에서는 자기류와 철제류가, 저장공에서는 기와류와 철환 등이 출토되었다. 이런 유물들로 미루어 임진산은 청동기시대부터 오랜 세월에 걸쳐 유적이 형성된 곳임을 알 수 있었다. 특히 철제 유물 106점 중 철제탄환 4점, 철모 6점, 철도(鐵刀) 3점, 철칼집편 6점, 철촉 43점 등의 무기류와 함께 발견된 조선시대 성벽의 존재는 총통과 함께 임진산에서의 전투와 관련한 직접적인 유물과 유적으로 판단되었다.

아울러 광주 분원에서 생산된 상품 백자인 '천(天)'자 명의 백자와 '대명선덕년제(大明宣德年製)'·'장춘가기(長春佳器)' 명의 중국 경덕진 민요에서 생산된 청화백자편의 존재 역시 주목을 받았다. 이러한 유물들은 임진산성이 일시적인 목적을 위한 보루라기보다는 이 일대의 관방체계 아래에서 일정한 역할을 했던 유적임을 방증하는 것이기도 하였다.

[옛 기록에 나오는 임진산은 어디인가]

그렇다면 임진산성과 관련하여 전해 오는 기록은 어디에서 찾을 수 있을까? 그러나 조선왕조실록(朝鮮王朝實錄)을 비롯하여 정사(正史) 어디에서도 임진산성과 관련한 기록은 찾을 수 없었다. 『동국여지승람(東國輿地勝覽)』과 『여지도서(輿地圖書)』를 비롯하여 18세기 중엽부터 몇 차례에 걸쳐 간행된 용인 관련 읍지인 『용인현읍지(龍仁縣邑誌)』나 『용인군지도읍지(龍仁郡地圖邑誌)』 등에서도 임진산성에 대한 내용은 찾을 수 없었다.

용인과 관련한 읍지류에는 대부분 성지(城池)나 전진유지(戰陣遺址)·진보(鎭堡) 등에 대한 항목이 설정되어 있는데, 이들 항목에서조차 임진산성과 관련한 부분은 언급되어 있지 않았다. 과연 당시 사람들에게조차 임진왜란 당시 치열한 전투가 벌어졌던 임진산에서의 기억이 망실되었던 것인가?

이에 비해 최근의 기록에서는, 지극히 단편적이기는 하지만 임진산성과 관련한 내용이 보이고 있다. 일제강점기인 1942년 조선총독부에서 펴낸 『조선보물고적조사자료(朝鮮寶物古蹟調

査資料)』에서는 현재 분당선 전철의 마지막 역이 있는 읍삼면 보정리와 현재의 수지구 풍덕천동인 수지면 풍덕천리에 위치해 있는 보루를 주목하여, "구릉을 고른 것으로 주위는 약 50칸이다. 풍덕천 진지(豊德川陣址)라고 칭하며, 임진왜란 때 일본군이 쌓은 것"이라고 정리되어 있다.

『조선보물고적조사자료』의 이 기록은 이후 약간의 차이는 있지만, 『전국유적목록』[1971]·『문화유적총람』[1977]·『한국의 성곽과 봉수』[1989]에서 거의 그대로 반복되고 있다. 이들 기록에서 공통적인 내용은 임진산성이 임진왜란 당시 일본군이 쌓은 진지로서, 축성의 주체가 조선군이 아닌 일본군이었다.

그런데 우리는 임진왜란이 끝난 지 백여 년이 채 지나지 않은 때에 간행된 『동국여지지(東國興地誌)』에서 왜루(倭壘)의 존재를 확인할 수 있다. 『동국여지지』 용인현의 「고적(古蹟)」에, "왜루는 용인현의 읍치에서 서쪽으로 10리 떨어져 있다. 큰길 위의 산기슭에 있는데, 만력(萬曆) 임진년에 왜구가 연이어 주둔했던 곳이다"라는 기록이 보인다.

『동국여지지』에서는 왜루를 주목하고 있지만 이곳 임진산에서의 전투 상황은 구체적으로 알 수 없었는지 아무런 언급을 하지 않고 있다. 다만 용인현의 관아가 있던 곳에서 서쪽으로 10리 떨어진 곳에 일본군들이 주둔했던 왜루가 있었음을 밝히고 있을 뿐이다. 아마도 이곳이 『조선보물고적조사자료』에서 이야기하는 풍덕천 진지일 것이다.

반면 『연려실기술(燃藜室記述)』에서는 이때 일본군과의 전투와 관련하여 임진산 일대의 성보(城堡)로 문소산진(文小山陣)과 북두문산성(北斗門山城)에 대한 기록과 그 전황을 상세하게 전하고 있다. 또한 『대동지지(大東地志)』에서도 이 전투에 대한 간략한 정보를 얻을 수 있다. 문소산진과 북두문산성 두 곳 중 한 곳이 임진산이었음은 분명하다. 그렇다면 이 둘 중에서 어느 곳이 총통이 묻혔던 임진산일까?

수지구 상현동과 기흥구 보정동 사이에는 해발 188m 정도의 산이 있다. 2기의 총통이 발견된 곳 역시 이 산자락이다. 이 산의 이름은 소실봉(紹室峯)인데, 원래의 이름은 문소산이었다고 한다. 문소산이 언제 소실봉으로 바뀌었는지는 자세히 알 수 없으나, 이 산의 북쪽으로 두 계곡이 있는데 하나는 작은 문소골이요, 다른 하나는 큰 문소골이라고 한다.

문소산의 유래는 이곳에 있었다고 하는 문수사에서 따온 듯하다. 문수사의 흔적은 문소골 왼쪽 계곡에 있는, 절에서 경작하던 전답이라는 의미의 '중느골'이라는 지명에서 추측이 가능하다. 또 현재의 모습으로 개발되기 이전 상현동에 있는 뜰을 '병량(兵糧)뜰'이라고 했다거나, 풍덕천의 유래 중 하나가 물이 깊어 명주 1필이 다 들어갔는데 임진왜란 당시 일본군이 풍덩풍덩

빠져 죽어 풍덩내(內)라고 하던 것이 현재의 이름으로 되었다고 하는 데서도 어느 정도 추측이 가능하다. 전투의 상황이 얼마나 치열하게 전개되었으면 그 지명조차 풍덩내로 바뀌었을까!

[일본군과의 전투! 누가 승리하였나?]

1592년(선조 25) 정명가도(征明假道)를 명분으로 20만 대군을 이끌고 조선을 침입한 일본군은 4월 13일 부산포에 상륙한 직후 동래성을 거쳐 파죽지세로 북상한다. 보름여 만에 충주에서 삼도순변사 신립(申砬)마저 패하자 4월 29일 조정은 몽진을 결정하고 도원수 김명원(金命元), 부원수 신각(申恪)으로 하여금 한강을 방어하게 하고, 이성중(李誠中)·정윤복(丁胤福)을 좌·우통어사로 삼아 한양을 지키게 했다. 하지만 중과부적이었다. 충주에서의 승전 후 일본군은 한성을 점령하기 위해 지체없이 북상했는데, 용인은 이때 죽산과 양지를 거쳐 한양에 당도하려는 가토 기요마사[加藤淸正]의 침입을 받게 되었다.

일본군이 한양으로 입성하자 충청도와 경상도, 전라도 등지의 삼도 근왕병(勤王兵) 5~6만 명은 용인과 수원 일대에 주둔하여 일본군과 대치를 한다. 삼도 근왕병은 전라도순찰사 이광(李洸), 방어사 곽영(郭嶸), 조방장 이지시(李之時)·백광언(白光彦), 충청도순찰사 윤선각(尹先覺), 방어사 이옥(李沃), 절도사 신익(申翌), 경사도관찰사 김수(金晬) 등이 이끄는 군사들이었다. 이밖에 충청감사 윤국형(尹國馨)과 광주목사 권율(權慄)이 이끌던 군사들도 한양이 함락되자 수원 남쪽의 독산성(禿山城)에 진을 치고 있었다.

일본군 또한 한양과 충주 지역의 교통로를 유지하기 위한 전략적인 목적에서 죽산·양지·용인 일대를 확보해야 했기 때문에 삼도 근왕병과의 결전은 불가피했다. 이에 일본군은 주장 와키자카 야스하루[脇坂安治]가 이끌던 1,600여 명의 수군 중 주력 1,000여 명을 한양에 주둔시키고, 나머지 600여 명은 와키자카와 와타나베[渡邊] 등에게 이끌게 하여 용인의 북두문산과 문소산 등에 소루(小壘)를 구축하게 했다고 한다. 이와 관련한 『연려실기술』의 기록을 옮겨 보면 다음과 같다.

- 1592년 5월 26일 : 삼도 근왕병(勤王兵)이 진위(振威) 들판에 모이니 무릇 13만 명이었다. 깃발은 해를 가리고 군량 운반은 백여 리에 뻗쳤다. 경기·충청도 피난민들은 이 군사를 잘못 믿고 돌아와서 모여든 사람도 더러 있었다.
- 1592년 6월 3일 : 수원 독성(禿城)에 옮겨 주둔하니 수원의 적은 대군이 갑자기 오는 것을 보고 달아나 용인의 적과 합쳤다. 이광이 선봉장 백광언(白光彦)을 시켜 용인에 가서 적을

정탐케 하였더니, 적이 현(縣)의 북쪽 문소산에 진을 치고 있는데 기세가 약해 보였다. 광언이 얕잡아 보고 돌아와 "엉성한 군사들이니 급히 쳐서 때를 놓치지 맙시다."라고 복명하였다.

중위장 광주 목사 권율이 극력 말하기를 "서울이 멀지 않고 대적(大賊)이 눈앞에 있습니다. 지금 공은 도내를 쓸어 모병하여 들어와 나라를 구원코자 하는데 국가의 존망이 이 한 번 거사에 있으니 지중하여 만전책(萬全策)을 도모할 것이며, 소수의 적들과 칼날을 다툴 것이 아니라 오직 바로 조강(祖江)[임진강과 한강이 합류되는 지점]을 건너 임진강을 막아야 합니다."라고 하며 극력 말렸다.

그러나 이광이 듣지 않고 조방장 이지시와 선봉 수령들을 백광언에게 소속시키고 적이 금방 가시권에 들어왔다고 하여 육박전으로 묘시[05~07시]부터 사시[09~11시]까지 도전하여도 적이 나오지 않았다. 오시[11~13시]가 되자 아군은 기운이 풀렸다. 적이 풀 속으로 기어 들어와서 군중에 들어와 좌우에 베고 찍으니, 지시·광언과 고부군수 이윤인 (李允仁)·함열 현감 정연(鄭淵) 등이 모두 피살되고 대군이 사기가 빠졌다.

- 1592년 6월 5일 : 일설에는 곽영이 먼저 광언을 보내어 도로를 보고 오게 하였더니 돌아와 말하기를 길이 좁고 나무가 빽빽해서 쉽게 진격할 수 없다고 하니, 광이 이전의 원한을 가지고 군령을 어겼다는 죄목으로 곤장을 심하게 쳐서 거의 죽게 되었다. 광언이 분하여 말하기를 "차라리 적에게 죽겠다."고 하고 상처 부위를 싸매고 일어나 지시와 더불어 나가서 적에게 직접 육박하여 싸우다가 죽었다[『재조번방지(再造藩邦志)』].

이때에 지시·광언이 각각 정병 1,000명을 거느리고 적을 아주 가볍게 여기기에 권율이 경계하기를 "경솔히 진격하지 말고 중위군 권율의 군사가 가기를 기다려 싸우라." 하였더니 권율이 도착하기 전에 광언 등이 경솔하게 나아갔다가 패해서 죽었다.

당초에 이광이 근왕하러 달려갈 뜻이 없었는데 조방장 광언이 이광을 보고 "임금께서 파천하셨으니, 신하가 되어 당연히 몸을 빼서 달려가야 할 것이거늘 공이 손에 큰 병력을 가지고 있으면서 퇴각하고 움츠려 나아가지 않는 것은 무슨 뜻입니까."라고 하고 칼을 뽑아들고 눈을 부릅떴다. 광이 당황해서 어찌할 줄을 모르고 말하기를 "내가 깊이 생각하지 못한 탓이니 이 뒤에는 공의 지시대로 하겠소."라고 하고 비로소 다시 군사를 소집했던 것인데, 이때 이광이 그 감정을 갖고 광언을 시켜 용인의 적을 치게 했던 것이다.

- 1592년 6월 6일 : 이광 등의 군사가 행진해서 광교산(光敎山)에 진을 치고 아침밥을 먹고

있는데 적의 기병이 갑자기 덤벼들었다. 먼저 온 적 다섯은 쇠로 만든 탈을 쓰고 백마를 타고 백기를 갖고 칼을 휘두르며 앞으로 돌진했다. 신익이 선봉으로 앞에 있다가 먼저 무너지니 10만 장사가 한꺼번에 흩어지는 소리가 마치 산 무너지는 것 같았다. 적의 기병 두어 명이 10리나 쫓아오다가 갔다. 이광 등이 교서(敎書)·인부(印符)·기(旗)·군기·군량 등을 버려서 길이 막혔는데 적이 모두 불태웠다.

대군이 모두 무너지자 이광은 전주로 돌아가고 윤국형은 공주로 돌아가고 김수는 경상 우도로 돌아갔다. 권율과 동복 현감 황진(黃進)은 군사를 손상없이 온전히 하여 돌아갔다. 이때 충청·경상 두 도는 모두 다 적의 분탕질을 당했으나 전라도 한 지방만은 물력(物力)이 전성(全盛)하여 군기·갑옷·치중(輜重)이 40~50리에 가득 찼으니 멀고 가까운 곳에서 듣고 기뻐 뛰지 않는 이가 없었고 조정에서도 역시 날짜를 세며 첩보를 기다렸다.

김수는 군사를 잃고 패전한 끝에 겨우 군관 100여 명을 거느리고 광에게 붙었으니 광이 거느린 정용병(精勇兵)들은 김수 일행을 모두 멸시하고 업신여기지 않은 이가 없었다. 이 광은 또 용렬하고 겁이 많아 병법을 알지 못하고 행군하기를 마치 양(羊)을 몰고 다니듯하니 규율이 문란해서 통제가 없고 앞 군사와 뒤 군사는 서로 알지도 못하였다.

처음에 광언·지시가 광에게 말하기를, "우리 군사는 비록 많다 하나 모두 여러 고을에서 모은 오합지졸이니 병력의 많음과 적음을 논하지 말고 모두 그 고을 수령을 장수로 삼아 어느 고을은 선봉을 하고 어느 고을은 중군을 시켜 한 곳에 모이지 말고 10여 둔으로 나누어 있으면 한 진이 비록 패하더라도 곁에 있는 진이 계속해 들어가서 차례차례 서로 구원하게 되니 이긴다면 반드시 완전히 이길 것이고, 패하더라도 전부가 패하지 않을 것이오" 하였다. 그러나 이광이 듣지 않고 용인현 남쪽 10리에 나아가 진을 쳤다.

광언·지시가 바로 적의 진터까지 달려들어 나무하고 물긴는 적병 10여 급을 베어 오니 모든 군사들이 적을 가볍게 여기고 교만한 기색을 보였다. 밤이 되어 광언 등을 시켜 적의 진을 기습하여 울타리를 넘어 바로 들어가 칼을 휘두르고 마구 찍어 머리 10여 개를 베었으나 마침 짙은 안개가 꽉 차서 지척을 분간하지 못하였다.

진중에 있던 적이 모두 언덕에 올라 안개를 이용해서 총을 쏘고 뒤에서 엄습하니 광언 등이 모두 죽고 날이 새고 안개가 걷히자 적의 군사 4,000~5,000명이 우리 진과 서로 2~3리 거리에서 대치하여 적의 총소리가 한 번 나자 우리 대군은 마침내 무너졌다. 이광 등은 흰 옷으로 갈아입고 계속해 달아나고 8만 군사가 잠깐 동안에 모두 흩어졌다. 패전한 소식이 행재소에 들어오니 상하가 서로 쳐다보며 한숨과 탄식만 내뿜을 뿐이었다[『기재잡기』·『연려실기술』 권15, 「삼도근왕병용인패적(三道勤王兵龍仁敗敵)」].

임진산에서의 본격적인 전투는 6월 3일부터 6일까지 4일간에 걸쳐 전개되었다. 순찰사 이광의 지휘 아래 선봉장 백광언이 북두문산 일대에서 일본군과 교전하여 승리하기도 했지만, 문소산으로 후퇴한 일본군과의 교전에서 조방장 이지시와 백광언이 전사하면서 대패를 했다. 이에 조선군은 광교산으로 후퇴하여 이광의 본진과 합쳐 진영을 정비하고자 했으나, 이튿날 와키자키가 이끄는 일본군의 기습으로 대패하여 이후 용인 일대는 일본군의 수중에 넘어가 그 피해가 극심하게 되었다. 임진산에 조선군의 한(恨)이 묻힌 것은 이런 연유에서였다.

[역사의 현장! 지금은 어디에……]

그렇다면 임진산은 임진왜란 이전에 조선군이 쌓은 보루가 아니라 임진왜란 당시 일본군이 조선군의 공격을 대비하기 위해 쌓은 보루라는 이야기인데, 과연 그럴까? 당시 일본군은 수원을 중심으로 반격 태세를 가하려는 조선군에 방어책을 마련해야 했다. 이런 점에서 높지 않은 구릉이지만, 이를 중심으로 동서로 뜰을 이루고 있는 문소산은 광교산에서 주둔하고 있던 조선군을 방비하고, 삼남으로 내려가는 길목을 훤히 꿰뚫을 수 있다는 점에서 보루를 쌓기에 최적의 장소였을 것이다.

하지만 이곳에서 출토된 유물들로 미루어, 임진산성은 한양과 충주 지역의 교통로를 확보하기 위해 조선 전기부터 축성되었던 전략적인 보루였을 가능성이 더 크다. 청동기시대 이래의 유적과, 특히 조선 전기에 생산된 백자편과 중국 경덕진 민요에서 생산된 청화백자편의 존재가 이를 의미한다. 따라서 이곳을 임진왜란 당시 일본군이 쌓은 왜루였다는 『동국여지지』의 기록은 그 성격을 충분하게 기록하고 있다고는 보이지 않는다. 아마도 임진산 일대의, 특히 광교산과 연결되는 관방 체계 아래에서 일정한 역할을 했던 보루였을 것이다.

그런 와중에 급작스레 전략적 요충지로 떠오른 이곳을 탈환하기 위한 조선군의 노력이 전개되었을 것이다. 그리고 몇 차례의 전투 끝에 문소산진과 임진산은 조선군의 수중으로 떨어졌다. 이에 따라 그동안 일본군에게 밀리던 이곳의 전황이 급작스러운 반전을 보이게 되었고, 것이다. 하지만 결국에는 일본군의 습격을 감당하지 못하고, 장전했던 탄환도 다 써보지 못한 채 패전하여 다시 광교산으로 물러났을 것이다. 임진산에서의 전투, 그리고 그 역사 현장에서 발견된 2기의 총통은 그런 사정을 전하고 있는 것이 아닐까. 말없이……

[참고문헌]

『용인 임진산성』(경기도박물관, 2000)

『용인시사』 1(용인시사편찬위원회, 2006)

『내고장 용인 지명·지지』(용인문화원 향토문화연구소, 2001)

3) 세부 집필 방법

(1) 맞춤법 일반

현행 한글 맞춤법 및 표준어 규정(문교부 고시 제88-1호, 1988. 1. 19)에 따른다. 외국어는 1986년 문교부에서 고시한 외래어 표기법(문교부 고시 제85-11호, 1986. 1. 7)에 따른다. 단, 국어의 로마자 표기는 2000년 개정법(문화관광부 고시 제2000-8호)에 따른다. 우리말 배움터(http://urimal.cs.pusan.ac.kr/urimal_new)에서 제공하는 로마자 변환기를 사용하면 편리하다. 국립국어원 자료마당 어문규정(http://www.korean.go.kr)과 한글학회 누리집(http://www.hangeul.or.kr)에서는 맞춤법에 관한 정보를 서비스하고 있다.

(2) 문장 서술

① 쉬운 문장 지향

● 어렵거나 한문 투의 용어는 문장에서 사용하지 않는 것을 원칙으로 한다.

> **예** 후구(×) → 뒷몸(○), 종 3열(×) → 세로 석줄(○), 동경(銅鏡)(×) → 구리거울(○)

● 부득이한 경우에는 [ ] 안에 풀어서 설명한다.

> **예** • 전형적인 전방후원분(前方後圓墳)[위에서 바라보았을 때 앞쪽 반은 거의 사각형을 이루고 뒤쪽 반은 둥근 모양을 이룬 무덤]의 형식을 보이고 있다.
> • 소매각시 복식은 홍치마, 노랑 반회장저고리, 다리[月子 : 다래라고도 함. 여자의 머리숱이 많아 보이게 하기 위해 덧넣는 딴은 머리], 고무신, 탈을 착용한다.

② 가치 중립 유지

- 예술 작품의 설명에 있어서는 객관적인 자료에 근거하고 인상비평적인 용어나 주관적인 서술은 지양한다.
- 종교의 경우 특정 종교나 교파의 시각에 의한 주관적인 용어를 쓰지 않는다.
  > 예   정통(×), 이단(×), 이교도(×), 사이비(×)
- 협회나 종교 단체 등을 기술할 경우 주관적인 평가나 선전 문구를 그대로 인용하지 않도록 주의한다.
  > 예   • "현재 활동하고 있는 회원들은 향토 여성 수필 문학 발전을 위해 혼신의 힘을 기울이고 있으며 또한 문학을 통해 삶의 보람을 찾아 아름답게 세상을 살아가려고 한다." (×)
  > • "서울 강남에서 20분 거리에 위치한 최고의 지리적 여건을 갖추었으면서도 자연 그대로의 울창한 나무와 홀과 홀 사이가 숲으로 가리어져 홀마다 자연과 함께 숨을 쉴 수 있는 천연의 골프장이다." (×)

③ 지시대명사 지양 및 단락 나누기

- 본문 내에 '이', '그' 등의 지시대명사는 쓰지 않고 해당 명사를 그대로 쓴다.
  > 예   • 이 지역에서 많이 생산되는 (×) → 제주 지역에서 많이 생산되는 (○)
  > • 이 단체는 정부에서 (×) → 새마을운동중앙회 진도군지회는 정부에서 (○)
  > • 그는 (×) → 송시열은 (○)
- 원고의 내용이 많을 경우에 내용에 따라 (3~4줄 정도에서) 적절한 분량으로 단락을 나눠 준다.

④ 간결 명료한 정의

- 정의 부분의 종지형은 항목의 성격을 간결 명료하게 나타내는 명사를 쓰며, 해당 지역과의 관련성을 드러내야 한다.
  > 예   • 전주 이씨 세장 묘역 : 경기도 성남시 분당구 궁내동에 있는, 여러 대에 걸친 전주 이씨의 묘소가 있는 지역
  > • 가치리 유물산포지 : 전라남도 진도군 지산면 가치리에 있는 삼국시대의 유물산포지

표 3.5 세부 유형에 따른 정의 지침

유형	세부 유형	세부 유형에 따른 정의 방식	예(항목명 : 정의 내용)
개념 용어	개념용어 (일반)	* 개념용어(일반)의 경우에는 지역적 특수성을 넣어 정의하는 것을 원칙으로 한다. * 단순 용어 풀이나 동어 반복적인 정의는 지양하고 항목의 성격을 드러낼 수 있는 내용으로 정의한다.	• 기후 : 전라남도 진도군에서 1년을 주기로 되풀이되는 기온, 비, 눈, 바람 따위의 평균 상태 • 고인돌 : 전라남도 진도군에 산재하고 있는 청동기시대의 무덤
	개념용어 (개관)	* 개념용어(개관)의 경우에는 지역과 관련하여 정의하는 것을 원칙으로 한다. 예 역사, 교육, 경제산업 등	• 역사 : 선사시대부터 현대에 이르기까지의 강원도 강릉시의 역사 • 교육 : 제주특별자치도 제주시에 있는 학교 등의 교육 기관·시설 및 관련 시책 • 경제산업 : 제주특별자치도 제주시에서 이루어지고 있는 재화나 서비스 등의 생산물의 분배, 소비 및 생산적 활동
기관 단체	기관단체 (일반)	• '주소+소속(기능)+성격' * 주소는 법정동이나 법정리까지 표시	• 진도군 수산업협동조합 : 전라남도 진도군 진도읍 쌍정리에 있는 수산업에 종사하는 어민과 수산물제조업자의 협동 조직체
	학교	• 일반 학교의 경우에는 '주소+학교 유형' • 근대 교육 기관의 경우에는 '설립 연도+지역 또는 주소+성격' * 대안학교나 특수학교의 경우에는 기능이나 성격을 포함하여 정의	• 진도고등학교 : 전라남도 진도군 진도읍 동외리에 있는 사립 고등학교 • 통명학교 : 일제강점기 충청북도 엄정면 목계리에 있던 사립 초등학교 • 이우중·고등학교 : 경기도 성남시 분당구 동원동에 있는 사립 대안학교
	사찰	• '주소+시대+소속(종단)+성격' • 유명 고찰(古刹)일 경우에는 '창건 연대+개산조+지역'	• 관음사 : 강원도 강릉시 금학동에 있는 대한불교조계종 제4교구 본사 월정사의 말사 • 청곡사 : 879년 도선국사가 경상남도 진주시 금산면 갈전리 월아산에 창건한 사찰

(계속)

유형	세부 유형	세부 유형에 따른 정의 방식	예(항목명 : 정의 내용)
놀이	놀이	• '지역+내용(관련 시기/행위)+성격'	• 상여놀이 : 전라남도 진도군에서 전승되고 있는 진도다시래기에서 빈 상여를 메고 벌이는 놀이 • 뚜럼놀이 : 제주특별자치도 제주시에서 겨울에 남자 아이들이 방 안에서 하는 놀이
동물	동물	• '지역+지역과의 관련성 및 특수성+성격'	• 전복 : 전라남도 진도군에서 다량 양식되고 있는 해산물
문헌	단행본	• '간행 연도(시대)+편저자+내용+성격' ＊간행 연도나 편저자가 있는 경우에는 정확하게 기술	• 『순칭록』: 조선 후기 김이익(金履翼)이 저술한 예의범절 지침서
	연속 간행물	• '지역+간행 주체+성격'	• 『관동문학』: 강원도 강릉의 관동문학회에서 발행하는 정기간행물 • 『제주문학』: 한국문인협회 제주도지회에서 회원의 작품을 모아 발간하는 반연간 문예지
	문서	• 공문서의 경우에는 '발급 연도+발급자+수급자+성격'으로 정의 • 사문서의 경우에는 '연도 또는 시기+주체+성격' 으로 정의 ＊문헌에서 소장처가 중요하여 선정된 경우에는 소장처를 포함해서 정의한다.	• 「박중신문과급제교지」 : 1438년 예조에서 박중신에게 발급한 과거 합격증서 • 「진주향안」: 1634년에 제작된 진주 지역의 향안(鄕案) • 「권병천등장서」 : 경상남도 진주시 단목리 담산 고택 소장 효행 관련 고문서
물품 도구	물품도구	• '지역+용도+성격'(지역적 특성이나 관련성이 있는 경우에는 포함해서 정의) • '용도+성격'(일반화되어, 부득이한 경우)	• 가래기끌 : 제주특별자치도 제주 지역에서 보리 이삭을 떨어내는 데 쓰던 농기구 • 통방애 : 제주특별자치도 제주 지역에서 곡식의 껍질을 벗기거나 분쇄할 때 쓰던 간이 도정기 • 경상 : 절에서 불경을 얹어 놓고 읽을 때 쓰는 책상
	특산물	• '지역+제조(채취)방법+내용+성격'	• 울릉약소 : 경상북도 울릉군의 자생 산채와 약초로 사육하는 울릉도산 소고기

(계속)

유형	세부 유형	세부 유형에 따른 정의 방식	예(항목명 : 정의 내용)
사건	사건사고와 사회운동	• '연도(시대)＋지역＋내용＋성격' ＊ 관련 인물이 있는 경우에는 내용에 포함해서 정의	• 명량대첩 : 1597년(선조 30) 9월 명량해협 [울돌목]에서 이순신이 이끄는 조선 수군이 일본 수군을 대파한 해전 • 5·13투옥 사건 : 1945년 전라북도 남원에서 박주영 등이 항일운동을 전개하다 일본 경찰에 체포된 사건
	조약과 회담	• '연도(시대)＋지역＋내용＋성격'	• 강화도조약 : 1876년 2월 강화부에서 조선과 일본 사이에 체결된 수호 조약
성씨	성씨	• '시조＋입향조＋지역＋성격' ＊ 입향조를 찾을 수 없는 경우에는 제외 가능	• 함양 박씨 : 박언신을 시조로 하고 박홍조를 입향조로 하는 전라남도 진도군의 세거 성씨
식물	보호수	• '지역＋수령＋수종'	• 진도 임회면의 비자나무 : 전라남도 진도군 임회면 상만리에 있는 수령 100년의 비자나무 • 계수리 은행나무 : 전라북도 남원시 사매면 계수리에 있는 수령 540년의 은행나무
	식물(일반)	• '지역＋지역과의 관련성, 특수성＋성격'	• 조도만두나무 : 전라남도 진도군 조도면 상조도에서 발견된 미기록종의 낙엽 관목 • 고로쇠나무 : 전라북도 남원시 지리산 일원에서 생육하고 있는 단풍나무과의 나무
유물	기명류	• '지역(소장처)＋시대＋성격'	• 고산리 유적 출토 융기문 토기 : 제주특별자치도 제주시 한경면 고산리 유적에서 출토된 신석기시대의 융기문이 시문된 토기 • 몽고병 : 제주특별자치도 제주시 건입동에 위치한 국립제주박물관에 있는 고려 후기 항아리
	불상	• '지역(소장처)＋시대＋성격'	• 향동리 마애여래입상 : 전라남도 진도군 고군면 향동리에 있는 고려시대 마애여래입상 • 실상사 목조아미타불상 : 전라북도 남원시 산내면 입석리 실상사에 있는 조선 전기의 건칠 불상

(계속)

유형	세부 유형	세부 유형에 따른 정의 방식	예(항목명 : 정의 내용)
유물	서화류	• '지역(소장처)＋시대＋작가＋성격'	• 신사임당 초충도병 : 강원도 강릉시 죽헌동에 위치한 율곡기념관에 있는 조선시대 신사임당(申師任堂)이 풀과 벌레를 소재로 그린 병풍 그림
	유물(일반)	• '지역(소장처)＋시대＋성격'	• 쌍계사 동종 : 전라남도 진도군 의신면 사천리 쌍계사에 있는 조선 후기 동종
유적	건물	• '지역＋시대＋내용＋성격'	• 금호 관해정 : 전라남도 진도군 고군면 금계리 금호도에 있는 조선시대 정자 • 광한루 : 전라북도 남원시 천거동에 있는 조선시대의 조경 건물 • 김석윤 가옥 : 제주특별자치도 제주시 화북동에 있는 일제강점기에 지어진 가옥
	능묘	• '지역＋시대＋인물＋내용＋성격'	• 전 왕온의 묘 : 전라남도 진도군 의신면 침계리에 있는 고려 후기 삼별초의 항쟁 때 죽은 왕온의 무덤으로 전해지는 묘
	터	• '지역＋시대＋내용＋성격'	• 연수동 성황사 터 : 충청북도 충주시 연수동에 있는 고려시대에서 조선시대 사당 터 • 명륜화락당 터 : 전라북도 남원시 수지면 초리에 있는 조선 중기 사립 초등 교육 기관의 터
	유물산포지	• '지역＋시대＋성격' ＊ 유물산포지, 주거지, 패총 등 유적의 성격에 따라 정의. 유적의 성격이 복합적일 경우에는 생활 유적지로 정의	• 송정리 유물산포지 : 전라남도 진도군 의신면 송정리 송정 마을에 있는 삼국시대의 유물 산포지 • 교항리 철기시대 주거지 유적 : 강원도 강릉시 주문진읍 교항리에서 발굴된 철기시대 주거지 유적
	비	• '지역＋시대＋내용＋성격'	• 이충무공 벽파진 전첩비 : 전라남도 진도군 고군면 벽파리에 있는 조선 중기 이순신의 명량대첩 승리를 기념하기 위해 세운 비 • 양대박의 비 : 전라북도 남원시 주생면 상동리에 있는 조선 후기 정려각(旌閭閣) 및 비

(계속)

유형	세부 유형	세부 유형에 따른 정의 방식	예(항목명 : 정의 내용)
유적	탑과 부도	• '지역＋시대＋성격'	• 진도 상만리 오층석탑 : 전라남도 진도군 임회면 상만리 구암사 대웅전 앞에 있는 고려시대 석탑
	고분	• '지역＋시대＋성격' ＊ 지석묘는 정의 내용에서 고인돌로 통일	• 쌍정리 지석묘 : 전라남도 진도군 진도읍 쌍정리에 있는 청동기시대의 고인돌
	유적 (일반)	• '지역＋시대＋성격' ＊ 입석의 경우 원고 내용에 따라 거석기념물의 경우에는 거석기념물로 정의하고 나머지는 선돌로 정의	• 조도 관방 : 전라남도 진도군 조도면 신류리에 설치된 조선 후기의 군사 시설 • 남동리 입석 : 전라남도 임회면 남동리에 있는 선사시대의 거석 기념물
	민간신앙 유적	• '지역＋시대＋성격'	• 남양리 골계 해신당 : 경상북도 울릉군 서면 남양리 골계마을에 있는 해신제를 지내는 제당 • 구갈리 갈곡 서낭당 : 경기도 용인시 기흥구 구갈동 갈곡마을에 있는 성황신을 모셔 놓은 신당
음식물	음식물	• '지역＋내용＋성격'	• 돌산갓김치 : 전라남도 여수 지역에서 돌산갓과 파에 갖은 양념을 섞어 버무린 김치 • 갈치호박국 : 제주특별자치도 제주 지역에서 갈치와 늙은 호박, 풋고추, 배추 등을 넣고 끓인 국
의례	평생 의례와 세시풍속	• '지역＋시기＋내용＋성격' ＊ 지역의 특수성을 반영할 수 없는 일반적인 항목의 경우에는 지역을 제외	• 독다물 : 전라남도 진도군에서 행해졌던 특유의 애장[兒葬] 형태 • 살대 세우기 : 강원도 강릉시 옥계면 남양리에서 음력 정월 대보름날에 행하는 액막이 행사
	제	• '지역＋시기＋내용＋성격' ＊ 지역의 특수성을 반영할 수 없는 일반적인 항목의 경우에는 지역을 제외	• 강문동 동제 : 강원도 강릉시 강문동에서 풍어와 안녕을 기원하기 위하여 행하는 마을 제사 • 곽머리 씻김굿 : 진도씻김굿의 하나로, 초상이 났을 때 관을 앞에 두고 하는 씻김굿

(계속)

유형	세부 유형	세부 유형에 따른 정의 방식	예(항목명 : 정의 내용)
의복	의복	• '지역＋내용＋성격' * 지역의 특수성을 반영할 수 없는 일반적인 항목의 경우에는 지역을 제외	• 갈옷 : 감즙으로 염색해서 만든 제주의 민속 의상
인물	전통인물	• '시대＋지역(지역과의 관련성)＋성격' * 인물의 경우 지역과의 연관성을 표현하는 것을 원칙으로 함	• 정유악 : 조선 후기 진도로 유배된 문신 • 강덕복 : 조선 중기 남원 출신의 의병
	근현대 인물	• '지역(지역과의 관련성)＋성격' 다만, 조선 말기와 일제강점기만 시대를 포함하여 정의	• 박옥진 : 전라남도 진도군 출신의 여성 국악인 • 곽기환 : 일제강점기 진도 출신의 기업가
	가공인물	• '작가＋가공인물이 등장하는 작품＋성격'	• 연화부인 : 『고려사(高麗史)』에 전하는 「명주가」 배경 설화의 주인공 • 자청비 : 제주특별자치도 제주시에 전승되는 서사 무가 「세경 본풀이」의 여자 주인공
작품	음악, 공연작품 및 영상물	• '지역＋작가(주체)＋내용＋성격'	• 「방황하는 별들」 : 강원도 강릉에서 활동한 극단 사람의 대표적인 청소년 연극 공연 작품 • 「직지오페라」 : 충청북도 청주에서 제작된 금속활자본 직지를 주제로 한 오페라 • 「진주성」 : 진주성 전투를 배경으로 최정옥이 작사·작곡한 노래
	민요와 무가	• '지역＋내용＋성격'	• 「장 타령」 : 전라남도 진도군에서 각설이패들이 부르는 타령 • 「둥덩애 타령」 : 전라남도 진도군 지역에 전해지는 여성들의 대표적인 방안 놀이이자 유희요 • 「다구질 소리」 : 전라남도 진도군에서 집을 짓거나 저수지 둑을 막을 때 다구로 터를 닦으면서 부르는 농요

유형	세부 유형	세부 유형에 따른 정의 방식	예(항목명 : 정의 내용)
작품	무용과 민속극	• 전통 시대의 경우 '지역+시대 +내용+성격' • 현대의 경우 '지역+작가(주체) +내용+성격'	•「제개는춤」:「강릉관노가면극」중 등장인 물인 시시딱딱이의 춤사위 •「물허벅춤」: 제주 여성들이 사용했던 물허 벅을 소재로 창작된 제주 민속 무용
	문학작품	• '저술 연도(시대)+저자+지역 +내용+성격' * 저술 연도나 저자가 없는 경우 에는 미상으로 대체	•「옥주이천언」: 조선 중기 노수신이 전라남 도 진도군에서의 유배 생활에 관한 심사를 읊은 글 •「한송정곡」: 작자 미상의 고려 초기 가요
	미술과 공예	• '지역(소장처)+시대+(작가)+ 성격'	•「제주민중항쟁사」: 1992년 강요배가 고려 시대부터 제주 4·3까지 제주 지역의 민중 항쟁사를 주제로 그린 연작 역사화 • 나전귀갑문좌경 : 경상남도 진주시 남성동 에 위치한 국립진주박물관에 소장되어 있는 귀갑문과 기하문으로 장식한 조선시대의 나 전칠기 경대
	설화	• '지역+내용+성격'	•「서들바굴폭포 전설」: 전라남도 진도군 조 도면 관매도리에 있는 서들바굴폭포의 지명 유래에 관련된 이야기 •「거짓말 내기」: 제주특별자치도 제주시 삼 도동에서 전해 내려오는 거짓말 내기 경쟁담
제도	법령과 제도	• '시대+지역+성격' * 어려운 역사 용어는 성격 규 정 시 알기 쉽게 풀어서 정의 예 도호부는 지방 행정 기관으 로 성격 규정. 진관은 지방 방위 체제로 성격을 규정	• 근을어현 : 고구려시대 경상북도 울진군 평 해읍 지역에 있던 지방 통치 구역 • 진도부 진도진관 : 조선 후기 진도군이 진도 부로 승격되면서 설치된 지방 방위 체제
	상훈	• '시상 기관+내용+성격' * 제정 시기는 본문에서 서술	• 강릉예술인상 : 매년 한국예술문화단체총연 합회 강릉지부에서 시상하고 있는 상 • 제주도 체육상 : 제주특별자치도 체육회가 제주 체육 유공자에게 시상하는 체육상

(계속)

유형	세부 유형	세부 유형에 따른 정의 방식	예(항목명 : 정의 내용)
제도	관직	• '시대+내용(품계, 관청, 직책)+성격'	• 강릉대도호부사 : 고려·조선시대 강릉대도호부를 다스린 정3품 관직 • 병마우후 : 충청북도 청주의 상당산성에 주재하였던 종3품의 무관
	관부 (전통시대)	• '시대+지역+성격'	• 동서아막 : 고려 후기 원나라가 제주에 만든 목장을 관리·감독하기 위해 설치한 관청 • 경상우병영 : 조선시대 경상우도의 병무를 관할하던 관서
지명	행정 지명과 마을	• '지역+시대+성격' • '지역+성격' * 법정동 안에 여러 개의 행정동이 있는 경우에는 해당 법정동에 속하는 행정동으로 정의. 단, 행정동이 여러 개의 법정동을 관할하는 경우에는 '~'을 관할하는 행정동으로 정의 * '속하는, 속한, 있는' 등 다양하게 표현되는 것은 '~속하는' 으로 통일	• 가경동 : 충청북도 청주시 흥덕구에 있는 법정동이자 행정동 • 오라동 : 제주특별자치도 제주시에 속하는 오라1동·오라2동을 관할하는 행정동 • 와가벌 : 충청북도 충주시 앙성면 본평리에 속하는 자연마을 * 자연마을명이 항목명일 경우에는 '마을'을 붙이지 않는다. 　[예] 와가벌마을(×) 다만, 통칭되는 고유명사일 때는 그대로 둔다. 　[예] 새마을 • 먹돌새기 : 제주특별자치도 제주시 용담2동에 있는 자연마을
	고지명	• '지역+시대+성격'	• 초산도비리국 : 삼한시대 마한의 54소국(小國) 중 한 나라 • 우중국 : 경상북도 울진 지역에 있었던 삼한시대 진한의 소국 중 한 나라
	시설	• 일반적인 경우 : '지역+내용+성격' • 역사성이 두드러진 경우 : '시기+지역+내용+성격'	• 구좌체육관 : 제주특별자치도 제주시 구좌읍 김녕리에 있는 실내 체육관 • 보전제방 : 전라남도 진도군 지산면 보전리와 거제리 사이에 있는 간척 제방

(계속)

유형	세부 유형	세부 유형에 따른 정의 방식	예(항목명 : 정의 내용)
지명	도로와 교량	• '지역+구간+성격' * 큰 도로나 교량의 경우에는 연결 지역을 명시. 교량, 다리 등 성격 규정이 혼재된 것은 다리로 통일 * 도로명은 '~호선'으로 통일 [예] 국도 3호선, 지방도 36호선	• 5·16도로 : 제주특별자치도 제주시 서문사거리에서 서귀포시 옛 남제주군청 사이에 있는 도로 • 접도 연도교 : 전라남도 진도군 의신면 금갑리와 접도리를 연결하는 다리
	자연지명	• '지역+주소+성격'	• 솔개재 : 전라남도 진도군 군내면 덕병리에서 분토리나 정자리로 넘어가는 고개
	군락, 서식지 및 새 도래지	• '지역+주소+내용+성격'	• 진도의 백조도래지 : 전라남도 진도군 진도읍 수유리와 군내면 덕병리 해안 일원의 백조 도래지 • 구좌읍의 비자림지대 : 제주특별자치도 제주시 구좌읍 평대리에 있는 비자나무 군락
행사	행사	• '지역+시기+내용+성격'	• 진도 논배미축제 : 전라남도 진도군 의신면 돈지리에서 개최되는 추수 후 논에서 즐기는 축제 • 4·3문화예술제 : 제주특별자치도 제주시에서 제주 4·3사건의 원혼을 위무하기 위하여 개최하는 종합 예술제

(3) 한자 및 외래어

① 한자

● 이해하기 어려운 용어, 어구, 특수 용어 등은 한자 또는 원어를 병기한다.

● 한자는 본자(本字)·정자(正字)를 쓰는 것을 원칙으로 한다.

> [예] 제영(題吥)(×) → 제영(題永)(○)

● 인명의 한자는 원전 또는 본인이 쓴 대로 표기한다.

- 한자 병기 대상 어휘는 고유명사, 성씨 및 본관, 전문 학술용어, 동음이의어, 풀어쓰기 어려운 일반 용어, 외국 사항 등에 한하는 것을 원칙으로 한다.
- 병기하려는 한자는 괄호 안에 넣어 표기한다.
- 합성어의 일부만 병기할 수도 있다. 이때 한자 괄호는 합성어를 이루는 단어와 단어 사이에 섞어 쓰지 않고 온전히 전체 단어가 끝난 뒷부분에 병기한다.

  예 성남(城南)아트센터(×) → 성남아트센터(城南아트센터)(○)
- 한자가 두 가지 이상으로 쓰일 때에는 괄호 안에 함께 쓰되 쉼표(,)로 구분한다.

② 외래어

- 외래어로 된 문물 중 우리말이 있는 것은 우리말로 씀을 원칙으로 한다.

  예 • 오일이 유출되어(×) → 기름이 유출되어(○)
  　 • 소데나시[袖無し] 옷을 입고서(×) → 민소매 옷을 입고서(○)
- 중국 인명은 신해혁명[1911]을 기준으로 역사적 인물은 한자음대로 ( ) 안에 표기하고, 현대 인물은 중국어 표기법에 따르되 필요한 경우 [ ] 안에 한자를 병기한다.

  예 장제스[蔣介石, 1887~1975], 위안스카이[袁世凱, 1859~1916], 장쩌민[江澤民, 1926~], 공자(孔子)[B.C. 551~B.C. 479], 맹자(孟子)[B.C. 372?~B.C. 289?], 사마광(司馬光)[1019~1086]
- 중국의 역사 지명으로서 현재 쓰이지 않는 것은 한자음대로 ( ) 안에 표기하고, 현재 지명과 동일한 것은 중국어 표기법에 따르되, [ ] 안에 한자를 병기한다.

  예 • 금릉(金陵), 임안(臨安)
  　 • 랴오둥반도[遼東半島]에서, 헤이룽장성[黑龍江省] 출신의
- 일본의 인명과 지명은 과거와 현대의 구분 없이 일본어 표기법에 따르며, 한자를 [ ] 안에 병기한다. 불가피한 경우에는 한글식 발음으로 표기하고 한자를 ( ) 안에 병기한다. 특히 원어 발음이 불확실하고 한글발음이 더 널리 알려진 경우에는 한글식 발음으로 표기한다.

  예 도요토미 히데요시[豊臣秀吉, 1536~1598], 아지발도(阿只拔都)
- 본문에서 쓰이는 영어 표기는 공식적으로 쓰이는 용어를 기준으로 한다. 그 용어가 어색하거나 부정확한 경우라 하더라도 공식적으로 개정되지 않은 경우에는 기존의 용어를 그대로 쓴다. 다만 공식적으로 규정되지 않았으나 많이 쓰이는 영어 명칭의

경우, 그 명칭이 명백히 오류라고 생각되면 고쳐 표기할 수 있다.

> 예 콘텐트(content)(×) → 콘텐츠(content)(○)

- 북한의 문헌, 작품 항목은 두음법칙을 적용하여 표기한다.

> 예
> - 『리조실록』(×) → 『이조실록』(○)
> - 「량반녀편네들을 골려 준 봉이 김선달」(×) → 「양반여편네들을 골려 준 봉이 김선달」(○)

- 인명과 지명을 제외한 중국, 일본 등 외국에 관련된 용어는 우리 음에 따른다.

> 예
> - 티엔안먼(天安門) 앞에서(×) → 천안문(天安門) 앞에서(○)
> - 호류지(法隆寺)(×) → 법륭사(法隆寺)(○)
> - 진쟈(神社)(×) → 신사(神社)(○)

(4) 연대 및 시대

- 서력으로 표시하고 필요한 경우 괄호 안에 왕력을 부기한다.

> 예 639년(선덕여왕 8)

- 태양력을 기준으로 하고 필요할 경우 괄호 안에 음력을 밝힌다.

> 예 설날[음력 1월 1일], 중양절[음력 9월 9일]

- 연대와 년·월·일은 생략 표시를 하지 않는다.

> 예
> - '45. 8. 15에(×) → 1945년 8월 15일에(○), '86년에는(×) → 1986년에는(○)
> - 96년 2월에 건립되어(×) → 1996년 2월에 건립되어(○)

(5) 명칭

① 항목명

- 항목명은 자연스럽게 표기한다. 맞춤법에 따라 띄어 쓰거나 가운뎃점 등의 부호를 써도 된다.
- 항목명이 현재 표준어 맞춤법이나 문법에 맞지 않은 명칭이라도 전통적으로 쓰이고 고유명사화된 명칭이면 그대로 표기한다. 이 경우 기본 정보 템플릿의 이칭란과 키워드난에 표준어 명칭을 기입한다.

- 유물, 유적 등의 경우 한글화된 명칭으로 표기함을 원칙으로 한다.

  예
  - 지석묘(×) → 고인돌(○)
  - 적석목곽분(×) → 돌무지 덧널무덤(○)
  - 도단마연토기(×) → 붉은 간 토기(○)
  - 입석(×) → 선돌(○)
  - 보국사지(×) → 보국사 터(○)

② 인명

- 항목으로 한자명까지 동일한 성명이 있을 경우에는 항목명을 다음과 같이 생몰년으로 구분한다.

  예 김태희[1832~?], 김태희[?~?], 김태희[?~1893], 김태희[1921~1987]

- 인물의 한자명은 필요시 최초 1회만 병기한다.

- 인명은 특별한 경우(왕, 왕비, 승려, 필명을 쓰는 작가, 예명을 쓰는 예술가) 이외에는 성명을 쓴다.

  예 박목월(朴木月)의 본명은 박영종(朴泳鍾)이며 경상북도 경주(慶州)에서 출생하였다.

- 인물의 서술에서 경어(敬語)는 사용하지 않는 것을 원칙으로 한다. 다만, 그 분야의 고유한 용어나 역사적 특성을 살려야 할 경우에는 예외로 한다.

  예
  - 성철 스님(×) → 승려 성철(○) 혹은 성철(○)
  - 김대건 신부님(×) → 김대건 신부(○)
  - 1945년 해방 후 황성욱 목사님이(×) → 1945년 해방 후 황성욱 목사가(○)
  - 제보자 정문석 씨는(×) → 제보자 정문석은(○)
  - 성재옥 님이 조사하여(×) → 성재옥이 조사하여(○)
  - 제7대 총장으로 조무제 박사님이(×) → 제7대 총장으로 조무제 박사가(○)

- 가족 관계 호칭은 우리말 용어로 씀을 원칙으로 한다.

  예 조부 (×) → 할아버지(○), 대부인(大夫人)(×) → 어머니(○)

- 나이는 만으로 적는 것을 원칙으로 한다. 다만, 승려의 법랍(法臘) 등은 관례에 따른다.

  예 청담은 세수 70세, 법랍 45세로 도선사에서 입적하였다.

- 특정 인물의 가족이나 자손들을 명시할 경우에도 그 성은 생략하지 않는다.

  예 김약시의 아들 김췌(金萃)는 목사, 김절(金節)은 현감, 김원우(金元祐)는 감부를 지냈다.

- 인물에 대한 한자 표기와 생몰년 표기는 ( ) 안에 '한자 성명'을 넣고, [ ] 안에 '생몰년 숫자'를 표기한다.

  > 예 제주부사 최자(崔滋)[1188~1260]가 김구에게 글짓기를 청하였는데

③ 지명

- 시, 도, 군, 구, 읍, 면, 동, 리 등의 명칭은 해당되는 행정구역 단위를 반드시 표기한다.

  > 예 충북 음성 평곡리에서는(×) → 충청북도 음성군 음성읍 평곡리에서는(○)

- 상위 지명을 명백히 알 수 있는 경우가 아니면, 또 글의 흐름상 매우 어색한 경우가 아니면 되도록 상위 지명을 생략하지 않는다.

  > 예 서울 강남구 대치동에서는 이런 문제들 때문에 …… 한편 서초동에서는 (×)
  > → 서울특별시 강남구 대치동에서는 이런 문제들 때문에 …… 한편 서울특별시 서초구 서초동에서는 (○)

- 합성어인 지명이 여러 개 나열될 때 가운뎃점(·) 등을 사용하여 합성어의 일부를 생략하지 않는다.

  > 예 • 금강 · 백두 · 한라산(×) → 금강산 · 백두산 · 한라산(○)
  > • 영호남 사이의(×) → 영남과 호남 사이의(○)

- 고지명에 대한 현재의 지명 표기는, 필요한 경우 [ ] 안에 다음과 같이 표기한다.

  > 예 신녕군(新寧郡)[지금의 영천군]

- 고지명은 현재 지명과의 일치 여부와 관계없이 [ ] 안에 고지명임을 명시한다. 그 기술의 상세한 정도에 대해서는 융통성을 둔다.

  > 예 • 건금리[현 강원도 강릉시 성산면 금산리의 옛 이름]
  > • 우계현[현 강원도 강릉시 옥계면 일대에 있던 옛 고을 이름]

- 고지명을 명기할 때에는 언제나 시대적 배경이 함께 기술되어 어느 시대의 명칭인지 알 수 있게 한다.

  > 예 • 용성[현 전라북도 남원의 고려와 조선시대 명칭]
  > • 용구현[현 경기도 용인시의 고려시대 이름]

- 산, 강(하천 포함)의 표기는 필요한 경우 다음과 같이 [   ] 안에 높이와 길이를 병기한다.

  예 보현산(普賢山)[1,124m], 한라산[1,950m], 낙동강(洛東江)[525.15km]

- 용어의 표기는 항목 표제어의 표기 원칙에 준한다. 다만, 학계에서 용어가 통일되어 있지 않은 경우에는 집필자의 견해를 따른다.

④ 동식물명

- 동식물의 이름은 정확한 학술명을 기준으로 하되 널리 알려진 다른 이름이 있을 경우 괄호 안에 넣어 표기한다. 항목일 경우에는 이칭란에 표기한다.

- 동식물의 종(種)이 아닌 개체일 경우 생물학적 분류나 학명과는 상관없이 이미 널리 쓰이고 있는 이름이나 공식적으로 쓰이는 이름을 쓴다.

  예 상대원동 보통골 당나무, 고평리 느티나무

- 동식물의 생물학적 분류를 기술할 경우 엄정한 현대 과학적 분류 체계에 따른다. 민간 혹은 전통의 분류 방식(예 한의학의 분류 체계)의 기술은 그것이 학술적 가치가 있을 경우로 한하고 그 출처를 밝힌다.

(6) 숫자 · 도량형 및 문장 부호

① 숫자 · 도량형

- 수치는 아라비아 숫자로 쓰는 것을 원칙으로 한다.

- 관용적인 성격의 수치는 한글로 쓴다.

  예 십중팔구, 백발백중

- 수의 표시는 다음과 같이 표기하는 것을 원칙으로 한다.

  예 3개(×) → 세 개(○), 2살(×) → 두 살 / 2세(○), 5가지(×) → 다섯 가지(○)

- 한 낱말이나 하나의 대상을 지칭하는 성격의 용어 안에 있는 숫자는 한글로 쓴다.

  예 연분9등법(×) → 연분구등법(○), 죽림7현(×) → 죽림칠현(○)

- 분수의 경우 수치로서의 의미가 강할 경우 다음과 같이 표기한다.

  예 수확량은 전년도의 1/3에 불과했다.

  ※ 하지만 문장 안에서 수치 자체의 의미보다는 수사적인 표현으로 쓰일 때에는 한글로 표기한다.

  예 몇십 분의 일도 안 되는 재원으로 사업을 완수한 것이었다.

- 숫자가 너무 길어 읽기가 불편할 때에는 괄호 안에 다음과 같은 형태로 한글이 섞인 표기를 더한다.

  예 1,234,567,890원(12억 3,456만 7,890원)

- 길이, 무게, 넓이, 부피 등의 도량형 단위는 원칙적으로 법정 계량 단위를 사용한다. 고문헌 등에서 인용된 자료일 경우 원문과 당시 기준을 먼저 서술하고 이를 국가에서 지정한 현대식 표준 단위인 '법정 계량 단위[법정 계량 단위는 m 또는 cm(길이), g 또는 kg(무게), m^2(넓이), K(절대 온도), ℃(섭씨 온도), L 또는 m^3(섭씨 부피), m/s(속력, 속도) 등]'로 환산하여 병기한다.

  ※ 다만, 과거의 서술에서 정확한 환산이 어렵거나 부자연스러운 것은 그 당시의 단위만을 쓸 수도 있다.

  예 • 육수는 돼지고기 3근을 삶아서(×) → 육수는 돼지고기 약 1,800g을 삶아서(○)
  • 남원문화체육센터는 부지 면적 약 12,166평 규모로(×) → 남원문화체육센터는 부지 면적 약 40,220m^2 규모로(○)
  • 4척(尺)의 칼을 가지고(×) → 4척(尺)[약 121cm]의 칼을 가지고(○)
  • 며느리를 골탕 먹이려던 시어머니는 10리 밖의(×) → 며느리를 골탕 먹이려던 시어머니는 약 4km 밖의(○)

  ※ 유적이나 유물의 형태나 크기를 서술하는 방법은 가로, 세로, 높이 등의 단위를 다음과 같이 붙여 준다.

  예 바둑판식의 구조로 450×350×100cm의 크기이다.

- 통계는 통계청 등의 신빙성 있는 자료를 이용하되, 연도를 밝힌다.

- 항목명에 숫자가 포함되어 있을 경우, 다음 사항에서는 아라비아 숫자로 표기한다.

  ※ '월+일'이 포함된 항목의 경우

  예 삼일운동(×) → 3 · 1운동(○), 사일구(×) → 4 · 19(○), 오일육(×) → 5 · 16(○), 이팔문화회관(×) → 2 · 8문화회관(○)

  ※ 숫자가 순서를 나타내는 경우

  예 고령지산동사십사호분(×) → 고령 지산동 44호분(○)

  ※ 부대명, 고지명 등 특별한 의미가 없는 숫자가 있는 경우

  예 구이사고지전투(×) → 924고지전투(○), 오륙함피격침몰사건(×) → 56함피격침몰사건(○)

- 앞의 경우 이외에는 한글, 한자로 쓴다(고유명사, 학술 용어 등).

  예 광주제일고등학교(光州第一高等學校)

② 문장부호

ⓐ 본문 소표제 내에서의 단계별 구성 숫자나 기호

  예 1. 대제목 → 1) 중제목 → (1) 소제목

ⓑ 가운뎃점(·)

- 같은 계열의 명사가 나열될 때 사용한다.

  예 사과·배·복숭아 등의 과일

- 두 숫자로 된 말에 사용한다.

  예 4·19혁명

ⓒ 쌍점(:)

- 앞에 나온 용어에 대해 사전적 해설이나 이론적 설명을 할 때 사용한다.

  예 영상(領相)[영의정의 다른 이름], 우산국(于山國)[지금의 울릉도], 한국학중앙연구원(韓國學中央研究院)
     [구 한국정신문화연구원]

- 비율을 나타낼 때 사용한다.

  예 3:7의 비율로

- 논문의 부제 표시에 사용한다.

  예 「일제하 3·1운동과 지역 사회 운동의 발전 : 진주 지역을 중심으로」

ⓓ 빗금(/)

시·민요·가곡 등에서 행이 바뀔 때 표시를 한다.

예 껍데기는 가라 / 사월도 알맹이만 남고 / 껍데기는 가라

ⓔ 줄표(―, ~)

- ―는 글 중간에 어구(語句)를 넣을 때 사용한다.

  예 명령에 있어서 불확실―단호하지 못한―은 복종에 있어서의 불확실을 낳는다.

- ―는 저서의 부제, 전집류 편명의 표시를 할 때 앞에만 쓴다.

  예 ・『한국영화자료편람』 – 초창기~1976년
  ・『문화유적분포지도』 – 강릉시

- ~는 시작에서 끝을 나타낼 때 쓴다(도로, 산, 하천의 구간이나 인명의 생몰년 등).

  예 ・88올림픽고속도로는 길이가 181.9km로 고서 JC~옥포 JC를 구간으로 한다.
  ・심원계곡에서 달궁계곡에 이르는 목은 만복대[1,438m]~두루봉[1,108m]~반야봉으로 이어지는 능선을 자른 협곡을 지나면서
  ・신사임당[1504~1551]은 중종대 여류 예술가로 시・그림・글씨에 능했으며

ⓕ 큰따옴표(" ")

- 글 가운데의 대화 부분에 사용한다.

  예 "누가 그런 말을 하였지?"

- 직접 인용하는 말에 사용한다.

  예 ・어머니는 나에게 "너는 그 일을 잘 해 낼 거야" 하면서 자신감을 심어 주었다.
  ・『제주풍토기(濟州風土記)』에 "잠녀들이 알몸으로 잠수(潛水)한다."는 구절이 있다.

- 금석문의 본문 내용을 인용할 때 사용한다.

  예 비 전면에는 '귤림서원묘정비(橘林書院廟庭碑)'라고 비제가 적혀 있고, 후면에는 장인식(張寅植)이 귤림서원의 내력과 비석을 새긴 연유를 기록하고 있다. 그 내용을 잠시 살피면, "탐라성의 남쪽에 예부터 충암의 사당이 있어 평정공 이약동과 함께 배향하였는데, 평정공은 바로 이 제주에서 목사를 지내면서 청백리로 이름이 드러났으나. 숙종 1년 을묘년[1675]에 지호 이선이 순무하는 길에 충암 선생의 도학과 절의로 볼 때 한 사당에 같이 배향하는 것은 온당치 못한 점이 있다고 생각하여 옆에다가 향사를 별도로 짓고 평정공을 옮겨 봉안하였으니, 이것이 이른바 '영해사'이다.
  숙종 8년 임술년[1682]에 규암 송인수, 청음 김상헌, 동계 정온 세 선생을 함께 배향하여 서원을 세우고 편액을 하사하여 '귤림서원'이라고 하였다. 그로부터 11년 뒤인 을해년[1695]에 우암 송시열 선생을 추가로 배향하였다. 다섯 선생은 학문은 비록 길을 달리했으나 도의 귀착점은 서로 같았으니, 대개 인의를 성으로 삼고 충효를 행으로 삼으며, 성현을 법으로 삼고 사설을 물리치는 것을 공으로 삼았다.
  충암 김 선생은 휘가 정이요, 호는 충암이며, 시호는 문간공이다. 중종 때에 요순시대와 같은 다스림에 뜻을 두어서 정암 조광조 선생과 마음을 합하여 도와서 삼대처럼 성인의 교화가 회복되기를 기대하였다. 그러나 불행하게도 남곤과 심정의 무리들이 하룻밤 사이에 신무문으로 몰래 들어와 기묘년[1519]의 측량할 수 없는 사화를 빚어냈다 …… [耽羅城南 古有冲庵廟 與李平靖公約東同享 而平靖公創刺是州 以淸白著名者矣 肅廟乙卯 芝湖李公選巡撫之行 以爲冲庵先生道學節義 一廟同餟 有所未安 別菴鄉祠右傍 移奉平靖公 是所謂永惠祠也 肅廟八年壬戌 合享宋圭庵 金淸陰 鄭桐溪三先生 立書院 而賜額曰橘林 後十三年乙亥 追享尤庵宋先生 五先生學雖殊轍 道則同歸 盖皆以仁義爲性而忠孝爲行 聖賢爲法而闢闢爲功 夫冲庵金先生諱

淨字冲庵諡文簡 當中廟有意於堯舜之治 與靜庵趙先生協心贊襄 期復三代聖化 不幸衰貞輩 一夜之間 從神武門……]"과 같다.

⑨ 작은따옴표(' ')

● 비제(碑題)를 인용할 때 사용한다.
> [예] 비 전면에 '조선가선대부예조참판김공광철신도비(朝鮮嘉善大夫禮曹參判金公光轍神道碑)'라고 쓰여 있다.

● 문단 가운데에서 마음속으로 생각하는 따위를 보일 때에 사용한다.
> [예] 주인공 봉이는 '오늘도 누군가가 나를 찾아 올 것만 같아……'라고 생각하였다.

● 다른 말을 따다 쓸 경우, 그 안에 또 다른 따옴말이 있을 때 사용한다.
> [예] "여러분! 침착해야 합니다. '하늘이 무너져도 솟아날 구멍이 있다.'고 합니다."라고

● 간접적으로 인용할 경우에 사용한다.
> [예] 1980년 말 이른바 '10대 전망 목표'가 달성되면서……

● 두드러지게 보이거나 특별히 부각시켜야 할 때 사용한다.
> [예] '웃다'는 자동사이고, '웃기다'는 타동사이다.

ⓗ 괄호와 생략 표기

● 대괄호 [ ]는 의역(意譯)된 용어, 원어, 독음(讀音)이 일치하지 않을 때 사용한다.
> [예] • 고인돌[지석묘(支石墓)], 밤[율(栗)]
> • 배천[白川], 나인[內人], 장승[長生], 좨주[祭酒], 좌복야[左僕射], 종부시[宗簿寺], 도량[道場], 보리[菩提], 시방세계 [十方世界]

● 대괄호 [ ]는 연대 · 주석 · 설명 등을 넣을 때 사용한다.
> [예] 신사임당(申師任堂)[1504~1551], 『옥주지(沃州誌)』[1761], 보현산(普賢山)[1,124m], 원릉(元陵)[영조와 계비 정순왕후 김씨의 능], 치료회복캠프[여행치료], 고이도[현재의 신안군 압해면], 장지(壯紙)[지질이 두껍고 질긴 종이]

※ 다만, 왕조년을 표시할 때는 소괄호 '( )'를 사용한다.
> [예] 1775년(영조 51)

● 소괄호 ( )는 한자나 원어를 병기할 때 사용한다.
> [예] 개태사(開泰寺), 견훤(甄萱), 콘텐츠(Content), 웰빙(Well-Being)

- 될 수 있는 한 생략 표기는 하지 않으나 부득이한 경우 생략 부호[생략표(−), 줄임표(……), 빠짐표(□)]를 사용하여 생략된 음절을 표시한다.

  ※ 비제와 같이 짧은 한문은 한글 독음을 먼저 쓰고 ( ) 안에 한문을 병기한다.

  예 비의 앞쪽 가운데에는 '판관김공영업청덕선정비(判官金公英業淸德善政碑)'라고 적혀 있다.

  ※ 긴 내용의 한문은 한글 해석문을 먼저 쓰고 ( ) 안에 원문을 병기한다.

  예 • 비명의 내용은 다음과 같다. "아! 위급한 병중에서도 오랑캐를 물리치신 것은 충성심이 솟구쳤던 때문이요, 죽음으로써 지키며 떠나지 않았던 것은 의로움에 의해 결단을 내렸기 때문이며, 기묘한 계책을 내어 적을 물리친 것은 용맹을 드날린 때문이다. 이 세 가지를 능히 하시니 소리 드높고 성대하여 지금에 이르기까지 사람들의 귀와 눈을 번쩍 뜨이게 한 이는 돌아가신 목사 김후이시다……[嗚呼 急病攘夷 忠所激也 死守不去 義所決也 出奇却敵 勇所奮也 能是三者 而轟轟烈烈 至今耀人耳目者 故牧使金侯是也……]"
  - 앞쪽 좌우로는 "삼가 부지런히 직무를 보면서 녹봉을 털어 창고를 세웠으며 / 공사를 청렴하게 다스렸고 / 쓰러진 관아는 수리하여 일으켰네. / 우뚝 솟은 처마에 채색으로 단청한 일 / 비석에다 새겼는데 / 문득 상여를 보내며 곡하노니 / 저승에서도 귀신을 막아주소서.[謹勤居職 捐稟建廨 廉公爲治 起廢葺口(理 : 내용상 理가 빠진 것으로 추정됨) 聳瞻畫錦 勒之于石 奄哭靈轜 以寓遏鬼]"라고 새겨져 있다.

① 낫표(「 」 또는 『 』)

- 홑낫표(「 」)는 문서명·작품명·논문명·신문 기사명·법률명·팸플릿·지도 등에 쓴다.

  예 「권병천등장서」, 「고산별곡」, 「남원농악 연구」, 「용인의 한 카페서 열리는 '3·1호전'」(『조선일보』, 2003. 3. 29.), 「연곡향약」, 「전국농악명인경연대회 안내」, 「갈릴리교회 주보」

- 겹낫표(『 』)는 문헌명(원전명, 저서명)·연속간행물(신문명, 잡지명) 등에 쓴다.

  예 『난중잡록』, 『뮈텔주교일기』, 『그믐달 한조각을』, 『경남일보』, 『경남수필』

- 회화 작품의 화첩이나 병풍은 한글 항목명과 이칭·별칭 및 본문상에서 '『 』'로 표시하며, 개별 회화 작품의 경우에는 '「 」'로 표시한다.

  ※ 회화 작품의 화첩이나 병풍의 경우 유형을 '유물 / 서화류'로 통일한다. 단, 현대 회화 작품이나 병풍의 경우에는 유형을 '작품 / 미술과 공예'로 한다.

  예 화첩 : 『탐라순력도(耽羅巡歷圖)』, 병풍 : 『신사임당 초서병풍』, 개별 회화 작품 : 「심환지초상(沈煥之肖像)」

(7) 표

- 본문에 표 형식으로 글이 삽입되어 있는 경우 자연스러운 문장으로 풀어쓰고 표는 삭제한다. 그러나 통계자료 등 표 형식이 가독성 면에서 더 뛰어나다고 생각되는 경우에는 그대로 남겨 둔다.
- 그림 · 도형 형식의 표는 도판으로 따로 지정하여 관리한다.

(8) 참고문헌

- [참고문헌]은 원전, 단행본, 논문, 신문, 웹사이트, 인터뷰 순으로 정리한다. 원전, 단행본, 논문, 신문, 인터뷰 내에서는 연도 순으로 정리한다.

  예 『세종실록(世宗實錄)』
  『한국지명총람』 3 - 충북편(한글학회, 1970)
  『한국영화자료편람 - 초창기~1976년』(영화진흥공사, 1977)
  『묘향산의 력사와 문화』(과학백과사전출판사, 1983)
  『명소에 깃든 전설』 - 묘향산(과학백과사전출판사, 1997)
  『이천시지』(이천시지편찬위원회, 2001)
  장삼현, 「성남의 세거성씨와 인물고 : 분묘를 중심으로」(『성남문화연구』 1, 성남향토문화연구소, 1994)
  문수진, 「성남시의 집성촌 연구」(『성남문화연구』 8, 성남문화원 향토문화연구소, 2001)
  「성남의 명소」(『동아일보』, 2001. 3. 22)
  진주시(http://www.jinju.go.kr)
  인터뷰(양지리 주민 박경옥, 남, 89세, 2007. 12. 18)

- 단행본은 '저자, 서명(발행처, 연도)' 양식에 따라 기입한다. 저자와 발행처가 다른 경우에는 모두 기입하며, 편저자와 발행처가 같은 경우에는 발행처만 기입한다.

  예 • 정항교, 『아름다운 여성, 신사임당』(강릉시오죽헌 시립박물관, 2004)
  • 『이천시지』(이천시지편찬위원회, 2001)

- 매년 발행되는 통계 자료를 여러 권 인용했을 때는 '~' 또는 ' · '을 사용해서 각 해당 연도를 표기해 준다.

  예 • 1995년도부터 2006년도 자료를 모두 인용했을 경우 : 『시정백서』(진주시, 1995~2006)
  • 1995년, 1997년, 2004년, 2006년 자료를 인용했을 경우 : 『시정백서』(진주시, 1995 · 1997 · 2004 · 2006)

- 웹사이트 내 참고 자료인 경우, 웹사이트를 기입하고 ' : '를 표기한 뒤 자료명을

기입한 다음 괄호 안에 웹사이트 주소를 기입한다.

> 예 진주시(http://www.jinju.go.kr)

● 현지 조사를 포함하는 인터뷰가 출전인 경우에는 대상자, 장소, 일시의 순으로 기입한다. 단, 장소는 특별한 경우가 아니면 제시하지 않아도 된다. 일반인의 경우 소속이나 거주 지역을 이름 앞에 드러내고 성별과 인터뷰 당시 나이를 병기한다.

> 예 • 인터뷰(성남시 체육회 회장 임회교, 2007. 1. 4)
> • 인터뷰(양지리 주민 박경옥, 남, 89세, 2007. 12. 18)

● 논문은 '저자, 논문명(출전 문헌, 발행처, 간행 연도)' 양식에 따라 기입한다. 출전 문헌이 연속 간행물인 경우 권수와 호수라는 용어를 사용하지 않는다. 권수와 호수를 함께 기입하는 경우 '–' 표기로 구분한다.

> 예 • 문수진, 「성남시의 집성촌 연구」(『성남문화연구』 8, 성남문화원 향토문화연구소, 2001)
> • 김중섭, 「일제하 3 · 1운동과 지역 사회 운동의 발전 : 진주 지역을 중심으로」(『한국사회학』 30–2, 한국사회학회, 1996)

● '쇄'를 달리해서 출판 연도가 다를 경우, 쇄만 바뀐 경우에는 최초 출판 연도를 기입하고 증보 · 개정했을 경우에는 증보 · 개정한 연도를 출판 연도로 기입한다.

> 예 • 이기백, 『(신수판) 한국사신론』(일조각, 1999)
> • 이기백, 『(한글판) 한국사신론』(일조각, 2000)

● 전집류의 경우 부제를 편명에 해당하는 것으로 간주하고 겹낫표 밖으로 빼서 '–' 표기를 한 뒤 기입한다.

> 예 • 『한국지명총람』 3–충북편(한글학회, 1970)
> • 『문화유적분포지도』–강릉시(강릉대학교박물관, 1998)

> ※ 전집류가 아닌 경우에는 부제를 겹낫표 안에 기입한다. 단, 논문의 경우에는 예외로 홑낫표 안에서 제목 다음에 ' : ' 표기를 한 뒤 부제를 기입하고, 책의 경우에는 제목 다음에 '–' 표기를 한 뒤 부제를 기입한다.
>
> > 예 • 장삼현, 「성남의 세거성씨와 인물고 : 분묘를 중심으로」(『성남문화연구』 1, 성남향토문화연구소, 1994)
> > • 『한국영화자료편람–초창기~1976년』(영화진흥공사, 1977)

● 한자로 표기되어 있는 경우, 원전류의 경우에만 한자 병기를 하고 그 외에는 되도록 한글로 표기한다.

> 예 • 『격몽요결(擊蒙要訣)』
> • 임호민 편, 『강릉시 금석문 자료』(강릉시 강릉대학교 영동문화연구소, 2003)

- 신문 기사는 논문과 같이 홑낫표 안에 표기하고 신문명은 겹낫표 안에 표기한다.

  예 「성남의 명소」(『동아일보』, 2001. 3. 22)

  ※ 그러나 일반적인 경우에는 다음과 같이 신문명과 날짜만 표기한다.

  　예 『한국일보』(2001. 3. 22)

- 외국서의 경우 원서의 표기대로 한다. 순서는 중국서, 일본서, 서양서의 순으로 정리하고 한 국가 내에서는 출판 연도 순으로 한다.

  예 井上秀雄, 『任那日本府と倭』(寧樂社, 1978)

  馬大正, 『古代中國高句麗歷史續論』(中國社會科學出版社, 2003)

  Edward W. Wagner, 『The Korean minority in Japan, 1904-1950』(New York: Institute of Pacific Relations, 1951)

  ※ 저자가 문헌 표기를 잘못했을 때, 일차적으로 저자에게 확인을 하고 국립중앙도서관을 참조해서 최신 자료로 기입한다.

(9) 띄어쓰기

이 원칙은 국립국어원 『표준국어대사전』 표기 원칙(http://stdweb2.korean.go.kr/main.jsp)에 준하며, 한국향토문화전자대전의 집필 특성상 예외 원칙을 준용한다.

① 일반명사

- 국립국어원의 『표준국어대사전』 표기 원칙을 따르며, 복합명사에서 '-'가 있는 경우에는 붙인다.

  예 다식-성(×) → 다식성(○), 다신-교(×) → 다신교(○)

- 복합명사에서 '^'가 있는 경우에는 띄어 쓰고, 『표준국어대사전』에 나와 있지 않은 복합명사의 경우에는 띄어 쓰는 것을 원칙으로 한다. 단, 학계에서 사용하는 전문 학술 용어의 경우에는 붙여 쓰는 것을 허용한다.

  예 • 불법^감금(×) → 불법 감금(○)

  • 전문 학술 용어 : '산소 결핍증' 또는 '산소결핍증'도 허용

② 고유명사

법령, 조례, 학교, 기관, 단체명 등 고유명사의 성격이 강한 경우에는 붙여 쓴다는 것을
기본 원칙으로 한다.

예 제주개발특별법, 성남초등학교, 제주시청, 남한산성도립공원, 탄천대로, 율동공원, 제주대학교박물관, 경상대학교
병원

ⓐ 제1원칙(인명에 적용)

● 성과 이름, 성과 호 등은 붙여 쓰고, 이에 덧붙는 호칭어, 관직명 등은 띄어 쓴다.

예 • 김양수(金良洙), 서화담(徐花潭)
  • 최치원 선생, 박동식 박사, 충무공 이순신 장군

● 인명에 붙는 존칭어는 생략한다. 단, 신분을 나타낼 필요가 있을 경우에는 성명
의 앞이나 뒤 한 곳에 붙여 쓸 수 있다.

예 • 서경보 스님(X) → 승려 서경보(O)
  • 이동식 목사님(X) → 이동식 목사(O)

● 유적, 건물명 등에 들어 있는 인명의 경우에는 띄어 쓴다.

예 이경석 묘, 강운봉 가옥

● 마의태자, 사도세자, 아좌태자, 안평대군 등 인물로 굳어진 경우에는 붙여 쓴다.

ⓑ 제2원칙(기관 · 단체 · 시설 · 행사 등에 적용)

● 기관명의 경우에는 단위별로 띄어 쓴다.

예 대한중학교, 한국대학교 사범대학, 한국농촌공사 남원지사

● 지명+일반명사로 이루어진 경우, 지명이 전칭(全稱)일 경우에는 띄어 쓰고 지명
이 약칭(略稱)일 경우에는 붙여 쓴다.

예 • 지명이 전칭일 경우 : 대평리 해수욕장, 성남시 교육청, 칠암동 고인돌, 충청북도 교육위원회, 대한민국
  임시정부
  • 지명이 약칭일 경우 : 가계해수욕장, 충북배드민턴협회, 대한체육회

※ 다만, 지명+고유명사로 이루어진 경우에는 띄어 쓴다.
  예 강릉 선교장, 강릉 방해정

● 축제, 음악회, 행사, 예술제 등은 하나의 고유명사로 간주하여 붙여 쓰는 것을

원칙으로 한다.

> 예 대한민국음악제, 성남시미술제, 개천예술제

> ※ 다만, 조사가 있는 경우에는 띄어 쓴다.
>> 예 청주 기적의 도서관, 강릉 시민의 날

● 단체명에서 정식 명칭과 이를 설명하는 일반명사가 섞여 있는 경우에는 띄어 쓴다.

> 예 사진동호회 까치, 극단 토월, 극단 사람

● 지사, 지회, 지부 등의 기관·단체명의 경우, 본 단체명과 띄어 쓴다.

> 예 기호흥학회 광주지회, 국민건강보험 성남지사, 대한주부클럽 충청북도지부

● 부설, 부속, 산하 등의 고유명사는 원칙적으로 앞뒤의 말과 띄어 쓴다.

> 예 숙명여자대학교 부설 아동연구소, 이화여자대학교 박물관

> ※ 다만, '부속(부설)학교', '부속(부설)고등학교' 등은 하나의 단위로 다루어 붙여 쓴다.
>> 예 서울대학교 사범대학 부설고등학교

● 사건, 운동, 대회 등은 모두 붙여 쓰는 것을 원칙으로 한다. 단 국제행사의 개최 지로서 의미가 있는 경우에는 띄어 쓴다.

> 예 • 4·19혁명, 광주민주화운동, 전국춘향선발대회
> • 세계마칭쇼밴드챔피언십 제주대회

ⓒ 제3원칙(옛날 관직명에 적용)

● 관서와 관직명은 붙여 쓰는 것을 원칙으로 한다.

> 예 • 이조 판서(×) → 이조판서(○)
> • 사역원 정(×) → 사역원정(○)
> • 전농 감(×) → 전농감(○)
> • 한성부 윤(×) → 한성부윤(漢城府尹)(○)
> • 판의금부사(判義禁府事)(○), 의정부참찬(議政府參贊)(○)

● 지명과 병기된 관직명은 붙여 쓴다.

> 예 • 경상도 관찰사(×) → 경상도관찰사(○)
> • 경상도 수군 절제사(×) → 경상도수군절제사(○)
> • 안동대도호 부사(×) → 안동대도호부사(○)
> • 진주 목사(×) → 진주목사(○)
> • 수원 부사(×) → 수원부사(○)

● 겸직(兼職), 행직(行職), 수직(守職)의 '겸', '행', '수' 자는 붙여 쓰고, 관직명 또는 인명 앞에 붙는 전(前)이나 고(故) 등의 접두어는 모두 띄어 쓴다.

> 예 • 도원수겸개성유수(都元帥兼開城留守), 행이조정랑(行吏曹正郎), 수병조정랑(守兵曹正郎)
> • 전(前) 판의금부사(判義禁府事), 고(故) 지울산군사(知蔚山郡事)

● 좌·우의 관직명은 붙여 쓴다. 좌·우가 병칭될 때는 가운뎃점을 넣어 준다.

> 예 좌사간, 우참찬, 좌·우의정, 좌·우참찬

ⓓ **제4원칙(외래어에 적용)**

● 순수 외래어(외국어)로 이루어진 항목명은 모두 붙여 쓴다.

> 예 메이저플룻오케스트라

ⓔ **제5원칙(작품명에 적용)**

작품명에서도 '설화', '노래', '타령', '전설', '소리' 등의 단어는 띄어 쓴다.

> 예 까치내 설화, 김매기 노래, 방아 타령, 망바위 전설, 모심기 소리

ⓕ **제6원칙(의미가 부정확해지는 경우)**

붙여 씀으로써 의미가 부정확해지는 경우에는 띄어 쓴다.

> 예 묘 달구질 소리

ⓖ **기타 원칙**

● 적거지는 '적거 터'로 바꾼다('지(址)'인 경우에 '터'로 바꾼다).

> 예 • 박영효 적거지(×) → 박영호 적거 터(○)
> • 탐라시대 고성지(×) → 탐라시대 고성 터(○)

> ※ 다만, '지(地)'인 경우에는 그대로 둔다.
> > 예 동제원 전적지

● 한자어와 한글이 결합된 복합어의 경우에는 띄어 쓰는 것을 원칙으로 한다.

> 예 제주도식 고인돌, 제주도식 토기

● 한자명으로 이루어진 유물의 명칭과 한자어로 된 고전적(古典籍)의 경우에는 붙여 쓰는 것을 원칙으로 한다.

> 예 분청박지모란문편병(粉靑剝地牧丹文扁瓶), 정의군교폐사실성책(旌義郡敎弊査實成冊)

● 시대, 시기의 경우 시대는 붙이고 시기는 띄어 쓴다. 단, 일제강점기는 붙여 쓴다.

> 예 • 삼국 시대(×) → 삼국시대(○), 조선 시대(×) → 조선시대(○)
> • 고려후기(×) → 고려 후기(○), 조선후기(×) → 조선 후기(○)
> • 일제 강점기(×) → 일제강점기(○)

● 민속 분야에서 개별 서낭제, 개별 산신제, 개별 동고사, 개별 기우제 등의 경우에는 항목명 구성을 '리 · 동+자연마을+민속의례'로 한다. 자연마을의 경우 통칭되는 명칭 외에 '마을'을 덧붙이지 않는다.

> 예 • 가춘리 주동마을 기우제(×) → 가춘리 주동 기우제(○)
> • 충청리 가청마을 서낭제(×) → 충청리 가청 서낭제(○)
> • 연수동 동수마을 여단제(×) → 연수동 동수 여단제(○)

● 개별 서낭제의 한자 항목명에 '……城皇祭'로 표기된 경우에는 '城皇祭'를 한글 '서낭제'로 일괄 통일하여 수정한다.

> 예 完五里 新村 城皇祭(×) → 完五里 新村 서낭제(○)

IV.

멀티미디어
콘텐츠 제작

1. 멀티미디어 콘텐츠 제작이란

1) 멀티미디어 콘텐츠 제작의 목적

한국향토문화전자대전 멀티미디어 콘텐츠 제작 사업은 급속하게 소멸되어 가고 있는 지역문화 자원을 발굴·분석하여 고품질의 디지털 멀티미디어 콘텐츠로 제작하고 이를 통한 보존성과 활용성 증대를 목적으로 한다. 본 사업에서 제작된 멀티미디어 콘텐츠는 기사 내용을 입체적으로 전달할 뿐만 아니라 완성도 높은 멀티미디어 콘텐츠로서 다양한 분야에 활용될 수 있도록 한다. 또한 인터넷 환경에 최적화된 디지털 멀티미디어 콘텐츠는 한국향토문화전자대전의 단위 사업인 디지털지역문화대전의 주요 콘텐츠로 수록한다.

2) 멀티미디어 콘텐츠 제작 과정

(1) 사업 내용 및 성격

① 사업 내용

멀티미디어 콘텐츠 제작 사업은 한국학중앙연구원 한국학정보센터에서 관리 감독하며 해당 주관 사업자가 실무 전반을 수행한다. 본 사업을 통해 산출되는 결과물은 사진, 동영상, 가상현실, 도면, 도표, 음향, 멀티미디어 DB 등이 있다. 본 사업은 멀티미디어 콘텐츠 기획 및 제작, 원천 자료 수집 및 가공, 멀티미디어 DB 구축의 단계로 구성되어 있다.

② 멀티미디어 콘텐츠 기획

각 지역의 문화 특성이 멀티미디어 콘텐츠를 통하여 드러날 수 있도록 형식과 내용 면에서 특화된 멀티미디어 콘텐츠 기획안을 수립한다. 기획안은 해당 지역의 역사·지리·경제·사회문화적 환경 등을 종합적으로 분석하여 타 지역과 구별되는 고유한 특색을 파악하고, 그에 따른 멀티미디어 콘텐츠 유형과 제작 방향을 제시한다. 사업 지역의 유사 사업에 대한 분석을 토대로 차별화 및 다양한 연계를 통한 완성도 향상 방안을 제시한다. 사업 착수 시 인계되는 기사 항목 목록을 토대로 멀티미디어 콘텐츠 제작 대상 항목을 지정하고 지정된 항목에 사진, 동영상, VR, 음향, 도면, 도표 등의 적합한 멀티미디어 콘텐츠 유형으로 제작 계획을 수립한다(상기 제작 계획은 산출물에 대한 주 단위 제작 일정을 포함한다). 전체 멀티미디어 콘텐츠에서 시(군)청, 지역 소재 대학교, 언론사 소장 자료 등 기존 자료에 대한 수집 비율과 수집 사유 및 범위를 포함한다.

③ 멀티미디어 콘텐츠 제작

사업 책임자는 반드시 제작에 앞서 모든 참여 인력의 한국향토문화전자대전 사업 이해를 위해 작성된 멀티미디어 콘텐츠 기획안을 토대로 사업 내용에 대한 충분한 사전 교육을 실시한다. 모든 참여 인력은 한국학중앙연구원 담당자와 외부 전문가가 시행하는 제작 교육에 참가하여 제작 과정과 내용에 대해 숙지하고 예상 가능한 위험 요소를 공유하여 해결 방안을 함께 모색할 수 있도록 하며, 제작 대상에 대한 면밀한 사전 조사를 실시한다. 기사 내용과 각종 자료를 토대로 대상의 위치, 특성을 파악하여 촬영 시기와 방법 등을 결정한다. 이를 통해 이용자가 기사 내용을 정확하고 입체적으로 파악할 수 있도록 한다. 제작 사업자는 멀티미디어 유형별 프로토타입을 제작하여 한국학중앙연구원 담당자와 충분한 사전 검토를 통해 의견을 일치시켜 원활한 사업 진행이 될 수 있도록 한다. 멀티미디어 콘텐츠 제작에서 가장 중요한 점은 이용자가 필요로 하는 정보를 멀티미디어 콘텐츠로 제작하는 것이므로 이용자 관점에서 모든 제작 환경을 구축하고 다양한 제작 기법과 이용자 환경 제공을 통해 완성도 높은 사업 결과물을 제작하도록 한다.

④ 멀티미디어 콘텐츠 원천 자료 수집·가공

본 사업을 통해 다양한 기관·단체·개인이 소장하고 있는 가치 있는 자료들을 새롭게 발굴하여 이용자와 정보를 공유할 수 있도록 한다. 역사와 문화유산을 비롯하여 정치, 경제, 사회, 문화 전반에 걸쳐 과거 모습과 변화 양상 등 사업 수행 시점을 기준으로 제작 및 촬영이 불가능한 내용을 중심으로 수집 계획을 수립한다. 현존하는 대상이거나 수행 시점에 제작 및 촬영이 가능한 자료는 수집 대상에서 제외하고 다양한 형태로 수집되는 각종 자료들은 유형별 규격에 맞추어 서비스될 수 있도록 한다. 수집되는 모든 멀티미디어 콘텐츠 원천 자료는 한국향토문화전자대전 전반에 사용될 수 있도록 저작권 문제를 해결한다.

⑤ 멀티미디어 DB 구축

모든 멀티미디어 콘텐츠에 대한 메타데이터를 제공되는 멀티미디어 DB에 작성하여야 한다. 멀티미디어 DB는 필수 정보와 부가 정보로 구성되어 있으며 한국학중앙연구원에서 제시하는 방법에 따라 작성하고 멀티미디어 콘텐츠가 서비스 시스템에서 기사와 연계될 수 있도록 개별 콘텐츠 간의 관련 정보를 추출하여 효과적인 연결 정보 작성 방법을 지속적으로 개발한다.

(2) 제작 과정

기획 단계에서 수립된 기획안과 차별화 방안을 토대로 기사 항목 목록에서 멀티미디어 콘텐츠 제작 대상을 선정한다. 제작 대상은 다시 신규 제작 대상과 자료 수집 대상으로 구분하여 상세한 제작 계획을 수립한다. 신규 제작 대상은 사전에 기사 내용 확인과 현지 상황 조사를 통해 촬영 대상의 현존, 망실 여부를 파악하고 그 상태에 따라 제작 유형을 재검토하여 실제 촬영을 진행한다. 자료 수집 대상 역시 사전에 기사 내용을 확인하여 소장처를 파악하고 본 사업 결과물에 수록되어 온라인 서비스 및 한국향토문화전자대전 관련 자료에 수록 가능하도록 저작권 문제를 해결한다.

　제작, 수집된 콘텐츠는 멀티미디어 DB에 메타데이터를 작성하고 기사와 연계될 수 있도록 관련 시청각 목록을 작성한다. 멀티미디어 DB까지 완성된 멀티미디어 콘텐츠는 상시 검수를 통해 추가 · 보완 사항을 점검하여 콘텐츠와 메타데이터의 완성도와 정보의 정확성을 향상시킨다. 상시 검수가 완료되면 다시 통합 콘텐츠 관리기에 업로드하여 콘텐츠의 오류를 종합적으로 재점검한다. 통합 콘텐츠 관리기에서 검토를 마친 후 서비스 시스템에 탑재되어 온라인 서비스를 하게 된다. 제작 과정의 흐름은 다음과 같다.

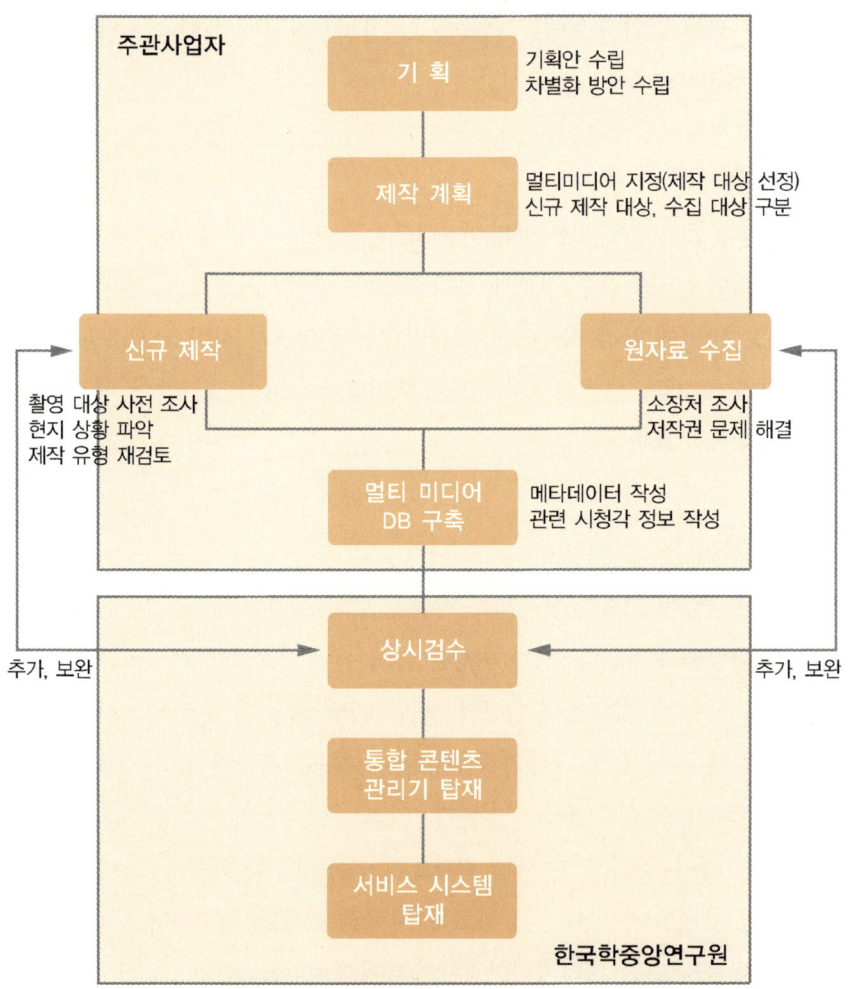

그림 4.1 한국향토문화전자대전 멀티미디어 콘텐츠 제작 과정

3) 멀티미디어 콘텐츠 제작의 기대 효과와 활용

급속하게 소멸되어 가고 있는 지역문화 자원을 디지털 멀티미디어 콘텐츠로 제작하여 현장의 모습을 생동감 있고 정확하게 기록·보존할 수 있다. 또한 현지 촬영 및 유관 자료 수집을 통하여 그동안 발견되지 않았던 원천 자료 발굴이 기대되며, 온라인상에서 서비스되고 있는 각종 자료의 링크를 통해 대상에 대한 다양하고 종합적인 정보를 전달할 수 있다. 멀티미디어 콘텐츠를 통해 이용자들이 기사 내용만으로 확인할 수 없는 부분들을 입체적이고 시각적인 정보를 통해 파악할 수 있으며, 이용자가 직접 쌍방향 콘텐츠를 조작하며 현장감을 느낄 수 있는 간접 체험의 기회를 제공한다.

본 사업에서 제작되는 멀티미디어 콘텐츠는 기존에 잘 알려진 해당 지역의 지역문화 자원뿐만 아니라 더욱 다양하고 세부적인 내용을 대상으로 제작되어 일반 이용자는 물론 지역 주민에게 향토문화에 대한 지속적 관심과 인식 재고에 기여한다. 또한 멀티미디어 콘텐츠 제작 사업은 여러 지역에서 활동하고 있는 다양한 연구 기관과 사업자가 참여하여 디지털 백과사전에 수록되는 멀티미디어 콘텐츠에 대한 새로운 제작 방법론을 제시·공유함으로써 전국적인 인력 양성에 기여한다. 최신의 CT 기술이 접목되어 활용성이 높게 제작된 멀티미디어 콘텐츠는 해당 지역의 각종 연구·교육 자료로 사용될 뿐만 아니라 민간 포털 및 언론사, 이동통신사와의 제휴를 통해 이용자들이 보다 다양한 환경에서 쉽고 빠르게 지역문화를 이해할 수 있도록 한다.

2. 멀티미디어 콘텐츠 제작의 내용과 방법

1) 멀티미디어 콘텐츠 기획

(1) 멀티미디어 제작 계획

① 멀티미디어 기획

멀티미디어 기획이란 지역의 특성을 반영하는 멀티미디어 콘텐츠의 제작이 진행될 수 있도록 콘셉트를 잡는 과정을 말한다. 멀티미디어 기획의 목적은 지역의 특징을 다른 지역과 차별화하여 표현하는 것이다. 그리하여 이용자에게 기사의 내용을 멀티미디어 콘텐츠를 통해 보다 현장감 있고 효과적으로 이해시키고, 지역문화의 특성을 부각시키는 데 있다.

멀티미디어 콘텐츠 제작 기획을 위해서는 먼저, 지역의 특수성과 현황을 분석하고 전체 멀티미디어 콘텐츠 제작에 일관된 방향을 수립하도록 한다. 그리고 지역에 대한 기존 연구 자료와 연구 결과물 및 기초 사업에서 생산된 멀티미디어 자료를 분석하여 해당 지역에 적절한 멀티미디어 콘텐츠를 기획할 수 있도록 한다. 또한 현장의 멀티미디어 콘텐츠 제작 환경 등 실제 작업 환경을 분석한 다음, 지역 연구자 및 기초 연구팀의 의견을 수렴하여 해당 지역에서 다루어져야 할 내용과 특성에 따른 멀티미디어 콘텐츠 유형을 구성하도록 한다. 이후에 기사의 이해를 도울 수 있는 멀티미디어 콘텐츠가 제작되도록 기획하는데, 현재 촬영이 불가능한 과거 사진이나 영상 자료를 최대한 수집할 수 있도록 기획한다.

제작을 기획하는 데 있어서는 지역의 특성을 살릴 수 있는 멀티미디어 콘텐츠 제작이 되도록 주의한다. 또한 해당 지역에서 중요한 의미를 가지는 대상을 누락하지 않도록 하고, 실제 대상과 다른 사진이나 영상을 제작하지 않도록 주의한다.

② 멀티미디어 지정

멀티미디어 지정이란 기초 결과물로 제시되는 기사 항목 목록과 기사를 바탕으로 실제 제작할 멀티미디어 콘텐츠 대상을 지정하는 작업을 의미한다. 즉, 멀티미디어 콘텐츠 제작에 있어 체계적인 제작 환경을 구축하여 지역의 특성이 담긴 정확하고 효율적인 콘텐츠를 생산하기 위한 기초를 세우는 과정이다. 멀티미디어 콘텐츠로 지정된 내용은 대상의 성격에 따라 신규 제작 또는 수집의 대상이 된다.

지정 방법은 다음과 같은 순서로 진행한다. 먼저, 멀티미디어 콘텐츠 제작의 기본 기준은 항목과 기사를 기반으로 하므로 해당 지역에서 선정된 항목과 집필된 기사를 충분히 검토, 숙지 후 지정이 이루어지도록 한다. 다음으로, 항목과 기사의 내용을 검토한 후 필요한 사항을 항목 기준으로 1 : 多 형식으로 모두 지정하도록 한다. 대상을 표현하는 데 가장 적합한 멀티미디어 콘텐츠의 유형(사진, 동영상, VR, 도면, 도표, 음향 등)과 제작되는 데이터 형태를 함께 지정하도록 한다. 기사 항목 내용과 관련하여 특별히 중요한 것은 부분적으로 강조하여 지정한다. 그리고 사업 수행 시점에서 신규 제작이 가능한 모든 자료는 신규 제작을 우선으로 지정하도록 한다. 이때 동일한 대상에 대한 자료의 수집은 보완 자료로서 의미를 가질 수 있다. 역사적 가치가 있는 자료, 시간의 흐름을 표현할 수 있는 자료, 사업 수행 시점 기준으로 제작이 불가능한 자료 등은 수집 대상으로 지정한다. 더불어 박물관 소장 유물, 동물, 식물 등 신규 제작보다 수집 자료의 품질이 우수하고 신규 제작과 내용상 차이가 없는 경우 수집 대상으로 지정할 수 있다.

멀티미디어 지정 시 항목 간 관련성에 의해 동일한 콘텐츠가 여러 항목에 동시에 연결될 수 있으며 이 경우 대표 항목에 우선 지정하고 동일한 대상이 지정되는 항목에는 별도의 표시를 하여 연결 정보를 작성하도록 한다. 그리고 해당 지역과 관련된 원자료는 최대한 수집 대상으로 지정하여 반영한다. 타 사이트나 사업에서 이미 디지털 콘텐츠로 서비스하고 있는 자료를 그대로 수집하여 서비스하는 것은 불가하므로 제외한다. 멀티미디어 자료 수집 시에는 온라인 전송권 이상으로 저작 재산권을 확보하도록 한다.

(2) 멀티미디어 지정 방안

한국향토문화전자대전 항목의 구분이 되는 19개 상위 유형과 55개 세부 유형을 기준으로 하는 멀티미디어 지정 방안은 다음과 같다.

① 개념용어

개념용어 유형에 해당하는 항목은 멀티미디어로 제작할 대상이 명확하지 않은 경우가 대부분이므로 기사에서 언급하는 구체적인 대상을 중심으로 멀티미디어 지정이 진행되어야한다. 포괄적인 개념의 항목이 대부분이며 하위 항목에서 제작 및 수집되는 멀티미디어자료가 2차로 연결되는 경우를 고려하여 제작 및 수집할 멀티미디어를 지정하도록 한다. 관련 통계 자료 수집이 가능하며 사업일 기준으로 전년도 자료 수록을 원칙으로 한다.

ⓐ 개념용어(개관)

개념용어(개관)에는 해당 지역 전체를 다루는 항목이 포함되며 2009년 현재 필수 항목으로 선정·집필되는 항목은 약 30항목이다. 각 항목별로 1차 수집 대상으로 지정 가능한 멀티미디어 콘텐츠 유형과 제작 가능한 내용은 〈표 4.1〉과 같다.

표 4.1 개념용어(개관) 멀티미디어 콘텐츠 지정 내용

항목명	멀티미디어 콘텐츠 유형	지정 내용
경제산업	도면, 도표	○○시 산업별 사업체 수 및 종사자 수, 산업대분류별 사업체 현황 등
사회복지	도면, 도표	국민연금 현황, 건강보험 현황, 노인, 아동, 여성 복지 현황 등
정치	도면, 도표	○○시 역대 대통령, 국회의원 투표율, 지방자치단체장 선거 관련 내용 등
행정	도면, 도표	○○시 행정(조직) 기구, 행정 구역 현황, 공무원 현황 등
○○시	도면, 도표, 음향	○○시 행정 지도(현재 및 과거 행정 지도 수집), 상징물(심벌, 마스코트, 시조, 시화, 시목 등), ○○시가 등
종교	도면, 도표	종교 단체 통계, 종교별 인구 등

(계속)

항목명	멀티미디어 콘텐츠 유형	지정 내용
체육	도면, 도표	체육 단체, 체육 시설 현황
개신교		교회 항목 참조
불교		사찰 항목 참조
자연지리		지질, 지형, 기후, 토양 등 관련 항목 참조
천주교		성당 항목 참조

〈표 4.1〉에 제시되지 않은 개념용어(개관) 항목은 각각의 하위 항목에서 지정·제작되는 멀티미디어 콘텐츠의 2차 연결 대상이 된다. 〈표 4.1〉에 제시된 지정 대상은 해당 항목에 1차로 연결되는 수집 자료를 기준으로 한다. 해당 기사에서 언급되는 특정 대상이 있을 경우 해당 대상을 다루는 사진, 영상, VR 등의 멀티미디어 지정 및 제작이 이루어질 수 있다.

ⓑ 개념용어(일반)

개념용어(일반) 유형에는 대부분의 지역에 공통적으로 들어가는 항목이 포함되며 2009년 현재 필수 항목으로 선정·집필되는 항목의 예는 〈표 4.2〉와 같다(실제 집필되는 항목의 수량, 내용은 지역에 따라 달라질 수 있음).

표 4.2 개념용어(일반) 멀티미디어 콘텐츠 지정 내용

항목명	멀티미디어 콘텐츠 유형	지정 내용
경제산업	도면, 도표	○○시 산업별 사업체 수 및 종사자 수, 산업 대분류별 사업체 현황 등
사회복지	도면, 도표	국민연금 현황, 건강보험 현황, 노인, 아동, 여성 복지 현황 등
정치	도면, 도표	○○시 역대 대통령, 국회의원 투표율, 지방자치단체장 선거 관련 내용 등
행정	도면, 도표	○○시 행정(조직) 기구, 행정 구역 현황, 공무원 현황 등

(계속)

항목명	멀티미디어 콘텐츠 유형	지정 내용
○○시	도면, 도표, 음향	○○시 행정 지도(현재 및 과거 행정 지도 수집), 상징물(심벌, 마스코트, 시조, 시화, 시목 등), ○○시가 등
종교	도면, 도표	종교 단체 통계, 종교별 인구 등
체육	도면, 도표	체육 단체, 체육 시설 현황
개신교		교회 항목 참조
불교		사찰 항목 참조
자연지리		지질, 지형, 기후, 토양 등 관련 항목 참조
천주교		성당 항목 참조
경제단체	도면, 도표	경제단체 현황
고개	도면	주요 고개 위치도
고등학교	도면, 도표	○○시 고등학교 현황(소재지, 공사립 구분, 설립 연·월·일, 학생 수, 교원 수, 학급 수 등)
공공기관	도면, 도표	공공 기관 현황
공원	도표	공원 현황
관광	도면, 도표	관광 안내도, 관광객 현황 등
교량	도면, 도표	교량 현황
교통	도면	주요 교통망
교회	도면, 도표	교회 현황(종파, 소재지, 창립 시기 등)
기후	도표	기온, 강수량, 풍향, 풍속, 습도, 일조량 등
농업 협동조합	도면, 도표	농업협동조합 현황
도로	도면, 도표	주요 도로 배치도, 도로 현황
보건의료	도면, 도표	지역별 보건, 의료 기관 현황
사찰	도면, 도표	사찰 현황(종파, 소재지, 창립 시기 등)
산	도면	주요 산과 봉우리
성당	도면, 도표	성당 현황(소재지, 창립 시기 등)

(계속)

항목명	멀티미디어 콘텐츠 유형	지정 내용
숙박시설	도표	숙박 시설 현황
시장	도면, 도표	시장 현황(정기, 상설, 대형마트 - 개소, 면적 등)
유치원	도면, 도표	○○시 유치원 현황(소재지, 공사립 구분, 설립 연 · 월 · 일, 학생 수, 교원 수, 학급 수 등)
인구	도면, 도표	인구 변동 추이, 행정 구역별 인구 및 세대 수, 연령별 인구 현황 등
자연재해	도표, 사진, 영상	자연 재해 피해 현황, 당시 자료
저수지	도면, 도표	저수지 현황(소재지, 제방, 유역 면적, 만수 면적, 설치 연도 등)
주민 자치센터	도면, 도표	운영 현황 및 구성
중학교	도면, 도표	○○시 중학교 현황(소재지, 공사립 구분, 설립 연 · 월 · 일, 학생 수, 교원 수, 학급 수 등)
지질	도면	지질도, 지질 분포도 등
지형	도면	지형도, 지형 분포도(경사 및 표고 관련 도면) 등
초등학교	도면, 도표	○○시 초등학교 현황(소재지, 공사립 구분, 설립 연 · 월 · 일, 학생 수, 교원 수, 학급 수 등)
축제	도면, 도표	지역 축제 현황(장소, 시기, 주최, 연락처 등)
토양	도면, 도표	토양도, 토양별 분포 면적
특수교육	도면, 도표	○○시 특수교육 현황(소재지, 공사립 구분, 설립 연 · 월 · 일, 학생 수, 교원 수, 학급 수 등)
평야	도면	주요 평야 위치도
하천	도면, 도표	수계망도, 하천 현황

〈표 4.2〉에 제시되지 않은 개념용어(일반) 65항목은 각각의 하위 항목에서 지정 · 제작되는 멀티미디어 콘텐츠의 2차 연결 대상이 된다. 위의 표에 제시된 지정 대상은 해당 항목에 1차로 연결되는 수집 자료를 기준으로 한다. 해당 기사에서 언급되는 특

정 대상이 있을 경우 해당 대상을 다루는 사진, 영상, VR 등의 멀티미디어 지정 및 제작이 이루어질 수 있다.

ⓒ 개념용어(기획)

개념용어(기획) 항목은 지역의 특성을 부각하기 위하여 일반항목과 차별화된 내용으로 구성되며, 주로 기획영상의 제작 대상이 된다. 기획영상으로 제작되지 않는 개념용어 (기획) 항목도 해당 지역을 대표하는 항목으로 구성되므로 관련된 대상의 멀티미디어 콘텐츠 지정 및 제작은 반드시 이루어져야 한다.

② 기관단체

ⓐ 기본 지정

표 4.3 멀티미디어 콘텐츠 '기관단체' 기본 지정

동영상, 사진, VR, 도면, 도표 등	
제작	• 소재한 건물, 사무실 전경 지정 • 관련된 활동(공연, 전시회, 행사, 의식, 민원실 등) 지정 • 출판물, 업적물, 자료집, 상징물, 관련 인물 지정
수집	• 과거 활동 자료, 관련 기록 수집 • 소멸된 기관단체의 자료(과거 건물, 창단식 등) 수집 • 관련된 도면(층별 안내도), 도표 수집

ⓑ 하위 유형별 상세 지정

표 4.4 멀티미디어 콘텐츠 '기관단체' 하위 유형별 상세 지정

하위 유형			지정 내용
기관 단체 (일반)	일반단체(공공 기관, 은행, 병 원, 기관단체, 서관, 박물관 등)	제작/ 수집	• 건물 전경, 입구 지정 • 시설 이용 장면(민원실, 내부 사무실 전경, 업무 활동 장 면, 진료 장면, 도서관 열람실, 대여실, 전시실 등) 지정 • 층별 안내 도면(도서관, 박물관 등) 지정

(계속)

하위 유형			지정 내용
기관 단체 (일반)	종교단체 (성당, 교회 등)	제작	• 건물 전경, 건축적 특징이 있는 부분 지정 • 내부 구조(대성당, 예배당, 교리실, 만남의 방, 성체실 등) 지정 • 관련 행사 장면 지정 • 소장 유물, 유적 지정
		수집	고건축 관련 도면 수집
학교		제작	• 교문 입구, 운동장, 본관 건물 전경, 부속 건물(강당, 체육관 등), 특수 시설 지정 • 학생 활동 모습, 수업 모습 지정
		수집	축제, 체육대회, 수련회 등 행사 자료, 교가 수집
사찰		제작	• 위에서 내려다본 사찰 전경 지정 • 개별 건물 정면, 측면, 현판 등 지정 • 관련 행사 장면 지정 • 내부 소장 유물(불상, 서화류 등), 유적(탑, 부도 등) 지정
		수집	고건축 관련 도면 수집

③ 놀이

ⓐ 기본 지정

표 4.5 멀티미디어 콘텐츠 '놀이' 기본 지정

동영상, 사진, 음향, 도면, 도표 등	
제작	• 진행 상황을 이해할 수 있는 각 과정별 주요 장면을 순차적으로 지정 • 주요 장면, 실연 모습(동영상), 관련 인물(전수자 등), 도구 등 지정 • 연속 행사의 경우 최초 1회 모습과 최근 행사 우선 지정 • 그 외 기사에서 언급하거나 중요 사항이 있었던 행사 지정
수집	• 해당 놀이와 관련된 준비 위원회 소장 자료 수집 • 과거 실연 모습 등 자료 수집 • 연속 행사의 경우 최초 1회 모습 수집

④ 동물

ⓐ 기본 지정

표 4.6 멀티미디어 콘텐츠 '동물' 기본 지정

동영상, 사진, 도면, 도표 등	
제작	• 무리, 개체의 전신, 특징적 부위, 활동상의 특징(동영상) 확인 가능한 박재본 등의 자료 지정 • 서식지, 분포도, 형태, 생태 확인 가능한 자료 지정
수집	• 공식 관련 기관을 통해 공식화된 자료(동물 도감 등)를 원자료 형태로 수집 • 서식지, 분포도, 형태, 생태 등 도면, 도표 수집

⑤ 문헌

ⓐ 기본 지정

표 4.7 멀티미디어 콘텐츠 '문헌' 기본 지정

사진, VR 등	
제작	• 기사에서 언급하는 주요 부분 지정 • 문헌의 표지 및 본문 주요 부분 지정
수집	• 박물관 소장 자료의 경우 도록 수집 • 소멸 자료의 경우 과거 제작된 자료 수집

ⓑ 하위 유형별 상세 지정

표 4.8 멀티미디어 콘텐츠 '문헌' 하위 유형별 상세 지정

하위 유형	지정 내용	
단행본	제작	표지, 목차, 권수제 부분, 본문 사진 지정
	수집	박물관 소장 자료의 경우 도록 수집

(계속)

하위 유형			지정 내용
연속 간행물	잡지, 학회지, 문집	제작	• 창간호 표지, 최신호 표지, 본문 사진 지정 • 발행처 전경, 발행처 내부 모습 지정
		수집	관련 과거 자료 수집
	신문	제작	• 창간호 전면 현재 신문 전면, 본문 사진 지정 • 신문사 전경, 신문사 내부 모습 지정
		수집	관련 과거 자료 및 기록 수집
문서	고문헌	제작	문서의 전체 모습 지정
		수집	박물관 소장 자료의 경우 도록 수집
	고지도	제작	• 고지도의 전체 모습 지정 • 기사에서 언급하는 주요 부분 지정
		수집	• 해당 고지도 수집 • 규장각 등에서 서비스되는 관련 링크 자료 조사

⑥ 물품도구

ⓐ 기본 지정

표 4.9 멀티미디어 콘텐츠 '물품도구' 기본 지정

동영상, 사진, 도면 등	
제작	• 기사에서 언급하는 주요 부분 지정 • 실물의 전체 외관, 특징적인 부분 확대 사진 지정 • 제작 과정(동영상, 사진) 지정
수집	• 박물관 소장 자료의 경우 도록 수집 • 구조도, 단면도 등의 도면

ⓑ 하위 유형별 상세 지정

표 4.10 멀티미디어 콘텐츠 '물품도구' 하위 유형별 상세 지정

하위 유형		지정 내용
물품도구	제작	• 전체, 상세 모습 지정 • 실제 도구 사용 모습, 제작 과정 지정
	수집	구조도, 단면도 등의 도면 수집
특산물	제작/ 수집	상품 제조 과정, 완제품, 생산 공장, 특별 판매장 지정

⑦ 사건

ⓐ 기본 지정

표 4.11 멀티미디어 콘텐츠 '사건' 기본 지정

동영상, 사진, 음향, 도면, 도표 등	
제작	• 현장, 관련 인물, 관련 건축물, 기념물 등 지정 • 관련 인물, 경험자의 인터뷰 지정 가능
수집	• 사건 상황에 대한 자료를 최대한 수집 • 사건 경과, 진행 과정 등으로 표현 가능한 자료를 수집하여 동영상, 도면 애니메이션 등으로 재가공

ⓑ 하위 유형별 상세 지정

표 4.12 멀티미디어 콘텐츠 '사건' 하위 유형별 상세 지정

하위 유형			지정 내용
사건 사고와 사회운동	자연재해	제작	실제 홍수, 폭우, 산사태 후의 모습 지정
		수집	사건 당시 자료 수집(사진, 동영상)

(계속)

하위 유형			지정 내용
사건 사고와 사회운동	전쟁, 사회운동	제작	• 위령비, 기념비, 발발 장소 등 관련 유물, 유적 지정 • 관련 장소 현재 모습 지정
		수집	문헌, 신문 등에 수록된 관련 기록 및 자료 수집
조약과 회담		제작	• 관련 장소 현재 모습 지정 • 위령비, 기념비 등 관련 유물, 유적 지정
		수집	• 조약서, 서약서, 회담안 전문 수집 • 당시 신문자료 등 관련 기록 수집

⑧ 성씨

ⓐ 기본 지정

표 4.13 멀티미디어 콘텐츠 '성씨' 기본 지정

동영상, 사진, 도표 등	
제작	• 집성촌, 세거지, 동족묘군 전경, 대표 인물 초상 지정 • 문중 행사, 의례 지정 • 관련 유적 및 건축물(비각, 비, 사당 등), 소장 유물, 족보 등 지정
수집	• 사업 기간 중 촬영 불가능한 문중 행사 자료 수집 • 문헌에 수록된 관련 기록 수집

⑨ 식물

ⓐ 기본 지정

표 4.14 멀티미디어 콘텐츠 '식물' 기본 지정

동영상, 사진, 도표 등	
제작	• 자생지, 분포지 지정 • 대상의 실물, 개화 모습, 열매 지정
수집	대상의 실물 촬영이 어려운 경우 공식 관련 기관을 통해 공식화된 자료 수집하여 원자료 형태로 수집하여 디지털 가공 후 수록 가능

ⓑ 하위 유형별 상세 지정

표 4.15 멀티미디어 콘텐츠 '식물' 하위 유형별 상세 지정

하위 유형		지정 내용
보호수	제작	• 개체의 전신, 특징적인 부위, 개화 모습, 전경, 안내문 지정 • 관련 행사(마을제) 지정
	수집	• 문화유적분포지도에 나타나는 관련 도면 수집
식물(일반)	제작	• 개체의 전신, 개화 모습, 열매가 열린 모습 • 시화, 시목 등으로 지정되었을 경우 대표 이미지 및 관련 상징물 지정

⑩ 유물

ⓐ 기본 지정

표 4.16 멀티미디어 콘텐츠 '유물' 기본 지정

동영상, 사진, 도면, 도표, VR 등	
제작	• 실물의 전체 모습, 세부 모습 지정 • 특징적인 부분 클로즈업 사진 지정
수집	• 박물관 소장 자료의 경우 해당 도록 수집 • 발굴 당시 자료 수집 • 실측도, 분포도, 전개도, 단면도, 구조도, 부분 명칭도 등의 도면, 도표 수집

ⓑ 하위 유형별 상세 지정

표 4.17 멀티미디어 콘텐츠 '유물' 하위 유형별 상세 지정

하위 유형		지정 내용
기명류	제작	• 기명류 전체 모습, 세부 모습 지정 • 특징적인 부분 클로즈업 사진 지정

(계속)

하위 유형		지정 내용
기명류	수집	• 발굴 당시 자료 수집 • 관련 도면 수집
불상	제작	• 전체 모습, 세부 모습 지정 • 특징적인 부분 클로즈업 사진
	수집	관련 도면 수집
서화류	제작/ 수집	• 해당 유물 소장 건물 전경 지정 • 유물 전체 모습 및 형태를 확인할 수 있는 사진 • 특징적인 부분 클로즈업 사진
유물(일반)	제작	• 해당 유물과 관련된 건물 및 유물 사진 지정 • 상부, 하부, 특징적인 부분 클로즈업 사진 지정 • 유물 사용하는 모습 영상으로 지정
	수집	관련 도면 수집 가공

⑪ 유적

ⓐ 기본 지정

표 4.18 멀티미디어 콘텐츠 '유적' 기본 지정

동영상, 사진, 도면, 도표, VR 등	
제작	• 기사에서 언급하는 특징적인 부분(현판, 문양, 세부 구조 등) 지정 • 원경, 전경, 부속 건물, 외부, 내부 모두 지정 • 비 및 금석문 관련 유적은 비각, 실물과 함께 탁본 지정(특히 비각의 제약으로 비 촬영이 어려운 경우) • 실물 전경과 함께 주변 공간 인지 가능하도록 주변을 포함한 원경 수록 • 원경, 전경, 부분, 내외부 등을 복합적으로 표현하는 Zoom VR 지정
수집	• 실측도, 위치도 등 관련 도면 수집 • 관련 역사적 문헌 기록 수집

ⓑ 하위 유형별 상세 지정

표 4.19 멀티미디어 콘텐츠 '유적' 하위 유형별 상세 지정

하위 유형			지정 내용
건물	정자	제작	전경, 현판, 특징적인 부분 지정
		수집	실측도, 위치도 등 관련 도면 수집
	사당, 재실	제작	• 전경, 입구, 본당, 개별 건물, 현판 지정 • 건축적 특징을 확인할 수 있는 사진 지정 • 전체 모습을 조망할 수 있는 영상 지정 • 제사 지내는 모습 사진, 영상 지정
		수집	실측도, 위치도 등 관련 도면 수집
	가옥	제작	• 전경, 입구, 개별 건물(안채, 사랑채 등) 지정 • 건축상의 특징을 확인할 수 있는 사진 지정 • 전체 모습을 조망할 수 있는 영상 지정
		수집	실측도, 위치도, 평면도 등 관련 도면 수집
	서원	제작	• 전경, 입구, 강당 등 개별 건물, 현판 지정 • 건축상의 특징을 확인할 수 있는 사진 지정 • 전체 모습을 조망할 수 있는 영상 지정
		수집	실측도, 위치도, 평면도 등 관련 도면 수집
능묘		제작	• 위에서 내려다본 묘 전경 및 전체 묘의 형태와 특징을 확인할 수 있는 사진 및 영상 지정 • 비석, 문인석 등 관련 유적 지정 • 묘제 지내는 모습 사진 및 영상 지정
		수집	• 문화유적분포지도, 배치도 등 관련 도면 수집 • 관련 역사적 문헌 기록 수집
터		제작	• 현재 해당 지역으로 추정되는 장소의 전경 지정 • 현존 유물 및 유적 지정
		수집	• 해당 터의 과거 모습 수집 • 문화유적분포지도 등 관련 도면 수집 • 관련 역사적 문헌 기록 및 추정 근거 자료 수집

(계속)

하위 유형		지정 내용
유물산포지	제작	• 현재 유물산포지 해당 지역 전경 지정 • 출토 유물 지정
	수집	• 발굴 조사 당시 자료 수집 • 문화유적분포지도 등 관련 도면 수집
비	제작	• 비각, 비 전체 모습, 정면, 측면, 귀부, 상단 지정 • 특징적인 부분 및 주요 비문 일부 클로즈업 사진 지정
	수집	• 탁본 자료 수집 • 발굴 조사 당시 자료 등 현재 재작 불가능한 자료 수집
탑과 부도	제작	• 탑, 부도의 전경, 원경, 상단부, 하단부 지정 • 특징적인 부분 지정
	수집	• 실측도 등 관련 도면 수집 • 관련 역사적 문헌 기록 수집
고분	제작	• 위에서 내려다본 고분 전경 및 전체 형태를 확인할 수 있는 사진 지정 • 출토 유물 및 유적 지정 • 해당 고분과 관련된 유물·유적 전체를 다룰 수 있는 영상 지정
	수집	• 발굴 조사 당시 자료 수집 • 관련 도면 수집
유적 (일반)	봉수 제작	봉수대 터, 현존 봉수대 모습 지정
	봉수 수집	• 발굴 조사 당시 자료 수집 • 해당 지역 전체 봉수대의 위치를 확인할 수 있는 도면 등 관련 도면 수집
	성 제작	성벽, 성문 등 현존 모습 지정
	성 수집	• 발굴 조사 당시 자료 수집 • 문화유적분포지도 등에서 확인되는 해당 부분 도면 수집 • 실측도 등 관련 도면 수집
	정려 제작	• 주변 전경을 포함하여 전체 정려의 모습을 확인할 수 있는 사진 지정 • 정려각, 현판 사진 지정

(계속)

하위 유형			지정 내용
유적(일반)	정려	수집	실측도 등 관련 도면 수집
민간 신앙 유적	신당	제작	• 신당, 신체 건물, 신목, 당목을 포함한 전경 지정 • 관련된 민속 행사 사진 및 영상 지정
		수집	• 관련 도면 수집 • 관련 역사적 문헌 기록 수집 • 현재 촬영 불가능한 과거 행사 자료 수집
	장승	제작	• 장승 및 주변 모습(마을 입구, 주변 거리 등) 확인 가능한 사진 지정 • 길을 사이에 두고 암·수 장승이 서 있는 모습 • 마을 입구와 장승의 모습을 전체적으로 조망할 수 있는 영상 • 장승제 등 관련 민속 행사 사진 및 영상 지정
		수집	• 관련 역사적 문헌 기록 수집 • 현재 촬영 불가능한 과거 행사 자료 수집

⑫ 음식물

ⓐ 기본 지정

표 4.20 멀티미디어 콘텐츠 '음식물' 기본 지정

동영상, 사진 등	
제작	• 원 재료, 완성품 사진 지정 • 먹는 모습, 조리 과정 지정 • 해당 지역에서 공식 인정된 상품의 경우 해당 상품 사진 지정
수집	공식적인 관련 기관에서 제공하는 자료 수집

⑬ 의례

ⓐ 기본 지정

표 4.21 멀티미디어 콘텐츠 '의례' 기본 지정

동영상, 사진, 도면, 도표, VR 등	
제작	• 진행 상황 이해가 중요하므로 각 과정별 주요 장면 순차적으로 수록(사진, 동영상) • 전체 진행 장면, 주요 장면, 실연 모습 지정 • 각종 물품 도구, 제단, 관련 세시풍속, 행사 장소 등 지정
수집	• 과거 실연 모습 등 자료 수집 • 장소 구성 도면, 관련 도구 도면 수집 • 관련 역사적 문헌 기록 수집

ⓑ 하위 유형별 상세 지정

표 4.22 멀티미디어 콘텐츠 '의례' 하위 유형별 상세 지정

하위 유형		지정 내용
평생의례와 세시풍속	제작	준비하는 모습, 진행 과정, 주요 행사 내용 지정
	수집	• 과거 실연 모습 등 자료 수집 • 관련 역사적 문헌 기록 수집
제	제작	• 준비하는 모습, 진행 과정을 담은 영상 • 해당 신당, 신체, 주요 행사 사진
	수집	• 과거 실연 모습 등 자료 수집 • 관련 역사적 문헌 기록 수집

⑭ 의복

ⓐ 기본 지정

표 4.23 멀티미디어 콘텐츠 '의복' 기본 지정

동영상, 사진, 도면, 도표, VR 등	
제작	• 원 재료, 완성품의 형태를 확인할 수 있는 사진 • 착용한 모습, 제작 과정 지정(동영상, 사진) • 해당 지역에서 공식 인정된 상품의 경우 해당 상품 사진
수집	• 공식적인 관련 기관에서 제공하는 자료 수집 및 활용 가능 • 박물관 등에 전시된 대상의 경우 관련 도록 수집 • 발굴 자료의 경우 해당 조사 보고서 자료 수집

⑮ 인물

ⓐ 기본 지정

표 4.24 멀티미디어 콘텐츠 '인물' 기본 지정

동영상, 사진, 음향 등	
제작	• 영정(초상), 필적, 작품, 가옥, 저서, 유품, 관련 유적 지정 • 정면 사진, 활동상을 보여 주는 사진 지정
수집	• 활동과 관련된 단체, 사건, 각종 업적 관련 자료 수집 • 육성, 문화예술 공연 동영상이나 음향 수집

ⓑ 하위 유형별 상세 지정

표 4.25 멀티미디어 콘텐츠 '인물' 하위 유형별 상세 지정

하위 유형		지정 내용
전통인물	제작	표준 영정, 관련 서적 및 기록물, 유물, 유적 사진 지정
	수집	• 관련 역사적 문헌 기록 수집 • 해당 인물 필적 수집

(계속)

하위 유형		지정 내용
근현대 인물	제작	관련 서적 및 기록물, 유물, 유적 사진 지정
	수집	• 사진, 신문 기사 등 관련 기록 수집 • 관련 역사적 문헌 기록 수집
가공인물	제작	• 관련 문헌, 유적, 유물 지정 • 관련 행사, 문화예술 공연 지정(동영상, 사진, 음향)
	수집	관련 문헌 기록 수집

⑯ 작품

ⓐ 기본 지정

표 4.26 멀티미디어 콘텐츠 '작품' 기본 지정

동영상, 사진, 도면, 도표, VR 등	
제작	• 해당 작품의 특성에 적합한 미디어 유형 지정 • 작품이 수록된 문헌, 해당 부분 • 악보, 음반, 공연 포스터, 행사 안내문 등 사진 • 공연 장면 영상 지정
수집	• 각종 관련 단체 소유 자료 수집 • 음향 자료, 과거 공연 자료 수집 • 관련 기사 및 기록 수집

ⓑ 하위 유형별 상세 지정

표 4.27 멀티미디어 콘텐츠 '작품' 하위 유형별 상세 지정

하위 유형		지정 내용
음악, 공연 작품 및 영상물	제작	• 공연 장면 영상 및 사진 제작 • 음반 사진, 포스터, 행사 안내문 사진
	수집	• 악보, 과거 공연 장면, 음향 자료 수집 • 관련 기사 및 기록 수집

(계속)

하위 유형		지정 내용
민요와 무가	제작	• 공연 장면 영상 및 사진 제작 • 관련 서적 및 기록물, 유물, 유적 사진 지정
	수집	• 채록된 음향, 악보 수집 • 관련 역사적 문헌 기록 수집
무용과 민속극	제작	행사 장면 사진 및 영상 지정
	수집	관련 기사 및 기록 수집
문학 작품	제작	• 작품이 수록된 문헌 표지, 해당 부분 본문 사진 지정 • 작품의 배경이 된 지역 전경 지정 • 관련 시설, 기념물 및 행사 지정
	수집	관련 기록 수집
미술과 공예	제작	• 해당 미술 작품 및 공예 작품 전체 모습 지정 • 특징적인 부분 상세 사진 지정 • 제작 과정 및 공정 영상 지정
	수집	• 관련 기록 수집 • 실측도 등 관련 도면 수집
설화	제작	배경 지역, 지형, 지물, 유적 등 기사 내용과 관련된 대상 지정
	수집	• 관련 역사적 문헌 기록 수집 • 관련 삽화 및 그림 자료 수집

⑰ 제도

제도는 가시적인 멀티미디어 콘텐츠 지정이 어려울 수 있으므로 기사 내용 분석을 통해 제도의 특성, 제도 시행의 결과, 상징, 관련 기관 등 간접 자료를 지정하도록 한다.

ⓐ 기본 지정

표 4.28 멀티미디어 콘텐츠 '제도' 기본 지정

동영상, 사진, 도면, 도표 등	
제작	제도 시행 모습, 주관 기관 단체 모습
수집	고지도, 고문서 등에 나타나는 관련된 부분 수집

ⓑ 하위 유형별 상세 지정

표 4.29 멀티미디어 콘텐츠 '제도' 하위 유형별 상세 지정

하위 유형		지정 내용
법령과 제도	제작	• 제도 시행 모습 지정 • 주관 기관 단체 모습 지정
	수집	• 관련 도표 수집 • 관련 기사 및 기록 수집
상훈	제작	수여 모습, 관련 상패 등의 모습
	수집	• 관련 도표 수집 • 관련 기사 및 기록 수집
관직	제작	관련 유물, 상징물 지정
	수집	관련 기사 및 역사적 문헌 기록 수집
관청(전통시대)	제작	• 현존 관련 유물 및 유적 지정 • 현재 위치로 추정되는 장소 전경 지정
	수집	• 고지도, 고문서 등에 나타나는 관련된 부분 수집 • 관련 과거 도면 자료 수집 • 현재 위치로 추정되는 지역 도면 수집

⑱ 지명

ⓐ 기본 지정

표 4.30 멀티미디어 콘텐츠 '지명' 기본 지정

동영상, 사진, 도면, 도표, VR 등	
제작	• 마을 전경, 주요 지점 사진 및 영상 • 주요 시설물의 경우 내관의 모습 및 외관의 정면, 측면, 후면 모습 지정
수집	• 고지도, 고문헌 등에 언급된 부분 수집 • 관련된 통계 자료 등 도표 수집

ⓑ 하위 유형별 상세 지정

표 4.31 멀티미디어 콘텐츠 '지명' 하위 유형별 상세 지정

하위 유형			지정 내용
행정지명과 마을		제작	• 위에서 내려다본 마을 전경 지정 • 주민 자치 센터, 마을회관, 표지석 등 주요 시설물 지정
		수집	관련된 통계 자료 등 도표 수집
고지명		제작	현재 위치로 추정되는 장소 전경 지정
		수집	고지도, 고문헌 등에 나타나는 해당 부분 수집
시설	공원	제작	• 공원 입구부터 동선을 따라 전체 모습을 확인할 수 있는 영상 지정 • 공원 입구, 내부 특징적인 시설물, 시설 이용 장면 지정
		수집	• 공원 내부 관련 도면 수집 • 이용 현황 등 통계 도표 수집
	시장	제작	• 전경, 내부 구조, 특징적인 부분, 상징물 등 지정 • 실제 거래 장면 지정
		수집	• 이용 현황, 거래 관련 도표 자료 수집 • 관련 도면 수집
	저수지	제작	전경, 댐, 수량 조절 시설, 낚시터, 관련 시설
		수집	저수지 축조로 인해 수몰된 지역의 과거 자료 수집
도로와 교량	도로	제작	• 전체 도로의 모습을 조망할 수 있는 모습 지정 • 표지판, 조명 시설이 되어 있는 경우의 야경 등 특징적인 부분 지정 • 차량 운행 등 실제 이용 모습 지정
		수집	• 관련 도면 수집 • 이용자 현황 등 도표 수집
	교량	제작	• 전체 교량의 모습을 확인할 수 있는 사진 지정 • 표지판, 조명 시설이 되어 있는 경우의 야경 등 특징적인 부분 지정 • 교량 위에서 차량의 운행 등 실제 이용 모습 지정
		수집	• 관련 도면, 이용객 현황 등 도표 수집

(계속)

하위 유형			지정 내용
도로와 교량	교량	수집	• 관련 도면, 이용객 현황 등 도표 수집
자연지명	계곡	제작	• 물이 흐르는 계곡의 모습 • 형태적 특징을 보여줄 수 있는 부분, 관련 유적
		수집	관련 문헌 기록 수집
	고개	제작	• 고개 모습을 확인할 수 있는 전경 • 높은 곳에서 고개를 조망하여 촬영
		수집	과거 관련 기록 수집
	동굴	제작	• 동굴 입구, 안내문, 내부 특징적인 부분 • 입구부터 동선 따라 내부 모습 확인 가능한 영상
		수집	• 내부 도면 수집 • 이용객 현황 등 관련 도표 수집 • 관련 문헌 기록 수집
	바위	제작	• 전체 형태를 확인할 수 있는 전경 • 각자문 등과 같은 세부 특징적인 부분 클로즈업 사진
		수집	관련 문헌 기록 수집
	산	제작	• 산의 전체 모습을 확인할 수 있는 사진 • 정상 표지석, 정자 등 시설물 • 등산로 안내도 등 관련 도면 지정
		수집	• 이용객 현황 등 관련 도표 수집 • 관련 문헌 기록 수집
	섬	제작	• 섬의 전체 모습을 확인할 수 있는 사진 • 섬 내부와 외부의 특징적인 부분
		수집	• 해당 섬의 위치를 확인할 수 있는 도면 • 관련 역사적 기록
	폭포	제작	물이 흐르는 폭포의 전경
		수집	문헌 기록 수집

(계속)

하위 유형			지정 내용
자연지명	하천	제작	• 물이 흐르는 하천의 전경 • 댐, 교량 등 관련 시설물 촬영 • 해당 지역에서 의미가 있는 부분 촬영
		수집	• 관련 문헌 기록 수집 • 수량 등 관련 통계 수집
군락, 서식지 및 철새도래지		제작	전경, 안내문, 개별 식물 및 동물 세부 사진
		수집	관련 도면 수집

⑲ 행사

ⓐ 기본 지정

표 4.32 멀티미디어 콘텐츠 '행사' 기본 지정

동영상, 사진, 도면, 도표 등	
제작	• 진행 상황이 이해될 수 있도록 각 과정별 주요 장면 지정 • 행사의 주요 프로그램을 지정 • 안내문, 펨플릿 지정 • 주요 장면, 실연 모습, 관련 인물 사진 및 영상 지정
수집	• 연속 행사의 경우 최초 1회 모습 수집 • 기사에서 언급하거나 중요 사항이 있었던 과거 행사 수집 • 장소 구성, 도구 등과 관련된 도면, 관련 도표 수집

2) 멀티미디어 콘텐츠 제작 방법

(1) 개요

본 사업의 제작 단계에서는 멀티미디어 지정 목록을 포함한 기획안을 토대로 작업을 진행하게 된다. 특히 기초 사업인 '일반·기획 항목 집필 사업'의 결과물인 항목 기사를 참고하여 각각의 콘텐츠를 제작한다. 본 사업에서 제작하는 멀티미디어 유형은 사진, 동영상, 음향, 도면, 도표, VR 등이다. 제작 대상인 각 항목의 특성을 잘 파악하여 효과적으로 표현할 수 있는 방안을 활용하여 제작한다. 본 사업을 통해 한국향토문화전자대전 이용자들이 콘텐츠를 시각적으로 쉽게 이해할 수 있어야 한다. 또한, 촬영 및 수집한 자료는 본원이 제공하는 기준에 의거하여 가공하여야 하며, 수집한 원자료는 반드시 저작권을 해결한 후에 본 사업에 활용할 수 있다. 각 멀티미디어 유형별 제작 방안은 다음과 같다.

(2) 사진

사진은 본 사업에서 가장 많은 수량을 차지하는 유형이다. 그만큼 제작 기간이 길기 때문에 철저한 계획과 품질 관리가 필요하다. 사진 제작은 항목 기사와 멀티미디어가 함께 서비스되는 특성상 항목에 대한 작업자의 이해가 반드시 필요한 과업이다. 그래서 사진 촬영 방법 및 수집 자료 선정 방법을 본 사업의 항목 유형에 따라 다음과 같이 제시하고자 한다. 신규 촬영과 기존 사진 자료 수집이 병행되어야 하는 사진은 다음에 제시하는 기준에 맞게 제작되어야 한다.

① 지명

지명 유형은 '자연지명', '행정지명과 마을', '고지명', '시설', '도로와 교량', '군락 · 서식지 및 철새 도래지'로 나눌 수 있는데, 각 유형별 제작 방안과 유의점은 다음과 같다.

ⓐ 자연지명

산, 하천, 고개 등의 자연지명은 기본적으로 최대한 넓은 화각을 활용하여 대상의 전체적인 모습이 화면에 담길 수 있도록 촬영해야 한다.

다음의 〈사진 4.1〉은 화각을 확보하지 못했으며, 역광에 흐린 날씨여서 산을 명확히 볼 수 없다. 〈사진 4.2〉처럼 넓은 화각, 맑은 날씨와 적합한 조광 방향이 전제된 사진이 필요하므로 적절한 촬영 시간 조절과 공간 설정이 중요하다.

사진 4.1 공주 관불산 (×)

사진 4.2 제주 당오름 (○)

사진 4.3 논산 연산천 (×)
하천의 전체적인 모습이 다리에 가려진 경우

사진 4.4 울진 남대천 (×)
유량을 알 수 없는 경우

사진 4.5 공주 유구천 (○)

사진 4.6 충주 달천 (○)

하천의 경우, 〈사진 4.5〉처럼 유량이 충분하고, 주변 환경이 조화롭게 보일 수 있도록 촬영한다. 또한 높은 곳에서 〈사진 4.6〉과 같이 하천의 전체적인 흐름의 모습을 담는 것이 대상의 형태나 규모를 보여줄 수 있기 때문에 효과적이다. 고개의 경우, 형태와 위치를 입체적으로 알아볼 수 있도록 〈사진 4.8〉과 같이 넓은 화각에서 촬영한다.

사진 4.7 공주 구제고개 (×)
고개의 형태를 파악할 수 없는 경우

사진 4.8 창원 안민고개 (○)

ⓑ 행정지명과 마을, 고지명
행정지명과 마을, 고지명의 경우 마을의 입지, 지형, 건물 분포 등의 파악이 용이하도록 높은 곳에서 전경을 촬영한다.

사진 4.9 경주 월성 양동마을 (×)
마을 입구에서 바라본 마을 전경

사진 4.10 경주 월성 양동마을 (○)
앞산에서 바라본 마을 전경

〈사진 4.9〉는 마을 입구의 정면 시점에 촬영한 사진이고 〈사진 4.10〉은 마을의 앞 산에서 촬영한 사진이다. 〈사진 4.10〉, 〈사진 4.12〉와 같이 산, 고개 등의 높은 지형에 서 내려다본 마을 전경이 마을의 형태 파악에 유리하므로 촬영자의 위치, 화각을 고려 하여 촬영한다.

사진 4.11 음성 가잠이마을 전경 (×)
마을의 구조와 형태를 파악할 수 없는 경우

사진 4.12 울릉 갓영마을 전경 (○)
마을의 구조와 형태를 잘 보여주는 경우

ⓒ 도로와 교량

도로는 다음의 〈사진 4.13〉과 같이 최대한 넓은 화각으로 촬영하여 도로의 구조와 주 변 모습을 모두 볼 수 있도록 한다.

사진 4.13 춘의사거리 (○)

ⓓ 시설

역, 터미널, 도서관, 체육관, 운동장, 복지관, 문화회관 등의 지역 시설은 건물의 외관 모습과 함께 그 기능에 따라 실제 활용되고 있는 모습을 촬영한다. 〈사진 4.14〉, 〈사진 4.15〉와 같이 시설이 이용되고 있는 모습을 촬영하여 이용자로 하여금 시설의 기능을 한눈에 알 수 있도록 한다.

사진 4.14 용인축구센터 (O)

사진 4.15 부천시립꿈빛도서관 (O)

ⓔ 군락, 서식지 및 철새 도래지

사진 4.16 울진 금강송 (O)

사진 4.17 울진 금강송 (O)

군락, 서식지 및 철새 도래지의 경우, 〈사진 4.16〉과 같이 주변 환경을 알 수 있도록 넓은 화각의 전경 사진과 〈사진 4.17〉과 같이 대상(개체)의 세부 모습을 함께 촬영한다.

사진 4.18 강릉 경포호 철새 도래지 (O)

사진 4.19 남원 봉화산 철쭉 군락 (O)

또한, 〈사진 4.18〉, 〈사진 4.19〉와 같이 군락, 서식지, 도래지의 해당 개체(대상)가 반드시 화면에 나오도록 촬영한다.

② 동물과 식물

사진 4.20 여수 갈매기 (O)

사진 4.21 공주 동사리 (O)

동물은 〈사진 4.20〉과 같은 전체 모습이 담긴 사진과 함께 〈사진 4.21〉과 같이 해당 동물의 특징을 보여줄 수 있는 세부 모습을 촬영한다.

식물은 보호수와 일반 식물로 나뉘는데, 다음 사항에 유의하여 촬영한다.

사진 4.22 여수 화정면 개도리 화산마을 보호수 (○)

사진 4.23 울진 금천리 느티나무 (×)

보호수의 경우 〈사진 4.22〉와 같이 안정된 구도로 전체 모습을 촬영한다. 〈사진 4.23〉과 같이 앙상한 모습의 사진이 나오지 않도록 계절과 주변 환경을 고려하여 촬영한다.

사진 4.24 울릉 둥근잎섬쥐똥나무 (○)

사진 4.25 울릉 둥근잎섬쥐똥나무 열매 (○)

그 외의 일반적인 식물은 〈사진 4.24〉, 〈사진 4.25〉와 같이 열매, 꽃이 피는 시기에 맞춰 전체 모습과 세부 모습을 각각 촬영한다.

③ 기관단체

기관단체는 기업, 시장, 기관, 단체 등을 포함한 일반적인 기관단체와 학교, 종교 시설 (사찰)로 분류할 수 있다. 각 항목의 특성에 따라 다음과 같이 촬영한다.

ⓐ 단체

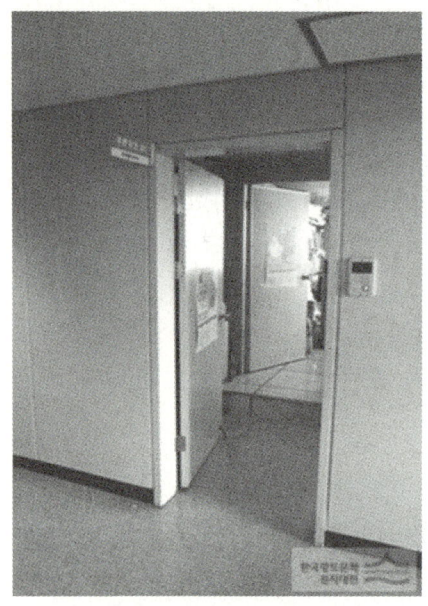
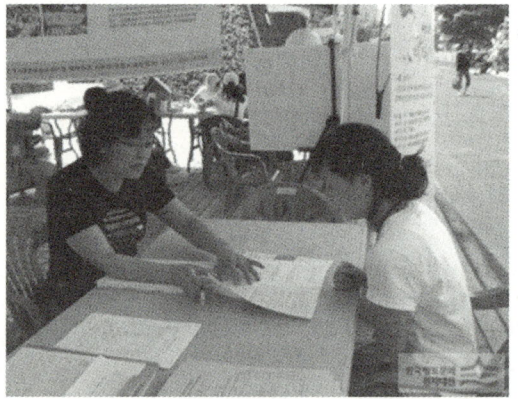

사진 4.26 푸른부천21협의회 (×)　　　**사진 4.27** 부천시 여성회관 상담 활동 (○)

지역 내의 각종 단체의 경우, 〈사진 4.26〉과 같이 사무실이 협소하여 단독 건물이 없는 경우가 많다. 따라서 건물의 외관, 사무실 내부 모습보다는 〈사진 4.27〉과 같이 단체의 주요 활동 모습을 촬영하여 단체의 역할과 기능을 이용자가 알 수 있도록 한다.

ⓑ 기업, 공장

기업, 공장의 경우 안정된 구도의 전경과 함께 다음의 〈사진 4.29〉와 같이 제조 공정, 생산 시설, 작업장, 사무실 등을 촬영한다. 이때 해당 기업(공장)에서 생산된 완제품은 홍보용 사진으로 보일 수 있기 때문에 화면에서 보이지 않도록 유의하여 촬영해야 한다. 현장의 여건으로 인해 촬영이 어려울 경우에는 해당 업체로부터 기존 자료를 최대한 수집하여 활용한다.

사진 4.28 LG화학 여수공장 (O)

사진 4.29 제주 삼다수 제조 공정 (O)

ⓒ 기관, 기업, 시장

사진 4.30 부천시 새마을 회관 (×)

사진 4.31 부천테크노파크 (O)

지역 내의 관공서와 같은 기관의 경우 〈사진 4.30〉과 같이 건물의 크기와 화각의 어려움으로 인해 왜곡된 구도의 사진이 나오는 경우가 있다. 이 경우, 〈사진 4.31〉과 같이 최대한 안정된 구도에서 촬영이 가능하도록 촬영 시점을 잘 파악하여 적용한다.

ⓓ 학교

학교는 가로로 긴 건물이 대부분이므로 다음의 〈사진 4.32〉와 같이 입체적이면서도 피사체를 잘 보여줄 수 있도록 측면에서 촬영한다. 운동장과 같은 여백을 최소화하도록 주의한다.

사진 4.32 공주 귀산초등학교 (O)　　사진 4.33 충주 소태초등학교 백일장 (O)

더불어 〈사진 4.33〉과 같이 백일장, 체육대회, 수업, 특별활동 등 각종 학내 행사를 학생 활동의 주제가 명확히 드러나도록 함께 촬영한다.

ⓔ 종교 시설

교회, 성당, 법당, 사찰 등을 비롯한 종교 시설의 경우, 〈사진 4.34〉와 같이 안정된 구도의 건물 외관 모습과 〈사진 4.35〉, 〈사진 4.36〉과 같이 예배, 행사, 의식 등을 주제가 명확히 드러나도록 촬영한다.

사진 4.34 용인 상하성당 (○)

사진 4.35 충주 주덕중앙교회 주일예배 (○)

사진 4.36 거룡승천제 거리 행진 (○)

④ 유물

유물은 불상, 서화류, 기명류, 일반 유물로 분류할 수 있으며, 항목 기사의 내용을 충분히 숙지하고 분석하여 각 대상별 제작 방법에 유의하여 촬영한다.

ⓐ 불상

불상은 다음의 〈사진 4.38〉과 같이 정면 중앙 시점에서의 촬영을 통해 대상의 특성을 부각시키도록 한다. 〈사진 4.37〉처럼 시점과 조광 환경 파악이 잘못되면 대상의 고유의 모습을 알아볼 수 없다. 여기에 〈사진 4.39〉와 같이 대상의 입체감을 살린 측면 사진을 추가로 촬영한다.

사진 4.37 불국사 금동아미타여래좌상 (×)

사진 4.38 불국사 금동아미타여래좌상 (○)

사진 4.39 불국사 금동아미타여래좌상 측면 (○)

불상을 비롯한 문화재는 각 항목 기사 내용을 근거로 촬영 대상의 소재를 다양화할 필요가 있다. 다음의 내용은 법주사 마애여래의상에 관한 항목 기사이다.

법주사 마애여래의상

충청북도 보은군 내속리면 사내리 법주사에 있는 고려시대의 불상. 높이 5m. 보물 제216호. 연꽃의 대좌 위에 두 다리를 걸친 자세이다. 두 다리를 한껏 벌리고 앉아 있어서 두 다리가 각진 것처럼 보이는 부자연스러운 모습을 하고 있다. 이러한 직각에 가까운 형태는 어깨에서도 나타나고 있다. 그래서 무릎에서 팔로 이어지는 선을 연장하면 직삼각형이 만들어진다. 즉, 기하학적인 구도로 되어 있다.

- 중 략 -

그리고 이 불상이 새겨진 암석 바로 앞에 있는 바위 면에 조각된 지장보살상(地藏菩薩像)과 미륵불 바로 옆에 새겨진 설화도(說話圖)들은 이 불상들이 법상종의 신앙으로 조성되었음을 보여 준다.

기사에서 불상 옆에 지장보살과 설화도가 있음을 알려주고 있다. 이 내용에 따라 〈사진 4.40〉과 같이 전체 모습과 세부 모습 및 주변의 관련 사진을 함께 촬영해야 한다.

사진 4.40 법주사 마애여래의상, 지장보살상, 설화도 (O)

이처럼 각 항목 기사 내용을 충분히 숙지하고 촬영에 반영해야 한다.

특히 불상 촬영 시에는 현지의 촬영 조건, 대상의 특징, 중점 부분을 명확히 인지한 후에 입체감을 구현할 수 있도록 촬영해야 한다.

사진 4.41 서산 마애불 순광 촬영 (×)   **사진 4.42** 서산 마애불 측광 촬영 (O)

〈사진 4.41〉와 〈사진 4.42〉는 조광 조건을 달리한 결과물로 품질의 차이가 확연히 드러남을 알 수 있다. 현장의 조광 조건을 고려하여 대상의 형태와 특징이 최대한 부각

되도록 촬영해야 한다.

ⓑ 서화류

서화류는 원본의 느낌이 그대로 전달될 수 있도록 색감, 여백, 통일된 배경을 충분히 고려하여 촬영한다.

사진 4.43 회헌 영정 (O) 사진 4.44 김창집 영정 (O)

ⓒ 유물 일반, 기명류

사진 4.45 울진 진복리 고인돌 (O) 사진 4.46 울진 주인리 석불좌상 두상 (O)

일반적인 유물은 〈사진 4.45〉와 같이 전체 모습과 대상의 특징적인 세부 모습을 함께 촬영한다. 세부 모습 촬영 시에는 〈사진 4.46〉과 같이 대상을 화면 가득히 담고, 대상에 대한 집중도를 높이기 위해 아웃포커싱 기법을 활용하여 촬영한다.

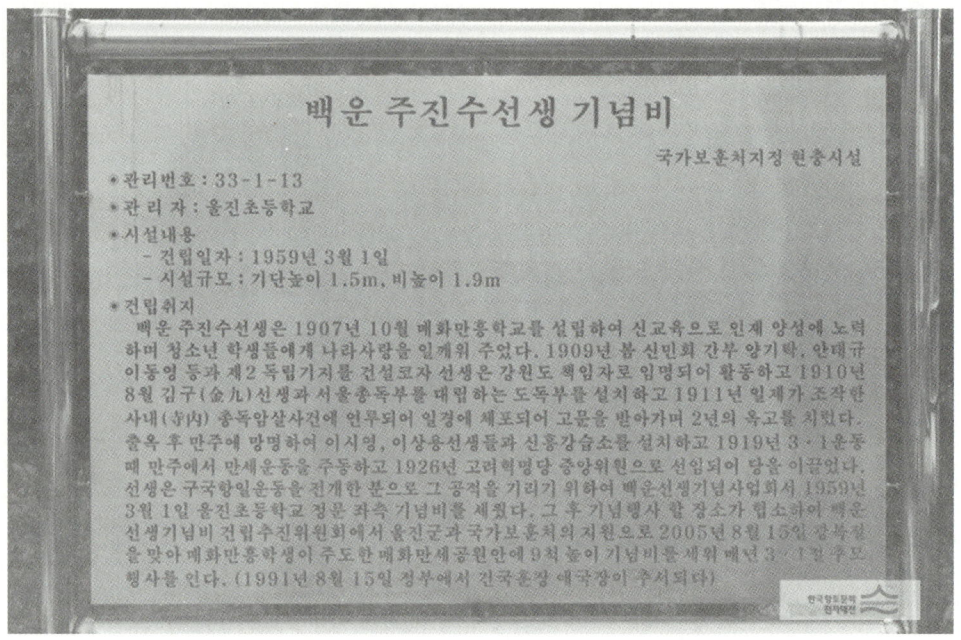

사진 4.47 울진 백운 주진수 선생 기념비 (O)

사진 4.48 울진 화수정 현판 (O)

유물, 유적의 안내판, 현판의 경우 판독이 가능하도록 〈사진 4.47〉과 같이 화면 가득히 정면에서 촬영한다. 이때 안내판에 촬영자의 모습이 반사되어 보이지 않도록 주의하며 좌우 간격이 흐트러지거나 대상의 모양이 삐뚤어지지 않도록 유의하여 촬영한다.

⑤ 유적

본 사업에서 가장 많은 부분을 차지하는 대상인 유적을 촬영할 때에는 대상의 특성에 따라 촬영 방법을 맞춰 진행해야 한다. 또한 항목 기사에 언급된 대상의 중요 사항을 화면에 충분히 담아내야 한다. 각 분류에 따른 촬영 방법과 유의점은 다음과 같다.

ⓐ 건물

건물은 기본적으로 안정된 구도를 지향하되, 건물의 입체감을 최대한 살릴 수 있도록 다양한 화각을 활용하여 촬영한다.

사진 4.49 불국사 극락전 정면 (O)

사진 4.50 불국사 극락전 측면 (O)

〈사진 4.49〉, 〈사진 4.51〉과 같은 정면 시점에서의 사진과 함께 건물 구조 파악이 용이한 〈사진 4.50〉, 〈사진 4.52〉와 같은 측면 사진을 추가로 촬영한다. 또한 건물의 창, 문은 반드시 닫은 상태에서 촬영한다.

사진 4.51 불국사 백운교, 청운교 정면 (O)　　**사진 4.52** 불국사 백운교, 청운교 측면 (O)

전등사 대웅전

인천광역시 강화군 길상면 온수리 전등사에 있는 조선 중기의 불전. 정면 3칸 측면 3칸의 겹처
마 팔작기와지붕 건물. 보물 제178호. 1916년 해체 수리 때 발견된 [양간록(樑間錄)]에 의하면,
이 건물은 1605년(선조 38) 화재로 절반이 탔고, 1614년(광해군 6) 12월 다시 짓기 시작하여
1621년 윤2월 7일 서까래를 놓았다는 것으로 미루어 조선 중기의 건축물임을 알 수 있다.

－ 중 략 －

특히, 귀공포에서 귀한대[隅限大 : 귓기둥에서 도리와 45° 각도로 내민 포살미] 삼제공 위에
나무로 깎은 인물상을 조각하여 올려놓은 것은 다른 건물에서는 볼 수 없는 독특한 것이다.

사진 4.53 전등사 대웅전 (O)　　　　　**사진 4.54** 전등사 대웅전 내부 (O)

또한 건물 촬영 시, 항목 기사를 참고로 하여 중요 부분을 함께 촬영해야 한다. 앞서 제시된 전등사 대웅전 항목 기사를 보면, 독특한 귀공포 모양에 대해 서술하고 있다. 이에 따라 귀공포의 특징적인 인물상 모습을 추가로 촬영한 것이 〈사진 4.55〉이다. 이처럼 항목 기사를 참고로 촬영 대상의 외부 모습뿐 아니라 내부 모습, 세부 모습을 함께 촬영해야 한다.

사진 4.55 전등사 대웅전 귀공포 만물상 (O)

사진 4.56 여수 이대원 사당 전경 (X)

사진 4.57 울진 불영사 전경 (O)

유적의 전경은 〈사진 4.56〉처럼 좁은 화각의 사진이 아닌 〈사진 4.57〉과 같이 전체 모습을 조망할 수 있는 위치에서 넓은 화각으로 촬영하는 것이 바람직하다.

또한, 〈사진 4.58〉처럼 무리하게 여러 건물을 한 화면에 담으려다 보면 장애물에 가려지거나 왜곡된 화각이 될 수 있다. 이 경우에는 〈사진 4.59〉와 같이 개별 건물을 촬영하는 것이 좋다.

사진 4.58 도갑사 전경 (×)   사진 4.59 도갑사 극락보전 (O)

정자와 같은 건물은 주변 경관이 어우러진 모습이 중요하다. 그래서 항목 기사 검토 후 정자의 외관과 주변 환경을 포함한 원경도 함께 촬영한다.

사진 4.60 화석정 (O)

끝으로, 건물의 실내 촬영에서는 움직이는 피사체가 아니라면 플래시 사용을 피하고 삼각대를 이용하여 자연광을 통해 촬영해야 한다.

다음의 〈사진 4.61〉은 플래시를 잘못 활용하여 앞뒤 부분의 밝기가 달라져서 전체적으로 균형감이 떨어진다. 반면, 자연광을 활용한 〈사진 4.62〉는 전체적으로 빛이 고르게 들어가 있어 자연스러운 모습을 보여 준다. 따라서 주변 조광 환경을 고려하여 대상이 왜곡되지 않고 효과적으로 전달될 수 있도록 조명을 알맞게 활용하여 촬영한다.

사진 4.61 경주 구정동 방형군 (×)

사진 4.62 김정희 선생 고택 사랑방 (○)

ⓑ 능묘

사진 4.63 충주 경녕군 묘 (○)

능묘는 〈사진 4.63〉과 같이 전체 모습, 묘비, 봉문 모습을 구분하여 볼 수 있도록 다양하게 촬영해야 한다. 특히 묘비는 각석되어 있는 문자, 무늬가 잘 보이도록 촬영해야한다.

ⓒ 고분, 유물산포지, 터

고분, 유물산포지, 고분은 현재 소실되어 흔적을 찾아보기 어려운 경우가 대부분이다. 이 경우에는 〈사진 4.64〉와 같이 현재의 모습을 촬영하고, 〈사진 4.65〉와 같은 출토 유물, 관련 기록, 발굴 모습 등을 촬영한다.

사진 4.64 용인 성복동 유물산포지 (O)　　　**사진 4.65** 용인 성복동 유물산포지 유물 (O)

ⓓ 부도, 탑, 비

부도, 탑, 비의 경우 일반적인 유적과 같이 전체 모습과 특징적인 세부 모습을 촬영한다. 단, 세부 모습 촬영 시 각석된 문자와 무늬는 판독이 가능하도록 근접하여 촬영한다.

사진 4.66 울진 봉평신라비 전체, 세부, 이전하기 전 모습 (O)

ⓔ 민간신앙 유적

민간신앙 유적은 기본 요소인 신당, 신체(나무, 바위, 장승), 축문 등의 관련 자료를 〈사진 4.67〉에서와 같이 안정된 구도로 다양하게 촬영한다.

사진 4.67 울진 월송리 화곡 동제당 (O)

⑥ 사건과 제도

사건과 제도의 경우는 실제로 실행되는 주요 모습을 촬영한다. 이때 인물이 너무 부각될 경우 초상권 침해 소지가 있으므로 유의하여 촬영한다.

사진 4.68 새마을운동 당시 모습 (O)　　　**사진 4.69** 부천 5·31 지방선거 개표 (O)

⑦ 문헌, 작품(문학)

문헌과 문학 작품 등 성책된 것은 표지만 촬영하는 것보다 항목 기사에서 언급한 부분의 사진을 추가로 촬영하여 주는 것이 바람직하다. 이때 통일된 배경과 색감으로 촬영하도록 유의한다.

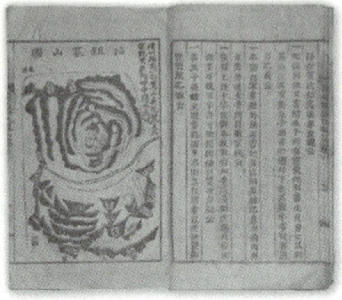

사진 4.70 『청주한씨세보』 (O)

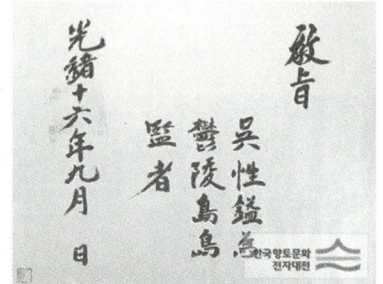

사진 4.71 「울릉도 도감 교지」 (O)

사진 4.72 「김무분깃문기」 (×)

사진 4.73 「개국원종공신녹권」 (O)

그리고 문서의 경우는 현실감과 입체감을 위해 스캐닝이 아닌 실사 촬영을 원칙으로
한다. 역시 통일된 배경과 색감으로 내용 판독이 가능하도록 촬영한다. 두루마리 형태
의 문서는 그 모양을 확인할 수 있도록 촬영한다. 〈사진 4.72〉는 문서 양쪽 모두가
잘려 두루마리의 원형을 느낄 수 없으므로 〈사진 4.73〉과 같이 일부분을 촬영하더라
도 전체를 파악할 수 있도록 촬영한다.

⑧ 의례

평생의례, 세시풍속, 제의를 포함하는 의례는 특성을 명확히 알 수 있도록 진행되는
주요 모습을 나누어 촬영한다.

사진 4.74 음성 설성문화제 거북놀이 (O)

사진 4.75 충주 전통혼례 재현 (O)

사진 4.76 공주 우성면 봉현리 상례 (O)

사진 4.77 울진향교 석전제 (O)

⑨ 행사, 작품(공연·전시), 놀이

축제, 기념식과 같은 지역 내의 행사와 음악·영상·연극·무용 등의 공연 작품, 그리고 민속놀이와 관련한 사진은 이용자에게 생동감 있는 현장의 모습을 전달해 주기 위한 촬영이 되어야 한다. 이러한 행사와 작품은 주제가 명확히 드러나도록 주요 프로그램을 선별하여 다음의 〈사진 4.78〉과 같이 다양하게 촬영해야 한다.

사진 4.78 충주 수안보 대학찰옥수수 축제 (O)

또한, 연속성이 있는 축제, 영화제 등의 행사는 기존 행사 사진과 홍보 자료, 기념물 등을 충분히 수집하여 해당 행사의 과거와 현재의 모습을 알 수 있도록 한다.

사진 4.79 부천판타스틱영화제 (O)

⑩ 물품도구, 작품(미술 · 공예)

물품도구, 미술 · 공예 작품은 항목 기사 내용을 기반으로 전체적인 모습과 특징적인 세부 모습을 촬영한다. 세부 모습 촬영 시에는 대상에 집중도를 높이기 위한 아웃포커싱 기법을 활용한다. 미술 · 공예 작품 전시회의 경우 전시장의 분위기를 느낄 수 있는 현장의 모습도 촬영한다.

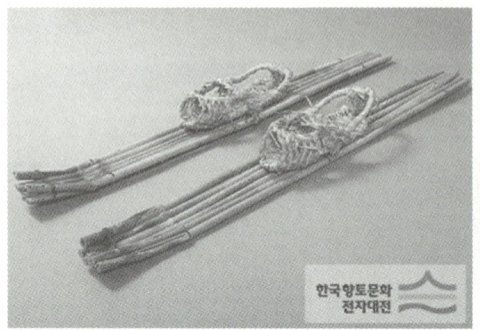
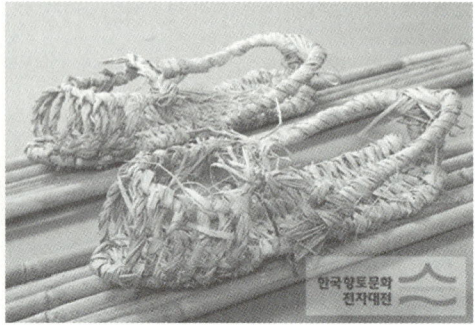

사진 4.80 울릉 대나무 스키 (○)

⑪ 의복

사진 4.81 제주 저고리와 치마 (○)

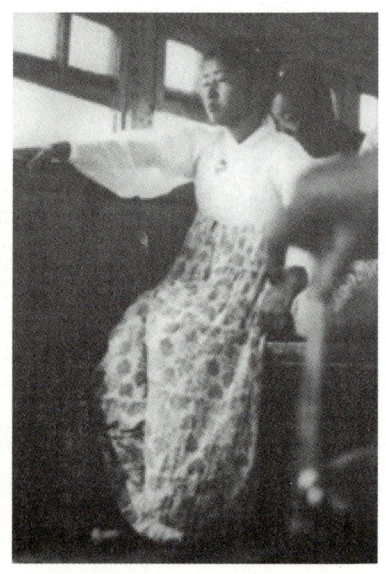

사진 4.82 1960년대 제주의 의상 (○)

의복은 〈사진 4.81〉처럼 형태를 알 수 있는 전체 모습과 세부 모습을 촬영한다. 또한 〈사진 4.82〉와 같이 착용 상태의 모습을 촬영하는 것이 중요하다.

⑫ 특산물, 음식물

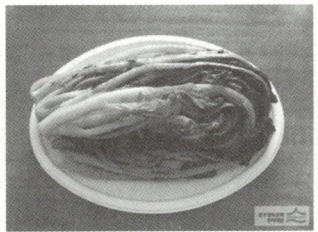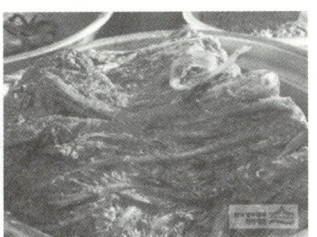

사진 4.83 여수 돌산갓 (O)

지역의 특산물은 대상의 사진과 재배 과정을 함께 촬영하여 대상의 다양한 모습을 담는다.

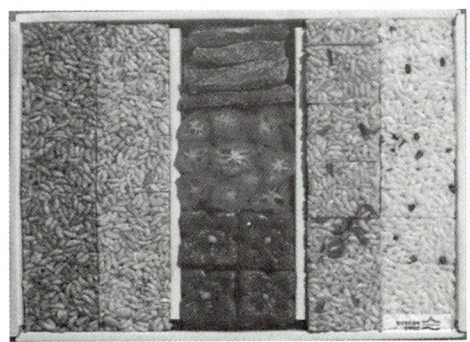

사진 4.84 울진 매화쌀엿 제조 공정 (O)　　　**사진 4.85** 울진 매화쌀엿 (O)

음식물은 통일된 배경과 색상으로 촬영하고 〈사진 4.84〉처럼 제조(조리) 과정을 단계별 특성이 명확히 드러나도록 촬영한다.

(3) 동영상

① 개요

본 사업에서는 동영상을 기록영상과 기획영상의 두 가지 방식으로 제작하고 있다. 기록영상은 이미 집필된 일반항목 중 유물, 유적, 행사, 마을 등 기록 보존의 가치가 있는 대상을 선정하여 제작하는 3분 내외의 스케치 위주의 영상이다. 일반항목 기사를 참고하여 대상을 효과적으로 표현하고 묘사하기 위해 다양한 화면 구성 및 편집 기법을 활용하여 제작한다. 기획영상은 이미 집필된 기획항목 중 지역의 전통과 역사, 현대의 모습 및 발전상, 문화, 지역성, 역점 추진 사업 등 해당 지역에서의 중요도와 가치를 고려한 대상을 선정하여 제작하는 10분 내외의 심층 영상이다. 기획항목 기사를 기반으로 스토리가 있는 시나리오를 작성한 후 2D, 3D, VR, 플래시 애니메이션 등 다양한 멀티미디어 기법과 내레이션, 자막을 활용하여 제작하는 심도 있는 영상이다. 기록영상과 기획영상 모두, 항목 기사 내용을 기반으로 시나리오를 작성한 후 촬영을 진행해야 한다. 본 사업의 영상 제작 공정을 요약하면 다음과 같다.

지정 → 시나리오 작성 → 관련 자료 수집 → 촬영 → 편집 → 검수 → 납품

그림 4.2 한국향토문화전자대전 영상 제작 공정도

② 촬영 방법

ⓐ 사물

유물, 도구 등 대상이 사물일 경우, 정확한 포커스와 왜곡이 없는 표준, 망원 상태로 전체에서 세부적인 부분으로 이어지는 구조로 촬영한다. 또한 심도 조절과 줌인-아웃 (zoom in-out)을 통해 대상의 주요 특성을 최대한 부각시켜야 한다.

ⓑ 인물

대상 인물의 인터뷰, 활동 모습을 담을 때에는 자연스러운 모습을 주변 환경과 적절히 조화될 수 있도록 촬영하며, 얕은 심도로 대상을 부각시켜야 한다. 한편 역광이 되어 대상이 어두워 보이지 않도록 주의한다.

ⓒ 건물

건물은 안정된 구도로 왜곡되지 않는 범위에서 다양한 방향(전면, 측면, 후면)과 각도에서 입체적으로 보일 수 있도록 내부 및 외부 모습을 촬영한다. 이때 화면이 흔들리거나 패닝(Panning) 속도가 불규칙적이지 않도록 주의한다.

ⓓ 풍경

마을 전경, 자연 풍경 등의 대상은 깊은 심도로 전영에 포커스를 맞춰 촬영한다. 다만, 대상이 넓은 화각을 필요로 하는 특성이 있으므로 광각 혹은 파노라마로 촬영할 수 있다. 풍경은 외부 촬영이 많은 관계로 날씨와 조광 조건을 충분히 고려하여 촬영한다.

ⓔ 행사

축제, 기념식, 체육대회 등과 같은 행사는 대상의 주제가 가장 잘 드러나는 부분을 프로그램에 따라 순차적으로 촬영한다. 행사 참가자들의 모습을 역동적으로 화면에 담아내야 하며, 프로그램의 내용을 화면에서 충분히 표현하도록 한다.

③ 편집 방법

본 사업의 영상은 통일된 인트로 화면과 대상에 맞는 BGM을 활용한다. 자막, 내레이션을 활용하여 화면의 내용을 충분히 설명해야 한다. 자막은 통일된 디자인으로 별도의 파일(.smi)로 제작하고, 내레이션은 화면 속도와 일치하도록 편집한다. 화면 내용을 설명하기 위한 자막의 내용은 함축하여 간단히 표기한다. 화면 구성을 할 때 순차적인 단순 구성을 넘어 관련 자료(옛 사진, 기록, 도면, 통계)를 충분히 활용하여 다양한 기법(CG, 플래시 애니메이션, 이미지 편집)으로 표현한다. 촬영 대상을 반복하여 보여 주는 편집을 지양하고 컷당 시간을 안배하여 전체 상영 시간이 기록영상은 3분 내외, 기획영상은 10분 내외로 한다.

(4) VR

① 기획

실사 이미지를 기반으로 360° 파노라마와 줌인-아웃(zoom in-out), 회전, 위치 이동을 가능케 하는 유형인 VR은 멀티미디어 기획 단계에서 제작 대상 지정과 함께 대상의 특성에 따른 제작 기법의 설정이 필요하다. VR 제작 대상 지정 작업에서는 파노라마와 줌인-아웃(zoom in-out)의 특성이 부합되는 대상을 지정한다. 대상 주변으로 360° 회전이 의미가 없거나 촬영 구도 설정이 불가능한 항목은 제외한다. 본 사업에서 적용할 수 있는 대상의 유형은 건물의 내부 및 외부, 문화재, 관광 명소, 지역 시설, 공공 기관 등이다. 이후 지정한 대상의 현지 조건과 특성에 따라 파노라마 VR, 줌 VR 등의 제작 기법을 적용한다.

② 촬영

실사 이미지를 기반으로 하기 때문에 고해상도로 최대한 왜곡을 줄여 표준렌즈를 활용하여 촬영한다. 다만, 화각의 어려움으로 인해 광각렌즈를 활용할 수 있으나, 왜곡을 최대한 억제하는 화각에서 촬영한다. 360° 수평, 180° 수직으로 촬영할 때, 가장 중요한 것은 전 장면과 다음 장면이 반드시 일정 부분(약 20~30%) 겹치게 촬영하는 것이다. 노들 포인트(Nodal Point, 빛이 렌즈를 들어와 필름 또는 CCD에 초점이 맞춰지기 전 빛의 교차 지점)를 축으로 하여 상하좌우로 정확하게 각도마다 카메라를 돌려 주는 장비(Rotator)를 카메라에 장착하여 모든 방향이 여러 장의 사진으로 겹치게 촬영한다. 또한, 촬영 현장에서는 빛의 방향을 고려하여 역광을 피한 시간을 택하여 촬영한다.

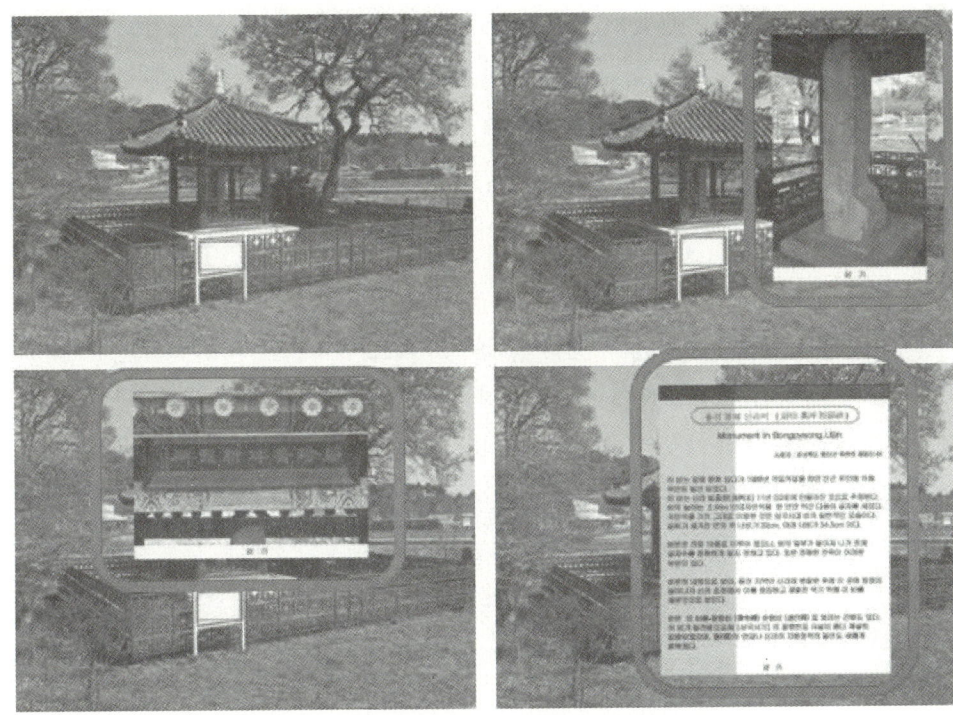

사진 4.86 울진 봉평신라비 Zoom VR 캡처 화면

사진 4.87 충주 관아공원 Panorama VR 캡처 화면

③ 편집

편집 시에는 줌인-아웃(zoom in-out), 회전, 위치 이동, 전체 화면 기능을 부여한다.
반드시 플래시 파일(swf) 형태로 제작하고 사용성 향상을 위한 내비게이션 바를 삽입한다. 그리고 대상이 지정문화재일 경우 안내판을 확대하여 볼 수 있는 기능을 추가한다. 여러 건물이 있을 경우 화면 내에 텍스트를 삽입하여 구분이 되도록 표기하여야 한다. 이때 텍스트가 잘 보이는 폰트와 크기를 사용하여야 한다.

(5) 음향

음향 자료는 지역의 전통과 특색을 담아낼 수 있는 소리를 채택하여 제작한다. 사라져 갈 위기에 있는 소리를 우선 선정하며, 기존의 옛 소리와 인물의 육성도 제작이 가능하다. 수집·가공하는 콘텐츠가 아닌 새로 녹취 제작하는 음향은 실연 모습을 담은 동영상으로 제작한다. 또한, 전문 음악인의 소리와 함께 전통적으로 불러왔던 일반인의 소리도 선정하여 제작하며, 세대별 변화가 있는 노래는 세대별로 별도로 제작한다. 실제 녹취 및 편집 시에는 잡음을 최대한 제거하고 소리의 왜곡이 없도록 주의한다. 효과를 가미한 소리를 지양하며 이용자가 듣기에 편안한 기본적인 음파의 형태로 조절하여 제작한다.

(6) 도면

도면은 수집된 원자료를 기반으로 이용자가 쉽게 볼 수 있도록 전면 재가공하여 제작하여야 한다. 단순 스캔이 아닌 통일된 디자인을 적용하여 재가공하여 도면 내에 기재된 텍스트와 기호의 시안성이 향상될 수 있는 방안을 적용하여 제작해야 한다. 예를 들어, '삼별초 전투개황도', '진주농민항쟁 진행도'와 같이 사건의 흐름을 보여 주는 진행도, 개황도의 경우, 진행 과정을 입체적으로 확인할 수 있도록 애니메이션 효과를 적용하여 제작한다. 분포도, 단면도의 경우에는 사용된 숫자, 기호 등 설명 내용의 가독성을 고려하여 제작한다. 동식물, 광물, 토양, 인구 등 개별 항목을 포함하는 상위 개념항목은 해당 지역의 관련 자료를 수집하여 반드시 제작한다. 고지도의 경우에는 화면 확대와 이동이 가능하도록 기능을 부여하고 지도의 색상과 형태를 최대한 살려 원본 느낌이 그대로 전달될 수 있도록 제작한다. 유적의 발굴 조사서가 있는 경우에는 단면도와 실측도 등 주요 도면을 선별하여 수록한다. 중요 건축물에는 배치도, 배치 평면도 등의 기본 자료를 수집하여 수록하며 건물의 사진을 도면 함께 볼 수 있도록 다음의 〈그림 4.3〉과 같이 재가공한다. 이러한 기초적인 도면 자료를 발췌하여 사용할 경우 반드시 저작권을 해결하고 도면 내에 출처를 표기한다. 또한 다양한 출처에서 발췌한 도면들을 방위와 축적을 포함하는 통일된 형태의 범례와 디자인을 적용하여 제작한다.

그림 4.3 여수향교 평면도
도면과 사진을 함께 보여 주는 재가공한 사례

古郡面 遺蹟分布圖

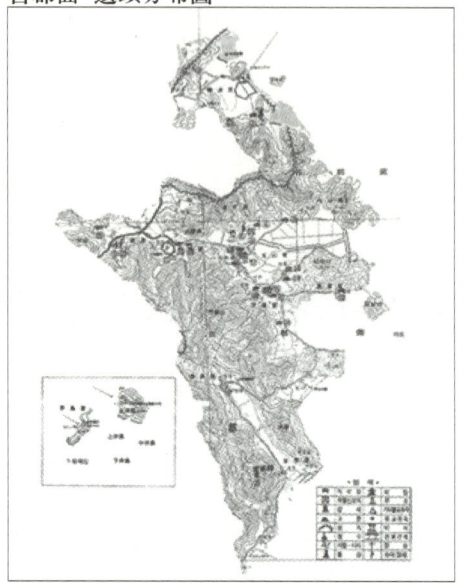

출처 : 진도군의 문화 유적 – 국립 목포대학교 박물관

그림 4.4 도면 내 텍스트가 보이지 않는 경우 (×)

古郡面 地圖

출처 : 진도군의 문화 유적 – 국립 목포대학교 박물관

그림 4.5 2차 가공이 안 된 도면 (×)

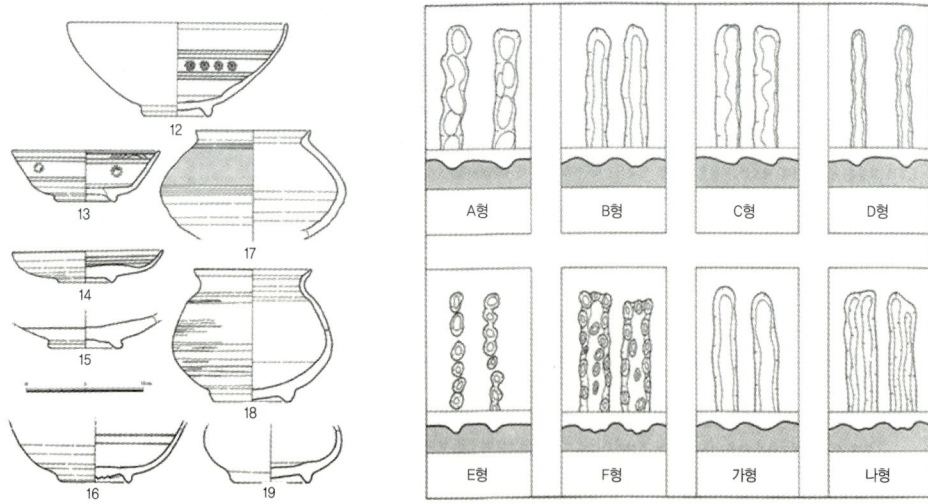

그림 4.6 도면 내의 숫자 및 기호에 대한 부가 설명이 없는 경우 (×)

1872년작 충주목지도

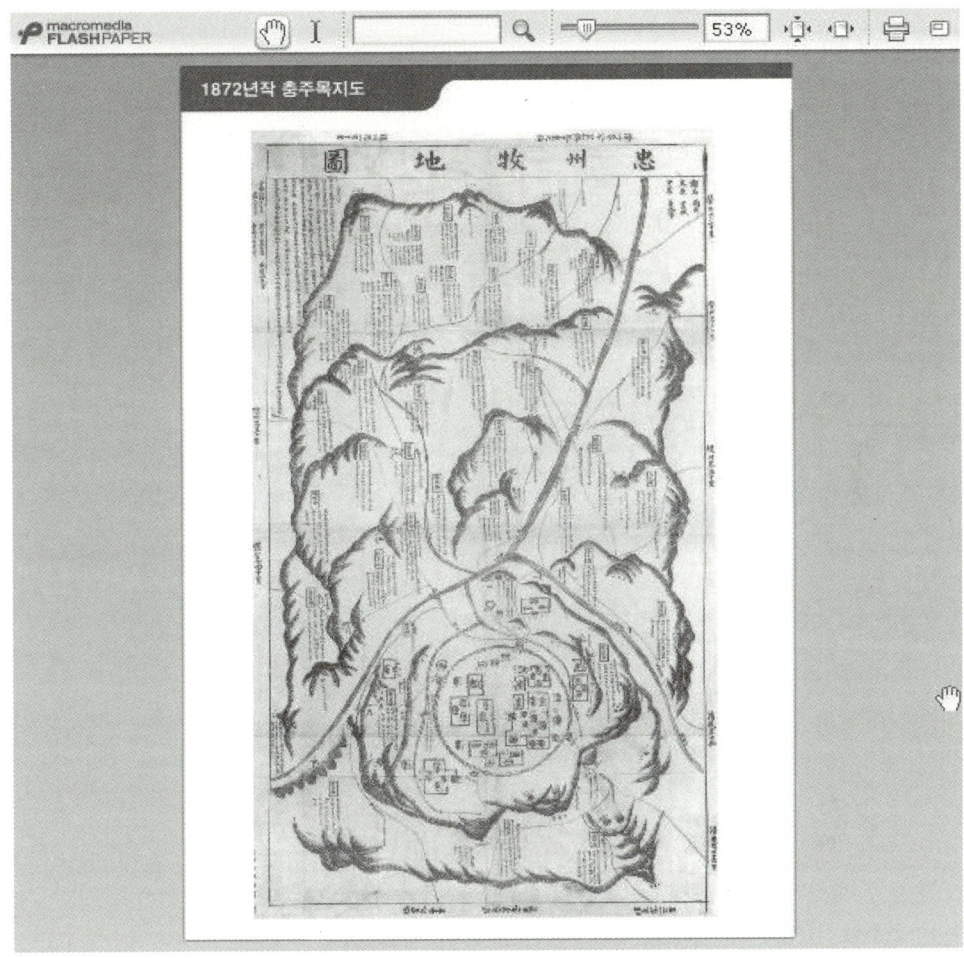

그림 4.7 1872년 충주목 지도 (O)
고지도를 재가공한 사례

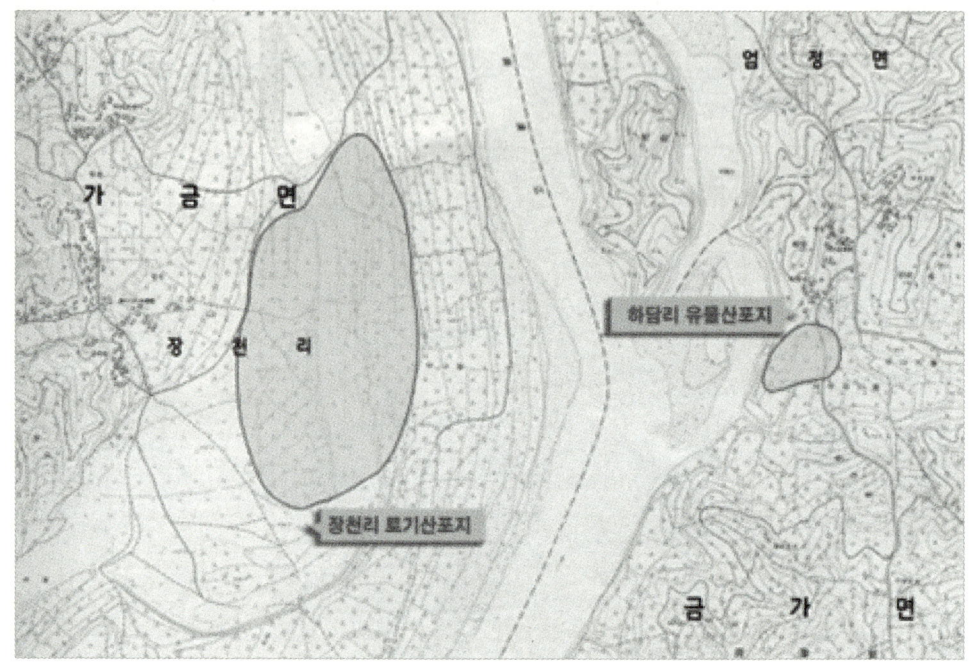

그림 4.8 충주 장천리 토기 산포지 분포도 (○)
유물산포지 범위 색상 표시 및 도면 내 텍스트 확대 재가공한 사례

(7) 도표

도표는 통계청과 해당 지방 자치 단체, 공공 기관 등 공신력 있는 기관에서 발간한 자료를 토대로 선정하여 제작하여야 하며, 수집된 해당 지역의 통계를 기반으로 이용자가 쉽게 볼 수 있도록 가공하여 제작한다. 원자료의 재편집에 그치는 것이 아니라, 내용을 효과적으로 전달할 수 있는 차트, 그래프 등의 2차 가공을 적용한다. 해당 항목의 다양한 현황, 통계 자료를 수록하되 사업 수행 시점 전년도 기준의 최신 자료를 원자료로 활용하는 것이 원칙이다. 다만, 특정 시점의 중요성이 있는 도표의 경우는 해당 시점의 자료를 수록한다. 본문 내 도표의 경우 플래시페이퍼 타입의 도표로 재가공하여 별도로 제작한다. 기존 통계 자료 발췌 시 반드시 저작권을 해결하고 출처를 도표 내에 표기한다. 또한, 통일된 형태의 범례와 디자인을 적용하여 표준화된 도표를 제작한다.

단위 : 세대, 명, %

구분	세대	인구 합계 (내국인)	인구		성비	인구 밀도	세대당 인구수	외국인
			남	여				
2003	71,841	209,138	105,536	103,602	102	214	2.9	1,031
2004	72,853	207,534	104,708	102,826	102	212	2.9	1023
2005	73,933	205,907	103,934	101,973	102	211	2.8	1,266
2006	75,053	204,610	103,278	101,332	102	210	2.7	1,626
2007	76,788	205,064	103,481	101,583	102	210	2.7	1,972
충북(2006)	561,762	1,494,559	752,742	741,817	101	201	2.7	17,326

＊출처 : 충주시 홈페이지, 종합민원실, 통계청
　1) 인구 및 세대는 주민등록상 기준일
　2) 인구는 내국인수(외국인제외)

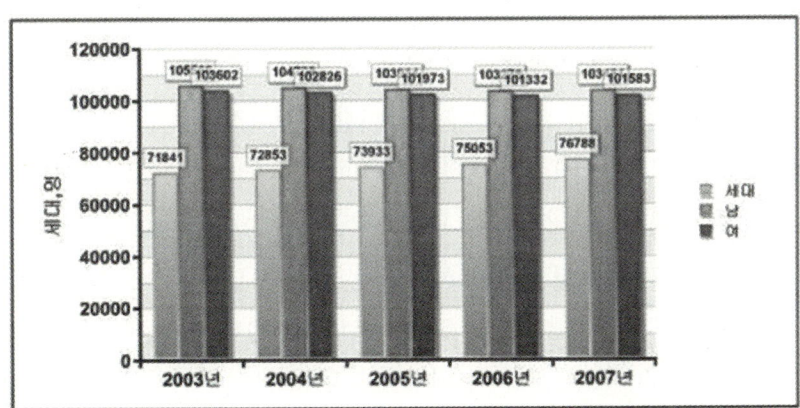

＊출처 : 충주시 홈페이지, 종합민원실, 통계청
　1) 인구 및 세대는 주민등록상 기준일
　2) 인구는 내국인수(외국인제외)

그림 4.9 수집된 통계 자료를 재가공한 사례 (○)

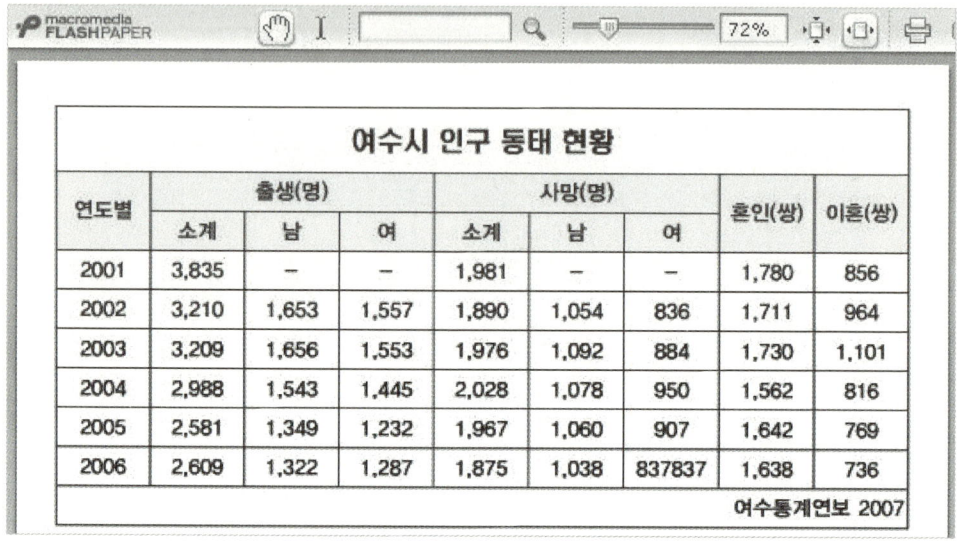

연도별	출생(명)			사망(명)			혼인(쌍)	이혼(쌍)
	소계	남	여	소계	남	여		
2001	3,835	–	–	1,981	–	–	1,780	856
2002	3,210	1,653	1,557	1,890	1,054	836	1,711	964
2003	3,209	1,656	1,553	1,976	1,092	884	1,730	1,101
2004	2,988	1,543	1,445	2,028	1,078	950	1,562	816
2005	2,581	1,349	1,232	1,967	1,060	907	1,642	769
2006	2,609	1,322	1,287	1,875	1,038	837837	1,638	736

여수통계연보 2007

그림 4.10 여수시 인구 동태 현황 (○)
본문 도표를 재가공한 사례

3) 멀티미디어 콘텐츠 메타데이터 작성

한국향토문화전자대전 멀티미디어 콘텐츠의 표준 메타데이터는 '멀티미디어 DB'라 칭하며, 시스템 개발 단계에서 XML 데이터로 기술하여 텍스트 XML 데이터와 통합 후 시스템에 탑재된다. 본문에서 설명되는 메타데이터(멀티미디어 DB)는 실제 작업 시 마이크로소프트 엑셀(Microsoft Excel) 프로그램을 사용하여 작성한다. 파일의 시트는 [멀티미디어 DB], [관련 시청각 자료 서식], [본문 자료 연결 서식], [외부 자료 연결 서식]으로 구성된다. 모든 내용은 텍스트 서식으로 입력하되, 자동 완성 서식으로 입력되지 않도록 주의한다. 또한 오탈자, 띄어쓰기 등의 맞춤법에 주의하여 작성한다.

(1) 멀티미디어 DB 작성

① 멀티미디어 DB 구성

멀티미디어 DB는 〈표 4.33〉과 같이 21개의 필드로 구성되어 있다. 멀티미디어 DB를 구성하는 필드 중에는 제작되는 모든 멀티미디어 콘텐츠에 작성되어야 하는 필드와 해당하는 멀티미디어 콘텐츠에만 작성되어도 되는 필드가 있다.

표 4.33 멀티미디어 DB의 필드 구성

필드	시청각ID	시청각 분류	시청각 자료명	설명문	자료 종류	확장자	문화재 지정번호
필수여부	필수	필수	필수	필수	필수	필수	필수

필드	소재지 (시/도)	소재지 (시/군/구)	소재지 (읍/면/동)	소재지 (기타)	제작일자	제작	제공
필수여부	필수	필수	필수	필수	필수	필수	선택

필드	저작권	출처	채록	위도	경도	날짜	시간
필수여부	필수	선택	필수	필수	필수	필수	필수

② 멀티미디어 DB 필드별 작성 방법

ⓐ 시청각 ID [필수]

시청각 ID는 서비스 시스템에서 멀티미디어 콘텐츠를 고유하게 식별하여 데이터베이스로 가져오는 용도로 사용되며, XML 데이터에서 항목과 연결 항목 요소를 지정할 때 식별을 위한 용도로 사용된다. 〈표 4.34〉와 같이 자료 유형별로 이니셜(영어 대문자)

표 4.34 멀티미디어 DB의 ID 필드 작성

멀티미디어 유형	사진	동영상	음향	도면	도표	VR
시청각 ID	P0001~	M0001~	A0001~	D0001~	T0001~	R0001~

과 식별번호 4자리를 포함하여 5자리로 기재한다.

기획영상은 기록영상과 구분하기 위하여 M1001부터 식별번호를 부여한다. 기사에서 추출되어 가공되는 본문 도면·도표는 일반 도면·도표와 구분하기 위하여 D5001 / T5001부터 식별번호를 부여한다. ID를 중복하여 부여하지 않도록 주의한다. 9000번으로 시작하는 식별번호는 마을지 데이터 관리 번호이므로 본 사업에서 제작된 콘텐츠에는 부여할 수 없다.

ⓑ **시청각 분류** [필수]

- 서비스 시스템에서 '시청각 자료'를 분류하는 체계로 활용되며, 〈표 4.35〉의 멀티미디어 분류표를 기준으로 분류 코드를 기입한다.
- 제작된 데이터의 미디어 유형(사진, 동영상, 음향, 도면, 도표, VR)에 따라 적용되는 분류를 정확히 확인하고 기입한다. 시청각 분류 중 [역사와 문화유산]은 타 분류(자연과 지리, 지역사회와 시설, 문화예술과 신앙, 생활과 민속)와 중복하여 지정할 수 있다. 중복 분류되는 경우 분류 코드 구분은 '|(Vertical Bar)'로 한다.

  예 불영사 : C1(지정문화재) | D1(종교와 신앙)

- 기사에서 추출되어 가공되는 도면과 도표는 [본문 도면], [본문 도표]로 기입한다. 멀티미디어 콘텐츠가 연결되는 기사의 항목 유형을 기준으로 분류하지 않도록 주의한다.

  예 시청각 분류 예

사진 4.88 명서동 주민자치센터

- 자료명 : 명서동 주민자치센터
- 연결 항목 : 명서동
- 주민자치센터를 촬영한 위의 사진은 연결되는 항목은 '명서동'이지만 촬영된 대상은 공공 기관이므로 시청각 분류는 B2(공공 기관과 단체)로 분류되어야 한다.

ⓒ 시청각 자료명 [필수]

● 서비스 화면에서 시청각 자료명으로 활용되며, 서비스 시스템의 검색에서 멀티미디어 콘텐츠 검색 대상에 포함된다. 자료에 해당하는 제목을 기입하며, 해당 자료의 의미를 충분히 함축적으로 표현하는 타이틀을 부여한다. 부속 및 세부 자료일 경우 개별 대상의 명칭을 상세히 작성한다.

예 현충탑 측면, 갑사 동종 용뉴부, 미금초등학교 입구, 공주시청 민원실

● 기관단체, 학교에서 수집된 행사 사진의 경우 해당 행사명을 자료명으로 기입한다.

예 충주 소태초등학교 백일장, 민주평화통일자문회의 시민교실, 충주YWCA 불우이웃돕기 바자회

● 대표 항목명의 띄어쓰기 원칙에 맞춰 기입한다. 또한 도면의 자료명은 [지역+내용+성격]으로 구성하고, 도표의 자료명은 [연도+지역+내용]으로 구성한다.

예 • 충주시 지질도 / 대덕리 야철지 분포도
　 • 2003~2007년 충주시 전력사용량

● 연결되는 항목이 아닌 제작된 데이터에서 다루는 내용에 맞게 자료명을 기입하도록 주의한다.

예 연결되는 항목명을 자료명으로 입력하는 경우

사진 4.89 성주사 종각

● 자료명 : 성주사 종각
● 연결 항목 : 성주사 / 성주사 동종
● 성주사에 있는 종각을 촬영한 사진이며 연결되는 항목은 '성주사', '성주사 동종'이 된다. 이때 자료명은 '성주사'나 '성주사 동종'이 아닌 '성주사 종각'으로 작성해야 한다.

사진 4.90 경남신문사

● 자료명 : 경남신문사
● 연결 항목 : 『경남신문』
● 『경남신문』을 발간하는 (주)경남신문사 건물을 촬영한 사진이다. 해당 신문사는 항목으로 잡히지 않았으니 본 사진 자료의 자료명은 『경남신문』이 아닌 '경남신문사'가 되어야 한다.

@ 설명문 [필수(도표 제외)]

사용자가 멀티미디어 콘텐츠를 쉽게 이해할 수 있도록 하기 위해 작성하며 해당 멀티미디어 콘텐츠를 소개하는 내용으로 작성한다. 설명문의 분량은 50자 내외를 기준으로 작성한다.

세부, 상세 사진에 전경 사진과 동일한 설명문을 작성하지 않도록 주의한다. 자료명과 동일하게 간략한 설명문이 기입하지 않도록 주의한다. 또한, 해당 멀티미디어 콘텐츠 내용에 대한 직접적인 설명을 기술하는 것을 원칙으로 하고, 연결되는 항목 기사에 대한 정의, 개설 등의 설명을 하지 않도록 주의한다. 항목 기사의 내용을 그대로 복사해서 기입하지 않도록 하며, 시대 표기 방식은 한국학중앙연구원에서 제시하는 시대 분류 방식의 중분류를 기준으로 한다.

예 대상에 대한 설명이 아닌 경우

사진 4.91 불곡사 석조비로자나불좌상

- 자료명 : 불곡사 석조비로자나불좌상
- 연결 항목 : 불곡사 / 불곡사 석조비로자나불좌상
- 불곡사 석조비로자나불좌상의 측면을 촬영한 사진이다. 연결되는 항목은 '불곡사'와 '불곡사 석조비로자나불좌상'이 될 수 있다. 이때 불곡사 자체에 대한 설명이나 불상이 있는 비로전에 대한 설명이 아닌 해당 불상에 대한 설명문이 작성되어야 한다.

표 4.36 멀티미디어 콘텐츠의 설명문 작성 예-1

구분	설명문 작성 예
○	불곡사 석조비로자나불좌상 측면의 모습이다. 불상의 높이는 103cm, 대좌는 89cm이며 광배는 없고 불신과 대좌의 보존은 양호하다.

(계속)

구분	설명문 작성 예
X	불곡사는 경상남도 창원시 대방동 비음산 자락에 세워진 대승불교 조계종 소속 사찰이다.
X	창원시 대방동 비음산 자락에 세워진 대승불교 조계종 소속 사찰인 불곡사의 비로전이다.

사진 4.92 교촌리 전경

- 자료명 : 교촌리 전경
- 연결 항목 : 교촌리
- 논산시 노성면 교촌리의 전경을 촬영한 사진이다. 연결되는 항목은 '교촌리'가 되어야 한다. 연결 항목을 '교촌리 장승제'로 잘못 지정하면서 해당 기사의 내용을 그대로 설명문으로 기입하는 오류가 발생하지 않도록 한다.

표 4.37 멀티미디어 콘텐츠의 설명문 작성 예-2

구분	설명문 작성 예
○	논산시 노성면에 속하는 교촌리의 전경이다. 북부는 해발고도 120m의 구릉성 산지를 형성하고 있고, 중부와 남부는 해발고도 40m 이하의 평야지대를 형성하고 있다.
X	충청남도 논산시 노성면 교촌리에서 매년 음력 정월 14일 농사의 풍년과 마을의 안녕 그리고 돌림병을 예방하기 위해 장승에게 지내던 마을 제사이다. 사진은 장승제를 지내는 교촌리마을 전경이다.

예 대상에 대해 간략하게 설명문을 작성하게 되는 경우

사진 4.93 성주사 계곡

- 자료명 : 성주사 계곡
- 연결 항목 : 성주사 계곡
- 성주사와 옆에 위치한 계곡을 촬영한 사진이다. 연결되는 항목은 성주사 계곡이다.

표 4.38 멀티미디어 콘텐츠의 설명문 작성 예-3

구분	설명문 작성 예
○	창원시 성주동 불모산 북서사면에 있는 성주사와 주변 계곡의 모습이다. 창원시 내의 남동쪽에 위치하고 있으며 성주사에서 산 쪽으로 경사가 급하게 되면서 계곡의 모양도 약간 곡선을 그리고 있다.
×	창원시 불모산 기슭의 성주사 계곡과 성주사의 모습

• 자료명 : 충주세계무술축제 중 택견 시연
• 연결 항목 : 충주세계무술축제 / 택견
• 충주세계무술축제 행사 중 택견 시연 장면을 촬영한 사진이다. 사진에 대한 설명은 충주세계무술축제 중 택견 시연 장면이라는 내용으로 충분할 수 있으나 전체 행사에 대한 설명을 추가하여 전반적인 행사와 사진에 대한 설명이 될 수 있도록 설명문을 구성하도록 한다.

사진 4.94 충주세계무술축제 중 택견 시연

표 4.39 멀티미디어 콘텐츠의 설명문 작성 예-4

구분	설명문 작성 예
○	2008년 10월 2일부터 8일까지 탄금대 유엔평화공원에서 열린 충주세계무술축제 행사 중 택견 시연 모습이다.
×	충주세계무술축제 중 시연 행사 모습

예 도면 설명문 작성의 경우

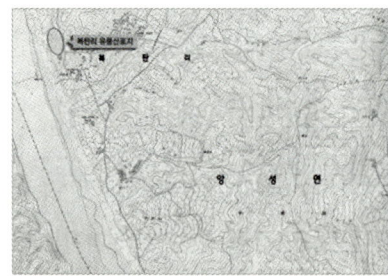

• 자료명 : 복탄리 유물산포지 분포도
• 연결 항목 : 복탄리 유물산포지
• 충주시 소태면 복탄리에 위치한 유물산포지를 표시한 도면이다. 연결되는 항목은 복탄리 유물산포지이다. 도면에서 표시되는 내용을 중심으로 설명문이 구성되도록 한다.

그림 4.11 복탄리 유물산포지 분포도

표 4.40 멀티미디어 콘텐츠의 설명문 작성 예-5

설명문 구성	설명문 작성 예
위치+내용	좌측 상단에 표시된 복탄리 유물산포지에서는 경질 토기편이 채집되었으며 민무늬 토기편도 드물게 채집되고 있다.

ⓔ 자료 종류 [필수]

멀티미디어 콘텐츠 데이터의 종류 구분에 활용되며, 제작된 멀티미디어 콘텐츠의 미디어 유형을 기재한다. 2009년 현재 제작되는 멀티미디어 기준에 따라 기입 가능한 유형은 [사진], [기록영상], [기획영상], [음향], [도면], [본문도면], [도표], [본문도표], [VR]이다.

ⓕ 확장자 [필수]

제작된 멀티미디어 콘텐츠에 따라 플레이어를 선택할 때 사용되며, 〈표 4.41〉과 같이 멀티미디어 유형에 따라 서비스용으로 제작된 파일의 확장자를 기재한다.

표 4.41 멀티미디어 콘텐츠 DB의 확장자 필드 작성 방법

멀티미디어 유형	사진	동영상	음향	도면	도표	VR
확장자	jpg	flv	flv	swf	swf	swf

ⓖ 문화재 지정번호 [필수]

서비스 화면에 보이며 제작된 멀티미디어 콘텐츠 특성의 이해를 도울 수 있다. 멀티미디어 콘텐츠로 제작된 대상이 문화재로 지정되어 있을 경우 반드시 해당 문화재 지정번호를 기재한다. 문화재청에서 지정한 문화재의 지정번호는 〈표 4.42〉를 기준으로 기입한다.

표 4.42 멀티미디어 콘텐츠 DB의 문화재 지정번호 필드 작성 방법

지정 종류	작성 내용
국보	국보 제○○○호
보물	보물 제○○○호
사적	사적 제○○○호
사적 및 명승	사적 및 명승 제○○○호
명승	명승 제○○○호
천연기념물	천연기념물 제○○○호
중요무형문화재	중요무형문화재 제○○○호
중요민속자료	중요민속자료 제○○○호
시도지정문화재	○○○○ 유형문화재 제○○○호 / ○○○○ 무형문화재 제○○○호 예 충청남도 유형문화재 제○○○호 / 충청남도 무형문화재 제○○○호
시도지정기념물	○○○○ 기념물 제○○○호 예 충청남도 기념물 제○○○호
시도민속자료	○○○○ 민속자료 제○○○호 예 충청남도 민속자료 제○○○호
문화재자료	○○○○ 문화재자료 제○○○호 예 충청남도 문화재자료 제○○○호

시도지정문화재 지정번호 기재 시에는 해당 시·도의 전체 명칭을 기입하며 축약어는 사용하지 않는다.

예 • 충남 유형문화재(×)
　　※ 지정번호 표기 방식의 띄어쓰기는 〈표 4.42〉를 기준으로 한다.
　 • 제○○○호(×) / 충청남도 유형문화재(×)
　　※ 보호수 등 해당 지역 내에서 별도 표기 방식을 사용하는 대상의 경우 해당 기사의 기본정보·상세정보에 작성된 내용을 기준으로 한다.

ⓗ 소재지(시/도), (시/군/구), (읍/면/동), (기타) [필수]

멀티미디어 콘텐츠로 제작된 대상의 소재지 정보를 확인하기 위해 작성하며, 전자지도

의 위치 표시 기준이 된다. 제공되는 엑셀 서식의 기준에 맞춰서 해당 필드에 기입하며, 소재지(기타) 필드에는 '리'와 지번 등의 상세 소재지 정보를 기입한다. 기타 소재지 정보에 기입하는 지번은 텍스트 형식으로 입력되도록 주의한다. 행정구역 개편에 의해 소재지 정보가 변경되는 경우 최종 결과물 납품 시점의 소재지 정보를 기준으로 한다.

ⓘ 제작일자 [필수]

멀티미디어 콘텐츠의 제작 시점을 파악하기 위하여 작성하며, 텍스트 형식으로 ○○○○년 ○월 ○일로 기입한다. 월·일 입력 시 한 자리 수는 앞에 '0'을 붙이지 않는다.

예 2009년 05월 01일 (×)

　촬영된 데이터의 촬영일자를 기입하되, 상세한 촬영일자를 확인하기 어려운 수집 자료의 경우, 해당 연도(연대)까지 확인하여 기입한다. 수집된 영상을 가공하는 2차 저작물의 경우 가공일자를 기입하며, 수집된 사진, 영상 등을 편집 없이 디지털화하는 경우 원본 데이터의 촬영일자를 기입한다. 엑셀 프로그램의 자동 완성 서식을 사용하여 연속 데이터가 입력되지 않도록 하며, 날짜 자동 입력 서식을 사용하지 않도록 주의한다.

ⓙ 제작 [필수]

멀티미디어 콘텐츠의 제작자를 확인하기 위하여 작성하며, 본 사업에 참여하는 제작 업체명을 기입한다. 개인이 촬영하거나 제작한 콘텐츠를 수집하였을 경우 [이름(소속)]을 기입한다. 공동 제작일 경우 중복 기재할 수 있으며 이때 구분 기호는 'ǀ(Vertical Bar)'를 사용한다. 수집 자료의 경우 제작 필드는 작성하지 않는다.

ⓚ 제공

수집된 데이터를 제공받은 곳을 확인하기 위하여 작성하며, 수집된 데이터를 제공받은 기관·단체명을 기입한다. 시청, 군청, 박물관, 문화원, 도서관 등을 기입할 수 있으며, 해당 기관단체의 공식 명칭을 기입하되, 축약어를 사용하지 않도록 주의한다. 지역 주민이 제공한 자료의 경우 [이름(거주지-읍, 면, 동, 리 까지)]를 기입한다.

ⓛ 저작권 [필수]

제작된 멀티미디어 콘텐츠의 저작권을 확실히 하기 위해 작성하며, 실제 서비스되는 데이터의 저작권을 기입한다. 본 사업을 통해 신규 촬영 및 제작되는 멀티미디어 콘텐츠(2차 편집 영상 포함)의 저작권은 '한국학중앙연구원'으로 기입한다. 디지털 콘텐츠로 단순 편집 가공한 데이터는 원 저작자를 기입한다. 수집된 자료는 저작권을 정확히 확인한 후 해당 기관이나 저작자를 기입한다. 저작권이 이관되지 않은 수집 자료의 저작권을 '한국학중앙연구원'으로 기입하지 않도록 주의한다.

ⓜ 출처

멀티미디어 콘텐츠로 가공된 데이터의 원자료 출처를 확인하기 위해 작성하며, 도서의 기본 서지사항을 기준으로 기입한다. 문헌 등에서 스캔, 재구성한 자료의 경우 해당 출전을 기입한다.

[예] 『창원의 옛모습 사진집』, 창원시, 2001. 9

온라인 데이터를 수집하여 가공하였을 경우 해당 사이트명과 URL을 기입한다.

[예] 부천시립중앙도서관(http://bci.go.kr)
※ [제공] 필드에 이미 입력한 기관·단체 등을 기입하지 않도록 주의한다.

ⓝ 채록 [필수(음향, 동영상)]

음향과 동영상으로 제작되는 데이터에 들어가는 가사와 내레이션의 내용을 확실히 하기 위하여 작성하며, 음향의 가사 전문을 비롯하여 동영상에 나오는 인터뷰와 내레이션을 포함한 모든 내용을 채록하여 기입한다. 방언의 경우 그대로 기재하되 표준어를 병기한다. 실제 데이터에서 나오는 내용과 채록된 내용에 차이가 없도록 주의한다.

ⓞ 위도, 경도, 날짜, 시간(GPS 정보) [필수(사진, 가상현실)]

사진과 가상현실 등 촬영된 지점의 위치 정보를 확인하기 위하여 작성하며, 전자지도 상에 해당 지점의 위치 정보를 표시할 때 확인 자료로 사용된다. 〈표 4.43〉을 기준으로 해당 자료를 촬영할 때 수집된 GPS 정보를 정리하여 기입한다.

표 4.43 멀티미디어 콘텐츠 DB의 GPS 정보 필드 작성 방법

GPS 정보	입력 기준
위도	방위 표시와 함께 [N○○°○○′○○.○○○″] 형식으로 입력한다. 예 N36°45′1.24″
경도	방위 표시와 함께 [E○○○°○○′○○.○○○″] 형식으로 입력한다. 예 E128°49′13.087″
날짜	제작일자 입력 기준과 동일하게 [○○○○년 ○월 ○일] 형식으로 입력한다. 예 2009년 6월 22일
시간	24시를 기준으로 하여 [○○시 ○○분 ○○초] 형식으로 입력한다. 예 17시 14분 34초

(2) 관련 시청각 자료 서식 작성

관련 시청각 자료 서식은 항목과 연결되는 멀티미디어 콘텐츠를 확인하고 이를 서비스 시스템에 반영하기 위해 사용되며, 관련 시청각 자료의 선정은 항목 기사에 제시된 내용을 기준으로 작성한다. 관련 시청각 자료를 입력하는 실제 작업은 마이크로소프트 엑셀(Microsoft Excel) 프로그램을 사용한다.

① 관련 시청각 자료 서식의 구성

관련 시청각 자료 서식은 〈표 4.44〉와 같이 멀티미디어 콘텐츠 연결의 기준이 되는 항목 기사 ID를 입력하는 필드와 해당 항목명을 입력하는 필드, 제작된 멀티미디어 콘텐츠의 ID를 입력하는 필드와 해당 시청각 자료명을 입력하는 필드로 구성되어 있다.

표 4.44 관련 시청각 자료 서식

항목 ID	항목명	시청각 ID	시청각 자료명

② 관련 시청각 자료 서식 작성 방법

멀티미디어 콘텐츠 제작의 대상이 되는 항목 ID를 기준으로 연결 정보를 작성한다. 하나의 항목 ID에 여러 개의 시청각 ID를 연결할 수 있으며 하나의 시청각 ID도 여러 항목에 연결될 수 있다. 멀티미디어 콘텐츠 제작의 대상이 되는 항목 ID는 1차 연결 자료로 기본 연결 대상이 된다. 개념용어의 유형에 해당하는 항목의 경우 직접적으로 연결되는 멀티미디어 콘텐츠가 없을 수 있다. 이때 해당 개념용어 항목의 하위 항목이나 해당 원고에 언급된 대상과 연결되는 멀티미디어 콘텐츠를 2차 연결 자료로 지정할 수 있다. ID 식별번호를 입력할 때 마이크로소프트 엑셀 프로그램 상의 자동완성서식을 사용하여 연속된 번호가 입력되지 않도록 하며, 하나의 항목 ID에 동일한 시청각 ID를 중복하여 연결하지 않도록 주의한다.

표 4.45 관련 시청각 자료 서식 작성 예

항목 ID	항목명	시청각 ID	시청각 자료명
GC02200001	자연재해	T0091	풍수해 발생 피해 현황
GC02200002	기후	T0029	창원시 연도별 기온
GC02200002	기후	T5001	창원시의 기온 현황
GC02200002	기후	T5002	충주시의 강수량 현황
GC02200002	기후	T5003	충주시 바람 현황
GC02200003	용지제	P3058	용지제
GC02200003	용지제	P3059	용지제
GC02200003	용지제	P3060	용지제
GC02200003	용지제	P3061	용지제
GC02200006	지형	D0092	지형도
GC02200010	하천	T0090	하천 현황
GC02200010	하천	T0179	하천부지 점용 현황
GC02200011	천주산	M0060	천주산
GC02200011	천주산	P0454	천주산
GC02200011	천주산	P0455	천주산
GC02200011	천주산	P2282	천주산

(3) 본문 자료 연결 서식 작성

항목 기사 본문에서 추출되어 디지털 콘텐츠로 가공된 도면, 도표 등의 데이터를 서비스 시스템에서 기사와 연결하기 위해 사용되며, 본문에서 설명하는 본문 자료 연결 서식을 입력하는 실제 작업은 마이크로소프트 엑셀 프로그램을 사용한다.

① 본문 자료 연결 서식 구성

본문 자료 연결 서식은 〈표 4.46〉과 같이 연결될 항목에 대한 정보와 가공된 멀티미디어 콘텐츠에 대한 정보, 그리고 해당 멀티미디어 콘텐츠가 본문 내에 표시될 위치 정보를 기입할 수 있도록 구성되어 있다.

표 4.46 본문 자료 연결 서식

항목 ID	항목명	시청각 ID	본문항목 ID	시청각 자료명

② 본문 자료 연결 서식 작성 방법

[항목 ID]는 가공된 멀티미디어 콘텐츠가 추출된 항목의 ID를 기입한다. [항목명]은 가공된 멀티미디어 콘텐츠가 추출된 항목의 ID와 일치하는 항목명을 기입한다. [시청각 ID]는 가공된 멀티미디어 콘텐츠에 부여된 시청각 ID를 기입한다. 일반 멀티미디어 콘텐츠와 동일하게 이니셜과 식별번호로 구성된 5자리의 ID를 기입한다. 또한, 일반 멀티미디어 콘텐츠와 구분을 하기 위해 본문 자료로 가공되는 콘텐츠는 5000번으로 시작하는 식별번호를 부여한다. [본문항목 ID]는 기사에서 본문 자료를 추출할 때 부여된 본문 내의 항목 ID 및 위치 정보를 항목 기사 내에서 확인하여 기입하며, [항목 ID_위치표시]로 구성된다.

예 GC02200002_01

　[시청각 자료명]은 기사에서 추출되어 가공된 시청각 ID에 해당하는 멀티미디어 콘

텐츠의 자료명을 입력한다. ID 식별번호를 입력할 때 마이크로소프트 엑셀 프로그램상의 자동 완성 서식을 사용하여 연속된 번호가 입력되지 않도록 주의한다.

표 4.47 본문 자료 연결 작성 예

항목 ID	항목명	시청각 ID	본문항목 ID	시청각 자료명
GC02200002	기후	T5001	GC02200002_01	창원시의 기온 현황
GC02200002	기후	T5002	GC02200002_02	창원시의 강수량 현황
GC02200002	기후	T5003	GC02200002_03	창원시 바람 현황
GC02201233	저수지	T5032	GC02201233_01	창원 지역 주요 저수지 현황

(4) 외부 자료 연결 서식 작성 방법

항목과 연결되는 외부 시청각 자료의 정보를 수집하고 서비스 시스템에 반영하기 위하여 작성하며, 본문에서 설명하는 외부 자료 연결 서식을 입력하는 실제 작업은 마이크로소프트 엑셀 프로그램을 사용한다.

① 외부 자료 연결 서식 구성

외부 자료 연결 서식은 〈표 4.48〉과 같이 해당 지역, 연결 항목 정보, 외부 자료 상세 정보를 입력할 수 있도록 구성되어 있다.

표 4.48 외부 자료 연결 서식

지역	항목 ID	항목명	URL	사이트명(식별자)	자료명

② 외부 자료 연결 서식 작성 방법

[지역]은 해당 지역의 시·군 단위 표시를 제외한 명칭을 입력한다.

예 울릉, 양산, 부천, 공주, 충주, 논산 등

[항목 ID]는 외부 자료가 연결되는 항목 ID를 입력하고, [항목명]은 항목 ID에 해당하는 항목명을 입력한다. [URL]은 실제 멀티미디어 자료로 바로 접근할 수 있는 상세 URL을 입력하고, [사이트명(식별자)]는 URL에 해당하는 사이트명을 입력한다. [자료명]은 해당 멀티미디어 콘텐츠의 자료명을 입력한다. ID 식별번호를 입력할 때 마이크로소프트 엑셀 프로그램 상의 자동완성서식을 사용하여 연속된 번호가 입력되지 않도록 하며, URL 정보에 오류가 없도록 주의한다.

표 4.49 외부 자료 연결 작성 예

지역	항목 ID	항목명	URL	사이트명 (식별자)	자료명
칠곡	GC02301870	역사	http://147.46.103.182/OIS/GZD/VIEWER.jsp?nodeid=86976&tablename=KYD_GZD_D_TBL&domain=kyujanggak.snu.ac.kr	규장각 한국학 연구원	여지도 칠곡부
칠곡	GC02301870	역사	http://147.46.103.182/OIS/GZD/VIEWER.jsp?nodeid=146352&tablename=KYD_GZD_D_TBL&domain=kyujanggak.snu.ac.kr	규장각 한국학 연구원	지승 인동부
칠곡	GC02301765	모심기 노래	http://urisori.co.kr/mediawiki-3/index.php/%EA%B2%BD%EC%83%81%EB%B6%81%EB%8F%84%ED%8E%B8_CD	MBC 콘텐츠 사업부	우리의 소리를 찾아서 경상북도 편 CD
칠곡	GC02301761	논매기 노래	http://urisori.co.kr/mediawiki-3/index.php/%EA%B2%BD%EC%83%81%EB%B6%81%EB%8F%84%ED%8E%B8_CD	MBC 콘텐츠 사업부	우리의 소리를 찾아서 경상북도 편 CD

4) 멀티미디어 데이터 가공

본 사업에서 제작된 멀티미디어 데이터의 가공은 〈그림 4.12〉, 〈그림 4.13〉의 기준에 의거하여 일괄적으로 가공하며, 사업 완료 후 납품 시에도 가공 기준의 폴더 구조로 제출한다. 각 멀티미디어 데이터 유형별 크기, 확장자에 맞게 가공이 되어야 한다. 각 데이터의 파일명은 앞서 제시된 멀티미디어 DB 서식의 시청각 ID를 기준으로 적용하면 된다. 다만, 서비스용 사진은 크기별로 〈시청각 ID_l.jpg〉, 〈시청각 ID_m.jpg〉, 〈시청각 ID_s.jpg〉의 형식으로 적용한다.

본 사업을 통해 제작된 사진 중 지역의 특성을 보여 주거나 대표할 만한 우수한 사진을 선택하여 바탕화면, 화면보호기를 제작한다. 가공 시에는 반드시 시간, 공간 등 주제별로 분류하여 제작한다. 이미지 가공 시에는, 대상의 자료명과 지방 자치 단체 로고, 본 사업 로고를 반드시 삽입한다. 화면보호기는 scr. 파일 타입으로 일괄 가공하여 납품한다.

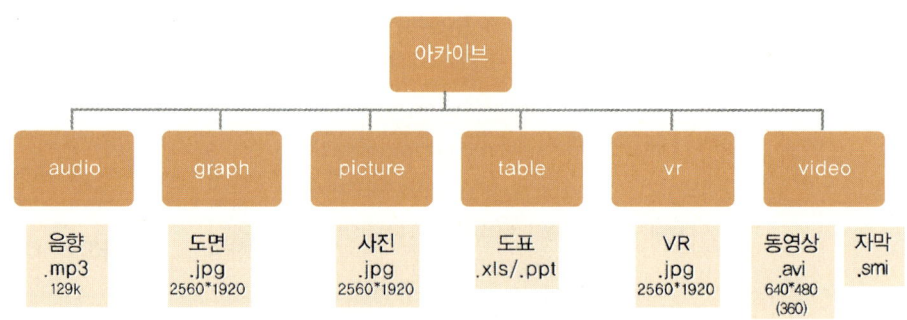

그림 4.12 아카이브 데이터 가공 기준

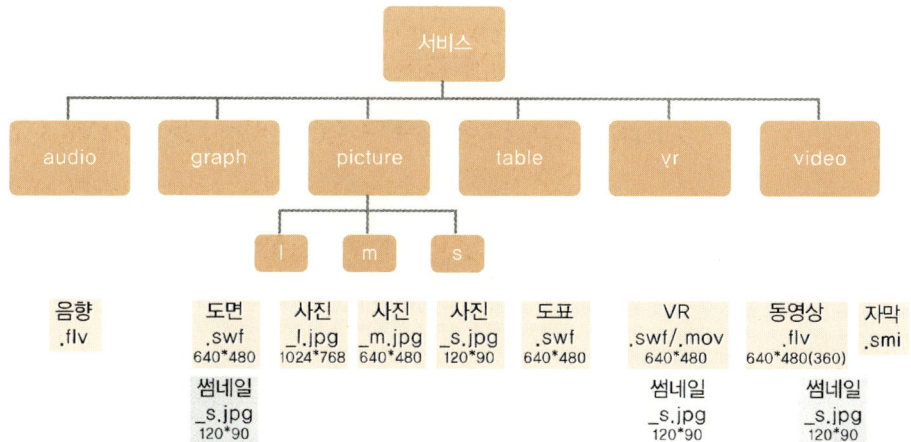

그림 4.13 서비스 데이터 가공 기준

사진 4.95 디지털부천문화대전 바탕화면 '벚꽃'

　최종 사업 완료 시 제출해야 할 산출물의 형태는 완료 보고서(제본 10부, CD 3매)와 멀티미디어 데이터(외장하드 1식, DVD 3세트)이다. 산출물의 내용은 멀티미디어 DB, 관련 시청각 자료 서식, 본문 자료 연결 서식, 외부 자료 연결 서식을 비롯한 각종 서식과 아카이브용 데이터, 서비스용 데이터, 바탕화면, 화면보호기이다.

V.

디지털 마을지 제작

1. 디지털 마을지 제작이란

1) 디지털 마을지 제작의 목적

(1) 한국향토문화전자대전과 디지털 마을지

오늘날 마을지는 다양한 성격과 형태로 만들어지고 있다. 디지털 마을지는 각 지역의 특색 있는 마을 모습을 일반 대중에게 인터넷을 통해 현장감 있게 소개하는 디지털 콘텐츠이다. 현지 조사를 통해 주민들의 입으로 전해지는 마을 이야기를 수집하고 정리하여 텍스트·멀티미디어·마을 지도·마을 연표 등을 제작하고, 웹서비스에 적합한 구조로 가공한 후 적재해 서비스가 이루어진다.

디지털 마을지는 기존의 종이책으로 제작된 마을지와 매체에 있어서 차이도 있지만, 기존 마을지가 주로 연구자에 의한 연구자를 위한 것인 데 비해, 디지털 마을지는 일반 대중을 위한 것이라는 데 커다란 특징이 있다고 할 수 있다.

이러한 디지털 마을지 제작은 한국향토문화전자대전 편찬 사업을 배경으로 하고 있다. 향토문화전자대전 편찬 사업은 한국학중앙연구원이 주도하여 전국 시·군·구 지역의 다양한 지역문화를 발굴·수집, 그리고 연구·분석하여 체계적으로 집대성하고, 이를 디지털화하여 인터넷으로 서비스하는 디지털 지역문화 백과사전이다. 2003년 디지털성남문화대전을 시작으로, 2009년 충주·부천·양산·논산·구미·창원·칠곡·안동 등 모두 23개 지역의 디지털지역문화대전이 완성되었으며, 현재 안산·고창·고령 등 9개 지역에서 편찬이 진행 중에 있다.

완성된 디지털지역문화대전은 크게 향토문화백과, 특별한 이야기, 마을 이야기 등 세부분으로 구성되는데, 마을 이야기가 바로 디지털 마을지에 해당한다. 그동안 마을 이야기는 마을 현지 조사 연구, 마을 항목 콘텐츠 제작, 마을 항목 집필, 디지털 마을지 제작 등으로 연구 과제명이 달라져 왔으며 그 내용도 조금씩 변화하여 현재의 마을 소개, 마을 테마, 마을 사람의 구성 체계를 갖추게 되었다.

(2) 디지털 마을지 제작 목적과 주요 특성

최근 마을지는 여러 가지 목적으로 제작되고 있으며, 그 목적에 따라 다양한 체계와 구성, 형태를 보이고 있다. 디지털 마을지는 마을에 대한 전문적인 학술 조사 보고서가 아니라 중·고등학생부터 일반인까지를 포함한 대중을 이용자로 상정하고, 이용자에게 마을의 환경, 문화와 역사, 주민들의 삶을 글과 사진, 동영상, 가상현실 등 다양한 매체를 통해 전달함으로써, 마치 그 마을에 가본 듯한 간접적 현장 체험의 경험을 제공하는 것이 목적이다. 따라서 일반인들에게 마을에 관련된 정보(교육적 효과)를 제공할 뿐만 아니라, 흥미를 줄 수 있는 실용적인 마을지를 지향한다.

이러한 제작 목적을 배경에 둔 디지털 마을지는 다음과 같은 몇 가지 주요 특성을 가지고 있다. 첫째는 마을에 대한 텍스트, 즉 글로써 서비스되는 '마을 이야기' 부분이다. 그 내용은 다시 마을 소개, 마을 테마, 마을 사람 이렇게 세 부분으로 이루어져 있다. 더 구체적으로 살펴보면, 마을 소개는 마을의 개괄적인 내용을 담고 있으며, 지리, 역사, 생활, 민속, 명소, 조직, 행사 등이 포함되나 이를 모두 망라하는 것은 지양하고 해당 마을과 관련된 내용만 집중적으로 다룬다. 마을 테마는 마을마다 차별화된 주제를 선정하여, 이용자가 마을에 대한 이해를 높이고 흥미를 가질 수 있는 이야기로 구성한다. 주제는 자연, 역사, 생업, 민속, 인물, 체험 행사 등 다양한 내용에서 추출할 수 있다. 마을 사람은 마을 주민이 직접 들려주는 이야기로, 마을 테마와 관련이 있거나 특별한 개인사를 지닌 주민의 이야기를 담는다.

둘째는 마을의 공간 구성을 한눈에 볼 수 있는 마을 지도의 제작이다. 마을 지도에는 텍스트에 언급된 마을의 주요 지점들이 모두 담기게 된다. 셋째는 마을의 역사를 일목요연하게 정리한 마을 연표의 제작이다. 마을 연표에는 텍스트에서 추출된 시간 정보가 모두 담긴다. 넷째는 마을의 다양한 모습을 시각적으로 확인할 수 있는 멀티미디어 제작이다. 그 종류로는 사진, 동영상, 가상현실 등이 있으며, 현재의 모습뿐만 아니라 과거의 모습을 담은 자료도 수집하여 보여준다.

이와 같은 디지털 마을지의 구성은 여러 시행착오와 경험 속에서 만들어진 것이다. 성남·청주·강릉·진도 등 한국향토문화전자대전 편찬 사업 초기에 제작된 마을 이야기는 기존의 종이책 형태의 일반적인 마을 조사 보고서와 그 구성이 크게 다를 바가 없었다. 그 예로 진도는 〈표 5.1〉과 같이, 마을마다 자연과 지리·역사와 언어·인구와 조직·생산과 유통 등 크게 4개의 분야로 나누고 그 아래에 다시 세부 항목을 두었다. 세부 항목은 마을의 전반적인 사항을 모두 다루도록 되어 있다. 즉 초기의 마을 이야기의 구성은 마을의 모든 내용을 하나도 빼놓지 않고 모두 조사하여 담는 데 노력하였으며, 결과적으로 주로 텍스트 위주의 기존 방식대로 쓰인 마을 조사 보고서를 디지털화하여 싣는 데 만족해야 했다. 따라서 초기 마을 이야기의 내용 구성은 디지털 마을지의 특성이나 장점을 제대로 발휘하지 못했기 때문에 새로운 변화가 필요하였으며, 이러한 요구를 반영하고 변화를 거듭하여 오늘날의 내용 구성에 이르게 된 것이다.

표 5.1 초기와 최근의 '디지털 마을지' 내용 구성 비교

구분	진도			울진		
마을 테마	바닷길 축제 마을(회동)			울진대게의 원산지 왕돌초 마을(거일)		
	십일장(십일시)			유기농업으로 탈바꿈한 반촌(매화)		
	운림산방(사상)			금강송과 함께 울진송이로 부를 쌓는 마을(소광)		
	삼별초(용장)			어업전진기지 죽변에 뿌리를 내린 해녀와 아바이들(죽변)		
	법과 행정의 중심(성내)			한양으로 향하는 십이령고개길의 관문(두천)		
	청정해역(관매)					
	장승제(덕병)					
	전통문화재(독치)					
내용 구성 체계	내용 구성(모두 동일)			내용 구성(소광리)		
	대항목	세부항목		대항목	중항목	소항목
	자연과 지리			산에 의지하며 살아가는 마을 (마을 소개)	광천은 골골 마을을 만들다	태백산이 보호하고 광천이 감싼 마을
	역사와 언어	역사와 유래				지역만 넓지 여기 쓸 땅이 어딧노
		전해오는 이야기				골골 돌아서면 집이 보이고
		유물 유적				소광리에 버스가 들어온 날
		지명				일제시대 시작된 광산

(계속)

구분	진도		울진		
	대항목	세부항목	대항목	중항목	소항목
내용 구성 체계	인구와 조직	인구 구성	산에 의지하며 살아가는 마을 (마을 소개)	광천은 골골 마을을 만들다	마을 사람들의 부역으로 초등학교를 세우고
		공식·비공식 조직			'계락'이 오히려 마을엔 약이여
		성별분포		계모임으로 친목을 다지다	'계갈이'로 친목을 다지고
		혈연 및 친척 관계			마을의 일꾼 부녀회원들
		혼인관계(통혼권)			상여계로 힘든 일을 함께 나누고
		놀이관계			반상회로 세상소식을 알고
		친구관계		화전으로 생계를 이어가고	불을 질러 봐야 화전은 알 수 있지
		인물			아무 땅에나 화전하는 게 아니요
		신앙			협동이 필요한 화전
		교육			화전민촌이 만들어지기까지
	생산과 유통	사건	금강송과 함께 송이를 키운 사람들 (마을 테마)	금강송을 지켜온 마을	한국 소나무 숲의 원형 금강송 숲
		기관, 시설			황장봉계표석
		관광자원			벌목을 피하고 살아남은 500년 노송
		경지면적			자연환경의 NGO 숲 해설가
		산업별 구성			여 불 보러 다니는 것이 일인데 뭐
		생산조직			소광1리 후곡동의 동목은 금강송
		생산시설		송이 밭은 자식한테도 비밀이여	송이를 따기 전 산소를 갔다 오고
		생산과정			송이도 각자 밭이 있어
		판매유통			망태기와 지팡이만 있으면 돼
		교통			혼자서 못 따 조짜서 따지
		통신			함께 송이를 지켜 나가고
	연중행사, 달력	1~12월	자연에서 지식을 얻는 사람들 (마을 사람)	봄엔 약초로, 겨울엔 사냥으로	잘 말린 당귀는 대구 약전골목으로
	마을의 특성				사냥에도 기술은 필요하고
					멧돼지를 안 잡으면 마을은 쑥대밭

(계속)

구분	진도		울진		
	대항목	세부항목	대항목	중항목	소항목
내용 구성 체계			자연에서 지식을 얻는 사람들 (마을 사람)	양봉은 없어, 모두 토봉이야	오동나무와 소나무로 벌통을 만들고
					10월 한번 꿀을 뜨고
					백 가지 병을 고치는 백병탕
				마지막 화전민 최순호	코굴이 있던 옛 집
					친구들을 만나 좋았던 화전민촌
					다시 고향으로

　2008년에 만들어진 울진 디지털 마을지의 내용 구성을 살펴보면, 〈표 5.1〉과 같이 각 마을마다 먼저 마을 소개·마을 테마·마을 사람의 3개의 대항목으로 주제를 나누었다. 울진 소광리의 경우, 마을 소개에서는 마을의 자연환경과 역사, 생업에 대해 다루었고, 마을 테마로는 마을의 자랑거리인 금강송과 송이에 대해 자세하게 소개하였으며, 마을 사람에서는 토봉으로 살아가는 주민과 과거 화전민 이야기를 담았다.

　이렇듯 디지털 마을지는 마을 소개, 마을 테마, 마을 사람의 구성 체계를 기반으로 각 마을의 지역성을 잘 드러낼 수 있는 주제를 선별해 콘텐츠를 제작한다. 또한 현지 조사를 통해 수집·정리된 마을의 구체적인 이야기가 '대항목─중항목─소항목의 3단계 트리 구조' 안에서 짜임새를 갖추도록 하는 특징을 갖고 있다.

　더불어 제작된 콘텐츠는 웹서비스에 적합한 구조로 가공·적재되어 디지털 마을지 형태를 갖추게 된다. 웹서비스 시스템 개발 및 디자인 제작도 더 나은 이용자 중심의 서비스 제공을 위해 여러 차례 변화 과정을 거쳤다. 2009년 현재 한국향토문화전자대전의 디지털 마을지는 마을별 그림 지도를 기반으로 서비스가 이루어진다. 세부 메뉴는 텍스트와 멀티미디어를 한눈에 볼 수 있는 마을 이야기, 마을 가상투어, 마을 연표의 세 가지로 구성되어 있다. 관련 콘텐츠는 하이퍼링크 서비스를 통해 정보 연결이 이루어지는 특징을 갖고 있다. 현행 서비스 시스템의 메뉴 구성은 콘텐츠의 제작 방법과 내용이 풍부해질 수 있도록 지속적인 개선 방안이 강구되고 있다.

2) 디지털 마을지 제작 과정

디지털 마을지 제작은 마을을 현지 조사하여 내용을 집필하고, 멀티미디어 자료 제작 및 데이터 가공과 서비스 개발 등의 과정을 병행함으로써 완성된다. 즉 예비 조사 → 조사 기획 → 현지 심층 조사 → 마을 항목 콘텐츠 구성 체계화 → 콘텐츠 제작 및 가공 → 항목 타당성 검토 및 데이터 수정 보완 → 최종 제작 결과물 완성의 단계를 거친다. 디지털 마을지 제작을 위한 세부 일정은 〈표 5.2〉와 같다.

표 5.2 디지털 마을지 제작 일정

디지털 마을지 제작 일정		M1	M2	M3	M4	M5	M6	M7	M8	비고
예비 조사	연구팀 구성 및 역할 분담									
	기초 자료 조사 및 후보 마을 검토									
조사 기획	대상 마을 및 마을 테마 선정									
	마을 항목 추출									
	정보 제공자 선정 및 심층 조사 준비									
현지 심층 조사	마을 항목 선정 및 원고 집필									
	조사 데이터 수집 및 인터뷰, 사진 촬영 등									
	마을 항목 구성 체계 조정									
마을 항목 콘텐츠 구성 체계화										
마을 항목 콘텐츠 제작 및 가공										
항목 타당성 검토 및 데이터 수정 보완										
최종 결과물 완성										

* 제작 기간을 8개월로 기획한 표준 일정임.

(1) 예비 조사

예비 조사는 마을 연구를 위한 구체적인 방향을 기획하는 단계이다. 즉 연구팀의 구성과 역할 분담, 기초 자료 수집, 후보 마을 검토 및 마을 테마 선정, 마을 주민 면담 등의 작업을 수행하는 과정이다. 예비 조사 기간은 대체로 한 달 정도가 소요되며, 두 달을 넘지 않는다.

예비 조사의 구체적인 절차는 다음과 같다.

첫째, 지역과 관련된 기초 자료를 수집·검토하여 현지 문화와 현황을 이해하도록 한다. 조사 방법, 조사 대상, 조사 기간을 확정하고 세부 조사 내용을 선정한다. 현지 조사 방법, 인터뷰 방식 등의 조사 도구 결정도 필요하다.

둘째, 대상 마을을 선정하기 위해 지역 전체의 마을 목록을 준비하고 이 중에서 5~6개의 후보 마을을 선정한다. 후보 마을은 지역의 문화적 정체성, 지역 주민의 삶을 가장 잘 드러낼 수 있는 마을로 선정한다. 반대로 지역의 특성을 대표할 만한 주제를 먼저 정하고 그에 맞는 마을을 고르는 방식으로도 의미 있는 마을 선정이 가능하다. 따라서 대상 지역의 읍·면·동 분포 현황, 마을 분포 상황, 마을 환경, 주민 현황 등을 면밀히 검토하고 실제 현장을 확인하는 과정이 우선적으로 필요하다. 이 과정을 거친 이후 연구진을 포함한 자문위원, 시·군·구 관계자, 문화원 관계자 등 지역 전문가들과의 의견 교환을 통해 3개 마을을 최종적으로 선정한다. 마을 선정 기준은 〈표 5.3〉과 같다.

표 5.3 마을 선정 기준

- 현재 지역민의 모습을 가장 잘 반영하고 있는 마을
- 지역 연구 대상으로 조명할 가치가 있는 마을
- 지역을 홍보할 수 있는 특성을 지닌 마을
- 다른 곳에서 흔히 볼 수 없는 지역적 특색이나 자랑거리를 지니고 있는 마을
- 역사, 문화, 경제 등 지역의 정체성 형성에 기여한 마을
- 지역의 자연환경 및 인문지리가 잘 반영된 마을
- 마을 경관, 이야기 소재 등이 풍부한 마을

- 정보와 자료 제공 측면에서 마을 주민의 적극적 협조가 가능한 마을
- 주어진 기간 내에 현지 조사가 현실적으로 가능한 마을 반경 고려
- 선정된 마을별로 각기 다른 특성(마을 테마)을 지니고 있어야 함

셋째, 마을 선정 작업이 완료되면 각 마을의 주민 면담을 통해 정보 제공자 목록을 작성하고 인터뷰에 대한 사전 동의를 구한다. 정보 제공자는 그 개인의 생활사가 마을의 역사와 연결되고, 마을을 이해하는 자료가 될 수 있는지의 여부에 따라 선정한다. 정보 제공자 선정 기준은 〈표 5.4〉와 같다.

표 5.4 정보 제공자 선정 기준

- 마을과 지역 사회에 관심과 애착을 가진 사람
- 마을에서 3대 이상 거주하였거나 장기간 마을에서 거주한 연장자
- 마을의 이장, 새마을 지도자, 부녀 회장 등 공식·비공식 단체의 장
- 현재 마을의 대소사를 담당하고 있거나 마을의 생업을 이끌어 가는 사람
- 마을에 오랫동안 거주하지 않더라도 마을 역사나 마을 테마와 관련된 정보를 제공할 수 있는 사람

넷째, 선정 마을 관련 기관(시·군청, 읍·면사무소, 주민센터, 박물관, 대학교, 도서관, 연구소, 재단, 문화원, 언론 기관, 각종 단체 등) 및 개인을 대상으로 하는 자료 수집 계획도 구체적으로 마련한다.

다섯째, 예비 조사를 바탕으로 세부 현지 조사 일정 및 마을지 제작 일정을 준비한다. 세부 일정을 사전에 작성함으로써 실제 디지털 마을지 제작을 효과적으로 수행할 수 있다. 이때 마을의 공식·비공식 행사나 대소사 관련 일정, 생업력, 세시력을 모두 파악하여 월간 현장 조사의 기간과 횟수를 미리 계획한다.

여섯째, 선정된 마을의 현장 분위기를 생생하게 담을 수 있는 마을지의 주요 테마를 정하여, 조사 항목을 기반으로 텍스트와 이미지, 영상 등을 결합한 마을지 콘텐츠의

기획 방안을 마련한다.

일곱째, 마을 항목을 효과적으로 표현할 수 있는 멀티미디어 유형별 대상 자료 지정 및 제작 방법에 대한 구체적인 방안을 마련한다.

여덟째, 구축 완료된 〈표 5.5〉의 한국향토문화전자대전에 수록되어 있는 '마을 이야기' 콘텐츠를 분석하고, 이미 구축된 콘텐츠와 차별화된 콘텐츠 제작 방안을 강구한다.

표 5.5 구축 완료된 한국향토문화전자대전

- 디지털성남문화대전(http://seongnam.grandculture.net)
- 디지털청주문화대전(http://cheongju.grandculture.net)
- 디지털강릉문화대전(http://gangneung.grandculture.net)
- 디지털진도문화대전(http://jindo.grandculture.net)
- 디지털진주문화대전(http://jinju.grandculture.net)
- 디지털남원문화대전(http://namwon.grandculture.net)
- 디지털제주문화대전(http://jeju.grandculture.net)
- 디지털울릉문화대전(http://ulleung.grandculture.net)
- 디지털음성문화대전(http://eumseong.grandculture.net)
- 디지털용인문화대전(http://yongin.grandculture.net)
- 디지털공주문화대전(http://gongju.grandculture.net)
- 디지털여수문화대전(http://yeosu.grandculture.net)
- 디지털울진문화대전(http://uljin.grandculture.net)
- 디지털양산문화대전(http://yangsan.grandculture.net)
- 디지털충주문화대전(http://chungju.grandculture.net)
- 디지털부천문화대전(http://bucheon.grandculture.net)
- 디지털구미문화대전(http://gumi.grandculture.net)
- 디지털창원문화대전(http://changwon.grandculture.net)
- 디지털칠곡문화대전(http://chilgok.grandculture.net)
- 디지털안동문화대전(http://andong.grandculture.net)

마지막으로, 연구팀 구성과 역할 분담, 기초 자료 수집, 마을 선정, 마을 테마 및 조사 항목 목록 작성, 마을 주민 면담, 마을 조사 일정 등이 준비되면 이를 〈표 5.6〉과 같은 방식에 따라 [조사 기획안]으로 정리한다.

표 5.6 조사 기획안

> Ⅰ. 조사 대상 마을
>   1. 마을지의 특성
>   2. 마을 선정 기준
> Ⅱ. 마을 조사 항목
>   1. 마을별 핵심 테마
>   2. 마을 조사 항목 구성
>   3. 주요 정보 제공자
>   4. 기초 자료 목록
> Ⅲ. 월간 세부 일정 및 제작 방안
>   1. 세부 제작 내용 및 제작 방안
>   2. 마을 현지 조사 일정
>   3. 데이터 제작 일정
> Ⅳ. 연구 구성원 및 역할 분담

(2) 현지 심층 조사

디지털 마을지는 현지 조사를 기초로 제작한다. 현장을 떠난 마을 연구는 현실을 반영하기 힘들기 때문이다. 현지 조사를 통해 관찰, 기록, 수집, 촬영, 면담 등의 작업을 진행한다. 현지 조사는 마을 특성, 과거와 현재의 모습, 생활상 등을 충분히 조사하기 위해 기초 조사와 심층 조사로 나누어 이루어진다.

현지 조사 과정은 다음과 같다.

첫째, 예비 조사 결과 마련한 마을 테마 및 조사 항목 목록을 바탕으로 관련 항목의 추출 여부를 확정하고, 마을 항목 콘텐츠 목차를 작성한다. 그리고 마을 항목과 관련된 자료, 마을 지도와 마을 연표 제작을 위한 자료를 수집 및 조사하는 기초 조사를 실시한다. 이때 기관 및 개인을 방문하여 소장한 문헌이나 멀티미디어 자료를 수집한다. 마을 테마 및 조사 항목은 마을에 따라 달라질 수 있다. 다만 마을 항목 콘텐츠 목차는

'대·중·소항목의 3단계 토픽 트리 구성 체계'를 기반으로 한다. 항목을 선정할 때 마을의 집필 대상으로 적합한 항목인지 그 타당성에 대한 충분한 논의를 거치도록 한다.

둘째, 심층 조사 단계에서는 조사 항목이 어느 정도 확정된 상태에서 실제 원고 집필을 위한 세부 마을 항목에 대한 조사를 실시한다. 마을 항목과 관련된 마을 환경, 주민들의 일상, 행사 등을 관찰하고, 주민들과의 인터뷰를 통해 정보를 수집한다. 특히 현지 조사 시 수집된 자료 및 정보는 자료 활용 동의 및 정보 제공자의 정보 공개 동의를 문서로 받아서 결과물과 함께 정리 보관한다.

셋째, 지역별 현지 조사 방법은 디지털 마을지, 곧 '마을 이야기' 제작 콘셉트, 선정된 마을, 마을 테마에 따라 달라질 수 있다. 한편 문헌 조사를 현지 조사와 병행해 객관성 확보에 주의를 기울이도록 한다.

(3) 콘텐츠 제작

현지 조사를 통하여 수집된 자료를 바탕으로 마을 항목 콘텐츠 목차 구성, 마을 항목 텍스트 집필, 현지 마을 상세 지도와 지도 서식 작성, 마을 연표 작성, 멀티미디어 수집·제작, 멀티미디어 자료 서식 작성 등을 통해 디지털 마을지 콘텐츠를 제작한다. 마을 항목은 일관성 있는 형식을 유지하도록 한다. 마을 항목 원고는 조사 방식 및 연구 집필자의 성향에 따라 자유롭게 집필한다. 단 마을마다 일관된 형식을 유지하기 위한 기준을 설정할 필요가 있다. 지도·연표·멀티미디어의 경우, 자료의 정보를 미리 확보하여 서식에 맞춰 자료를 데이터베이스화한다.

지역별 '마을 이야기' 서비스가 디지털 환경에서 이루어지면, 제작 안내 화면에 참여 인력의 정보와 제작 과정을 공개한다. 이를 위해 최종 결과물에 집필자 정보와 제작 노트를 간략하게 작성하여 첨부한다. 집필자 정보는 집필자, 참여 내역, 소속, 연락처, 이메일, 사진 등을 포함한다.

제작 결과물은 '마을 이야기' 콘텐츠의 온라인 서비스에 맞는 구조로 가공되며, 서비스 메뉴는 마을 지도를 기반으로 마을 둘러보기, 마을 속 이야기, 가상 투어, 마을 연표, 이렇게 4개의 디렉토리로 구성된다. 마을 이야기 서비스 메뉴의 세부 구조는 〈그림 5.1>과 같다.

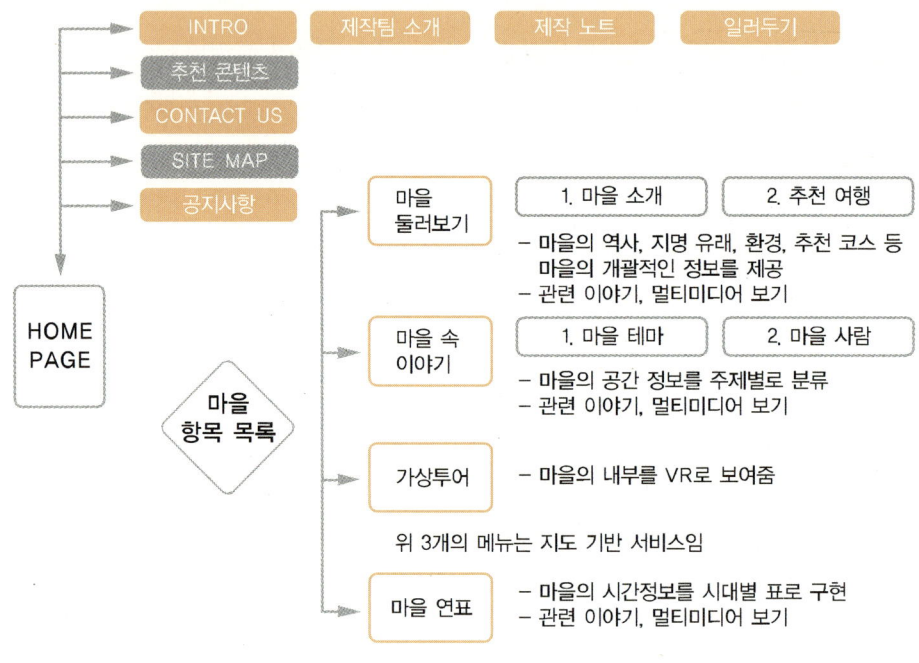

그림 5.1 마을 이야기 서비스 메뉴 구조

3) 디지털 마을지 제작의 기대 효과

디지털 마을지는 텍스트와 멀티미디어가 함께 담겨 있는 일종의 '영상 민속지' 형태로 제작되므로, 이용자들이 실제 마을에 가보지 않고서도 마을의 역사와 문화를 체험할 수 있다. 즉 '마을 이야기' 콘텐츠를 통해 마을의 과거와 현재를 재구성할 수 있다. 기존의 종이책으로 제작된 마을지와 다른 점은 마을에 관한 모든 정보를 망라하지 않는다는 것이다. 따라서 선정된 마을별로 차별화된 특성을 선정하고 직접적이고 구체적으로 관련된 이야기를 핵심적으로 구성하는 특성을 갖는다.

또한 기존의 마을지가 주로 연구자에 의한 연구자를 위한 것인 데 비해, '디지털 마을지'는 일반 대중을 위한 것이라는 데 차별성을 갖는다. 즉 '이용자 중심의 콘텐츠 제작'을 추구한다는 데 큰 의의가 있다.

디지털 마을지는 현지 조사를 기초로 제작된다. 따라서 그동안 발견하지 못했던 원천 자료의 발굴을 기대할 수 있다. 나아가 새롭게 제작한 자료 및 기존 자료의 수집 등은 영구보존이 가능한 문화 콘텐츠로 발전될 가능성을 갖는다.

또한 마을 주민들의 삶에 얽힌 마을의 이야기를 녹취함으로써, 지금까지 문헌 자료로 남겨 있지 않아 영원히 잊힐 수 있는 주민의 생생한 삶과 관련된 사건 및 구비문학 등을 새로운 자료로 기록·보존할 수 있다는 데 큰 의의가 있다.

지역을 대표할 수 있는 마을의 역사, 지리, 문화, 예술 등의 항목을 콘텐츠화함으로써 지역문화의 정체성 확립에 기여하고, 콘텐츠화된 정보를 지역 주민과 이용자 모두 함께 공유함으로써 지역의 상징적 이미지 부각과 홍보 효과를 기대할 수 있다.

산업화·도시화로 인하여 지역문화가 급속히 변화하는 가운데 지역문화 자산에 대한 중요성 또한 증대되고 있다. 이러한 시대적 상황에서 마을 항목 콘텐츠의 체계적인 제작은 지역 주민의 관심과 가치 인식을 재고할 수 기회를 제공할 수 있다.

한편 마을 항목 콘텐츠 제작을 통해 수집·제작된 데이터는 해당 지역 향토문화의 연구 자료 혹은 교육 자료로 활용될 수 있다. 또한 온라인으로 서비스되는 디지털 마을지 제작을 통해 마을 연구 및 마을지 제작의 새로운 형식을 제시하고, 마을 조사 연구 전문 인력의 양성에도 기여할 수 있다.

주민의 기억 속에 남아 있는 마을 모습을 담아내고, 오늘의 마을을 기록하는 '마을 이야기'는 마을의 정체성을 확립하고, 마을 주민에게 삶의 터전에 대한 자부심을 심어줄 수 있다. 또한 '마을 이야기'는 지역과 외부 사회를 연결하는 통로로써 콘텐츠를 접한 이용자가 간접적인 현장 체험을 통해 지역 향토문화의 현장을 이해할 수 있다.

2. 디지털 마을지 제작의 내용과 방법

1) 디지털 마을지 콘텐츠 기획

(1) 디지털 마을지 제작 과정

디지털 마을지 제작은 마을을 현지 조사하여 원고를 집필하고 멀티미디어 자료 제작 및 데이터 가공, 서비스 개발 등의 과정을 통해 이루어진다. 일반적으로 예비조사 → 현지 조사 및 각종 콘텐츠 제작 → 교열 윤문 및 XML 태깅 → 시스템 구축의 과정을 통해 제작이 진행된다. 디지털 마을지 웹사이트를 구축하는 마지막 단계까지 총 1년 6개월 정도의 제작 과정을 거쳐야 한 지역의 '디지털 마을지'가 완성될 수 있다. 전체적인 제작 과정은 〈표 5.7〉과 같다.

표 5.7 디지털 마을지 제작 과정

1. 예비 조사
• 조사 기획 • 마을 선정 • 항목 추출 • 자료 수집

2. 현지 조사 및 각종 콘텐츠 제작	
• 항목 확정	• 목차 구성
• 원고 집필	• 지도 제작
• 연표 제작	• 템플릿 작성
• 연결 항목 작업	
• 멀티미디어 수집 · 제작 · 가공 및 메타데이터 작성	
• 서비스 디자인 개발	

```
                    ↓
┌─────────────────────────────────────────┐
│        3. 교열 · 윤문과 XML 태깅           │
├─────────────────────────────────────────┤
│  • 원고 교열 · 윤문                        │
│  • 연결 항목 검토                          │
│  • XML 전자문서 편찬                       │
└─────────────────────────────────────────┘
                    ↓
┌─────────────────────────────────────────┐
│              4. 시스템 개발                │
├─────────────────────────────────────────┤
│  • 마을지 웹사이트 구축                    │
└─────────────────────────────────────────┘
```

〈표 5.7〉에서와 같이, 콘텐츠 제작 내용은 마을 항목 콘텐츠 목차 구성, 마을 항목 텍스트 집필, 마을 지도 제작과 지도 서식 작성, 마을 연표 서식 작성, 멀티미디어 수집 · 가공 · 제작 및 자료 서식 작성, 마을 달력 작성, 마을지 서비스 개발로 이루어진다. 이제 각 단계별 세부 과정에 대해서 살펴보자.

(2) 마을 항목 콘텐츠 목차 구성

① 개요

'마을 이야기' 콘텐츠 목차는 선정된 마을의 조사 항목 및 기사 항목의 구성 체계로, 웹으로 서비스될 '마을 이야기' 콘텐츠의 목차로 응용된다. 즉, 종이책의 차례와 같은 역할을 하는 것이다. 콘텐츠 목차는 마을 이야기에 대한 주제별 접근점이다.

마을 항목 콘텐츠 목차는 대 · 중 · 소분류의 구성 체계를 지닌다. 대분류는 '마을 소개(개관), 마을 테마(특징), 마을 사람(주민의 삶)'으로 구분된다. 해당 대분류는 마을 특성, 즉 주제가 잘 드러날 수 있는 항목명으로 지정하고, 주제별 중분류로 다시 나눈다. 중분류는 다시 각각의 기사 제목인 마을 항목(소분류)으로 세분한다. 대분류, 중분류, 마을 항목(소분류)은 마을의 성격 · 특성에 따라 자유롭게 선정할 수 있으나 3단계의 체계는 유지한다.

마을 항목 콘텐츠 목차는 〈표 5.8〉과 같은 양식에 따라 작성한다.

표 5.8 **마을 항목 콘텐츠 목차 양식**

마을명	대분류 표준 유형	대분류	중분류	마을 항목(소분류)	항목 ID	집필자
	마을 소개					
	마을 테마					
	마을 사람					

② 마을 항목 선정

마을 항목을 선정할 때 마을의 성격이나 연구 방향에 따라 대분류를 '마을 소개, 마을 테마 1, 마을 테마 2'로 구성하거나, 새로운 분류 방식을 마련할 수도 있다.

마을 항목(소분류)의 개수는 마을 상황에 따라 선정한다. 각 기사의 제목이 되는 마을 항목은 마을별로 유사한 분량을 적용하여 1개 마을 기준 30개 내외의 항목으로 선정한다. 대분류별 마을 항목 선정 기준은 대체로 〈표 5.9〉와 같이 정리해볼 수 있다.

표 5.9 대분류별 마을 항목 선정 기준

구분	내용
(대분류 1) **마을 소개**	마을의 역사, 자연, 지리, 유래, 교통, 행사, 조직, 생활상, 생업, 교육, 문화유적, 예술, 민간신앙, 평생의례, 설화, 민요, 방언, 속담, 관광, 특산물 등 다양한 분야 정보에서 마을 소개의 소재로 서술이 가능한 항목을 선정한다.
(대분류 2) **마을 테마**	마을의 대표적인 특징, 즉 핵심 테마를 1개 선정한다. 마을의 선정 근거가 마을의 테마가 될 수 있다.
(대분류 3) **마을 사람** **(주민의 삶)**	정보 제공자 중 5~10명의 마을 주민을 뽑아 그 삶을 이야기로 구성한다. 마을 주민의 인생사, 마을에서 일어난 사건, 주변 사람과의 관계, 마을 특성과 관련된 이야기 등 다양한 소재를 바탕으로 항목을 구성한다.

마을의 대표적인 특징, 즉 핵심 주제는 마을 테마의 조사 항목으로 선정한다. 해당 마을의 선정 근거가 마을 테마의 소재로 활용될 수 있다. 특히 마을 항목은 모든 분야를 망라하는 것이 아니라, 그 마을에서 중요한 소재가 될 만한 주제만 선별한다. 마을 선정 기준 사례를 제시해 보면, 〈표 5.10〉~〈표 5.13〉과 같다.

표 5.10 울진 지역 소광리 마을 선정 기준 사례

대상 마을	선정 기준	핵심 테마
서면 소광 1 · 2리	• 일제강점기 광산촌으로 알려졌던 곳 • 화전민이 집단 이주하여 이룬 전형적인 화전촌 • 울진 송이 / 울진 금강송의 주산지로 경제적 소득을 올림	금강송과 함께 송이를 키운 사람들

표 5.11 논산 지역 염천리 마을 선정 기준 사례

대상 마을	선정 기준	핵심 테마
강경읍 염천리	• 서해에서 들어오는 각종 해산물과 교역물을 전국 각지로 공급하는 전초기지, 강경포가 있는 곳 • 일제강점기 수탈의 관문 역할 • 쌀의 집산과 수산물 거래의 중심지 • 200년 전통의 강경 젓갈이 유통되는 지역으로 30여 개의 젓갈상점이 성업 중	포구와 200년 전통의 강경맛깔젓

표 5.12 창원 지역 모산리 마을 선정 기준 사례

대상 마을	선정 기준	핵심 테마
대산면 모산리	• 지역의 특산품인 수박 홍보 • 지역 축제 홍보(창원수박축제) • 낙동강이 경유하는 대표적 강촌마을 – 창원의 지리적 특성을 반영한 마을 • 근대와 현대의 사회변동으로 인한 삶의 애환을 잘 볼 수 있는 마을	최고의 당도를 자랑하는 창원수박의 주산지

표 5.13 안산 지역 원곡동 마을 선정 기준 사례

대상 마을	선정 기준	핵심 테마
원곡 1·2동	• 이주민 노동자와 그 가족이 한국인과 함께 살아가는 집단 거주 마을 • 국경 없는 마을 • 지구촌 시대의 한국, 한국 속의 축소된 세계 • 다문화의 공존과 번영의 현장	백 가지 성씨가 모여 사는 다문화 공동체 마을

③ 마을 항목 구성 사례

콘텐츠 목차의 대분류와 중분류, 마을 항목(소분류)은 집필 내용을 재미있게 소개할 수 있는 헤드라인이 되도록 한다. 다시 말해서 콘텐츠 목차에서 각 항목의 명칭은 그 내용을 포괄하면서 간명하게 드러낼 수 있으며, 이용자의 흥미를 유발할 수 있도록 구성한다. 즉 기행문, 여행서, 잡지 등의 기사 제목과 같이 재미있고 일상적이면서 간단명료한 항목명으로 만든다. 마을 항목 구성 체계의 사례를 제시하면, 〈표 5.14〉~〈표 5.17〉과 같다.

표 5.14 울진 지역 소광리 마을 항목 구성 체계

유형	대분류	중분류	마을 항목(소분류)	항목 ID	집필자
마을 소개	산에 의지하며 살아가는 마을	광천은 골골 마을을 만들다	태백산이 보호하고 광천이 감싼 마을	GC018A010101	홍길동
			지역만 넓지 여기 쓸 땅이 어딧노	GC018A010102	홍길동
			골골 돌아서면 집이 보이고	GC018A010103	홍길동
			소광리에 버스가 들어온 날	GC018A010104	홍길동
			일제강점기 시작된 광산	GC018A010105	홍길동
			마을 사람들의 부역으로 초등학교를 세우고	GC018A010106	홍길동
			'계락'이 오히려 마을엔 약이여	GC018A010107	홍길동
		계모임으로 친목을 다지다	'계갈이'로 친목을 다지고	GC018A010201	홍길동
			마을의 일꾼 부녀회원들	GC018A010202	홍길동
			상여계로 힘든 일을 함께 나누고	GC018A010203	홍길동
			반상회로 세상소식을 알고	GC018A010204	홍길동
		화전으로 생계를 이어가고	불을 질러 봐야 화전은 알 수 있지	GC018A010301	홍길동
			아무 땅에나 화전하는 게 아니요	GC018A010302	홍길동
			협동이 필요한 화전	GC018A010303	홍길동
			화전민촌이 만들어지기까지	GC018A010304	홍길동
마을 테마	금강송과 함께 송이를 키운 사람들	금강송을 지켜온 마을	한국 소나무 숲의 원형 금강송 숲	GC018A020101	홍길동
			황장봉계표석	GC018A020102	홍길동
			벌목을 피하고 살아남은 500년 노송	GC018A020103	홍길동
			자연환경의 NGO 숲 해설가	GC018A020104	홍길동
			여 불보러 다니는 것이 일인데 뭐	GC018A020105	홍길동
			소광1리 후곡동의 동목은 금강송	GC018A020106	홍길동

(계속)

유형	대분류	중분류	마을 항목(소분류)	항목 ID	집필자
마을 테마	금강송과 함께 송이를 키운 사람들	송이밭은 자식한테도 비밀이여	송이를 따기 전 산소를 갔다 오고	GC018A020201	홍길동
			송이도 각자 밭이 있어	GC018A020202	홍길동
			망태기와 지팡이만 있으면 돼	GC018A020203	홍길동
			혼자서 못 따 조 짜서 따지	GC018A020204	홍길동
			함께 송이를 지켜 나가고	GC018A020205	홍길동
마을 사람	자연에서 지식을 얻는 사람들	봄엔 약초로, 겨울엔 사냥으로	잘 말린 당귀는 대구 약전골목으로	GC018A030101	홍길동
			사냥에도 기술은 필요하고	GC018A030102	홍길동
			멧돼지를 안 잡으면 마을은 쑥대밭	GC018A030103	홍길동
		양봉은 없어, 모두 토봉이야	오동나무와 소나무로 벌통을 만들고	GC018A030201	홍길동
			10월 한 번 꿀을 뜨고	GC018A030202	홍길동
			백 가지 병을 고치는 백병탕	GC018A030203	홍길동
		마지막 화전민 최순호	코굴이 있던 옛 집	GC018A030301	홍길동
			친구들을 만나 좋았던 화전민촌	GC018A030302	홍길동
			다시 고향으로	GC018A030303	홍길동

표 5.15 논산 지역 염천리 마을 항목 구성 체계

유형	대분류	중분류	마을 항목(소분류)	항목 ID	집필자
마을 소개	비단 같은 강물 따라 흐른 세월	금강과 만나는 염천리	염천리를 찾아가는 길	GC020C010101	홍길동
			옥녀봉과 금강이 어우러진 풍경	GC020C010102	홍길동
			소금창고에서 비롯된 동네 이름	GC020C010103	홍길동
		금강의 관문 강경포구의 흔적	사라진 강경포구	GC020C010201	홍길동
			객주의 활동이 활발했던 포구상업	GC020C010202	홍길동
			700명 강경노동조합의 흔적	GC020C010203	홍길동
			철길이 뱃길을 넘어서다	GC020C010204	홍길동

(계속)

유형	대분류	중분류	마을 항목(소분류)	항목 ID	집필자
마을 소개	비단 같은 강물 따라 흐른 세월	식민지 경제수탈의 관문	근대 상업도시로의 변화 (일제강점기 최고의 번화가)	GC020C010301	홍길동
			수탈의 관문 포구와 갑문시설	GC020C010302	홍길동
			강경시장의 형성	GC020C010303	홍길동
		근현대 뉴스	옥녀봉에 울려 퍼진 만세 함성	GC020C010401	홍길동
			고풍스런 골목길 (시가지 조성과 근대건축물)	GC020C010402	홍길동
			6·25전쟁 때 있었던 일	GC020C010403	홍길동
마을 테마	곰삭은 맛, 강경 젓갈	200년 전통의 젓갈시장	포구상업에서 젓갈시장으로 변화 발전	GC020C020101	홍길동
			전통 맛깔젓 사업 협동조합원의 구성과 활동	GC020C020102	홍길동
			전통 맛깔젓 사업의 전망	GC020C020103	홍길동
		강경 젓갈과 젓갈축제	전통 비법으로 만들고, 고유의 맛을 간직하고 있는 강경 젓갈의 특징	GC020C020201	홍길동
			전국에서 보러오는 강경 젓갈축제	GC020C020202	홍길동
			상인과 주민 모두 한마음으로 준비하는 젓갈축제	GC020C020203	홍길동
			젓갈축제의 이모저모	GC020C020204	홍길동
			강경 젓갈 체험 전시관과 젓갈축제	GC020C020205	홍길동
마을 사람	염천리의 상인	염천리 터줏대감	포구의 생활	GC020C030101	홍길동
			포구의 노동자	GC020C030102	홍길동
			젓갈시장의 산증인, ○○○	GC020C030103	홍길동
			젓갈시장의 산증인, ○○○	GC020C030104	홍길동
		젓갈상인들	오랫동안 젓갈상회를 운영해 온 상인들	GC020C030201	홍길동
			젓갈축제를 이어가는 사람들	GC020C030202	홍길동

표 5.16 여수 지역 덕양리 마을 항목 구성 체계

유형	대분류	중분류	마을 항목(소분류)	항목 ID	집필자
마을 소개	여수 반도의 관문	교통의 요지	순천, 화양면 방면 도로 개설	GC013E010101	홍길동
			철도 개통과 덕양역	GC013E010102	홍길동
		면소재지의 자연마을	덕양마을 개관	GC013E010201	홍길동
			상세동	GC013E010202	홍길동
			하세동	GC013E010203	홍길동
			삼거리	GC013E010204	홍길동
			중승골	GC013E010205	홍길동
		삶의 현장과 향수	일제강점기의 덕양거리	GC013E010301	홍길동
			도로변에 늘어서 있는 덕양거리의 정취	GC013E010302	홍길동
		소도시의 면모	면소재지가 덕양으로	GC013E010401	홍길동
			고뢰농장과 간척지	GC013E010402	홍길동
			농경과 함께 소도시 마을로	GC013E010403	홍길동
			소도시 마을에 초·중·고등학교	GC013E010404	홍길동
		바위 전설	역의암과 여기암의 이야기	GC013E010501	홍길동
마을 테마	덕양의 시골장터	덕양장의 번영과 쇠퇴	일제강점기의 덕양의 장터	GC013E020101	홍길동
			해방후 덕양 5일장	GC013E020102	홍길동
		덕양곱창	덕양곱창의 유래	GC013E020201	홍길동
			덕양곱창의 명성을 이어가는 식당들	GC013E020202	홍길동
			덕양곱창의 맛	GC013E020203	홍길동
		덕양의 농주	일제강점기 쇼오도메만치 술도가	GC013E020301	홍길동
			소라면의 유일한 술도가 소라주조공사	GC013E020302	홍길동
마을 사람	덕양을 지키는 사람들	옛날에는 이렇게 살았어요	○○○ 할머니의 신혼 생활	GC013E030101	홍길동
			먹기 위해서 살았어요	GC013E030102	홍길동
			아플 때는 이렇게	GC013E030103	홍길동
		덕양장 사람들	행상 40년 ○○○ 할머니	GC013E030201	홍길동
			장보러 온 시골 사람들	GC013E030202	홍길동

(계속)

유형	대분류	중분류	마을 항목(소분류)	항목 ID	집필자
마을 사람	덕양을 지키는 사람들	덕양은 나의 고향	삼일면 낙포리 이주민들	GC013E030301	홍길동
			덕양에 와서 반평생 보낸 해주할머니	GC013E030302	홍길동

표 5.17 창원 지역 봉산리 마을 항목 구성 체계

유형	중분류	마을 항목(소분류)	항목 ID	집필자
마을 소개	자여마을 속의 봉산마을	창원 동읍 봉산마을을 찾다	GC022C010101	홍길동
		자여역과 자여마을	GC022C010102	홍길동
		봉산마을과 송정마을	GC022C010103	홍길동
		마을의 이곳저곳 – 지명 유래	GC022C010104	홍길동
	마을의 옛 모습	마을에 터를 잡은 창원 구씨와 절강 편씨	GC022C010201	홍길동
		마을을 가로지르는 실개천과 골목길	GC022C010202	홍길동
		자여의 난장, 봉산마을에 서다	GC022C010203	홍길동
		고마운 우물 이야기 '통새미'	GC022C010204	홍길동
		통새미에 전하는 신비한 이야기	GC022C010205	홍길동
마을 생활	마을 일상 엿보기	일하는 방식이 바뀌다 – 품앗이와 품팔이	GC022C020101	홍길동
		마을 모임, 40여 년의 짧은 역사로 마을 꾸려가기	GC022C020102	홍길동
		단감 재배로 자식들 공부 다 시켰어	GC022C020103	홍길동
		신주할배랑 할매는 내 죽을 때까지 모셔야지	GC022C020104	홍길동
	기억 저편의 생활	힘든 노동 속에 하루를 쉬다 – 회추	GC022C020201	홍길동
		노래로 고된 노동을 달래다	GC022C020202	홍길동
		여성, 노래 속에 삶을 담다	GC022C020203	홍길동

(계속)

유형	중분류	마을 항목(소분류)	항목 ID	집필자
마을 테마 (대동제와 대동놀이)	당산제	사라진 동제와 남겨진 석제단	GC022C030101	홍길동
		동제에 전하는 신비한 이야기	GC022C030102	홍길동
		'당산제' 기부금 창구를 만들다	GC022C030103	홍길동
		'당산제' 20여 년의 짧은 역사 속 큰 의미	GC022C030104	홍길동
		예전의 동제, 오늘날의 당산제	GC022C030105	홍길동
	큰줄당기기와 달에집	찰방이 관여하던 시절의 큰줄당기기	GC022C030201	홍길동
		쌍줄을 만들기 위해 짚을 모으다	GC022C030202	홍길동
		쌍줄은 이렇게 만든다	GC022C030203	홍길동
		쌍줄이 외줄로 바뀐 오늘의 큰줄당기기	GC022C030204	홍길동
		'달에집', 이젠 청년회에서 짓다	GC022C030205	홍길동
		'달에집', 가족을 위해 비손을 하다	GC022C030206	홍길동
마을 사람	마을의 살아 있는 역사	당산제의 음복 첫잔의 주인 '○○○ 옹'	GC022C040101	홍길동
		봉산을 기억하는 '○○○ 할머니'	GC022C040102	홍길동
		마을의 세대교체, '봉산마을 이장님'	GC022C040201	홍길동
		마을의 살림꾼, '봉산마을 부녀회'	GC022C040202	홍길동

④ 콘텐츠 목차 작성 방법

콘텐츠 항목 목차 작성은 관련 멀티미디어 제작물을 비롯한 지도·연표 등과 연동을 원활히 하기 위한 기초 작업으로, 〈표 5.18〉과 같은 양식에 따라 작성한다.

표 5.18 콘텐츠 목차 작성 양식

마을	유형	대분류	중분류	마을 항목(소분류)	항목 ID	집필자
	표준 분류 고집					

이때 대분류는 표준 유형의 집필 주제를 전체적으로 포괄하면서 간명하게 드러낼 수 있는 명칭으로 부여한다. 중분류는 기사의 제목인 마을 항목들의 공통 주제가 될 수 있는 명칭으로 하고, 마을 항목(소분류)은 기사 내용을 흥미 있게 전달할 수 있는 제목으로 만든다.

각 마을 항목(소분류)에는 ID를 지정한다. 항목 ID 지정은 개별 기사를 데이터베이스화하기 위해 기사마다 코드를 부여하는 작업이다. 항목 ID는 텍스트를 집필할 때 해당 기사 제목 옆에 동일하게 기입한다.

ID 지정 방식은 우선 조사 마을을 마을별로 알파벳 A/B/C의 차례로 영문 이니셜을 지정한다. 대분류, 중분류, 소분류(마을 항목)의 경우 항목별로 각각 01/02/03/~의 차례로 나열되는 두 자리 숫자를 부여하여 총 6자리 숫자를 조합한다. 즉, 항목 ID는 지역 코드와 마을을 나타내는 영문 이니셜을 앞자리에 배치하고 6자리 숫자를 합한 총 12자리의 코드로 만든다. 항목 ID는 GC001A010101, GC001B020102, GC001C030203 …… 방식으로 부여한다.

집필자란에는 해당 기사를 작성한 마을 연구자의 실명을 기재한다.

2) 디지털 마을지 텍스트 콘텐츠 제작

(1) 개요

디지털 마을지 텍스트 콘텐츠는 현지 조사를 토대로 구성한다. 텍스트 집필 내용은 일반 대중이 쉽게 이해할 수 있는 수준으로, 웹진이나 르포 기사와 유사한 글쓰기 방식을 취한다.

텍스트는 온라인 서비스에 적합하도록 내용을 세분하여 기사 단위로 구분한다. 하나의 마을 항목은 평균 A4용지 1매 내외 분량(200자 원고지 10~15매)으로 서술하며 항목의 내용이 지나치게 방대하거나, 너무 짧지 않도록 한다.

텍스트는 항목별 템플릿과 시간·공간·시각 정보의 연결 작업을 수반하는 것에 주의한다.

(2) 템플릿 기입 방법

마을 항목의 원고에는 템플릿을 붙인다. 템플릿이란 항목의 기본적인 정보를 요약해 놓은 표를 지칭한다. 항목 ID, 마을 항목명, 항목의 체계, 집필 내용의 시대, 지역, 집필자를 기입한다. 템플릿의 형식은 〈표 5.19〉와 같다.

표 5.19 템플릿 형식

[기본 정보]	
항목 ID	ⓐ
항목명	ⓑ
항목 체계	ⓒ
시대	ⓓ
지역	ⓔ
집필자	ⓕ

　구체적인 템플릿 기입 방법을 살펴보자. ⓐ 항목 ID에는 콘텐츠 목차에 기재된 해당 소항목의 ID를 적는다. ⓑ 항목명에는 해당 소항목의 항목명을 적는다.

　ⓒ 항목 체계는 항목의 체계가 어떻게 구성되었는지를 기입하는 것이다. 항목 체계는 마을명/대분류/대항목명/중항목명의 순서로 총 4단계로 구분하여 작성한다.

　ⓓ 시대란에는 집필된 내용의 시대를 적는다. 보통 현지 조사를 한 현재를 시점으로 집필하므로, 대부분의 시대가 현대로 기재된다. ⓔ 지역란에는 해당 마을의 행정명을 구체적으로 적는다. ⓕ 집필자란에는 원고를 작성한 연구자의 실명을 기재한다.

　완성된 템플릿의 예는 〈표 5.20〉과 같다.

표 5.20 템플릿 작성

[기본 정보]	
항목 ID	GC018A020101
항목명	한국 소나무 숲의 원형 금강송 숲
항목 체계	울진군 소광리 / 마을 테마 / 금강송과 함께 송이를 키운 사람들 / 금강송을 지켜온 마을
시대	현대
지역	울진군 서면 소광리
집필자	홍길동

(3) 원고 집필 방안

실제적인 원고 집필은 원고 템플릿을 활용하여 작성하는데, 앞서 설명한 템플릿의 기본 정보란 아래에 원고를 직접 집필한다. 원고의 기본 형식은 〈표 5.21〉과 같다.

표 5.21 원고의 기본 형식

[기본 정보]	
항목 ID	
항목명	
항목 체계	
시대	
지역	
집필자	

[소표제]

[소표제]

[소표제]

[참고문헌]

[정보 제공자]

이때 원고 내용의 구분이 필요한 경우 소표제(소제목) 활용을 고려해볼 수도 있다. 항목별 참고문헌, 정보 제공자를 형식에 맞추어 반드시 기재한다. 또한 원고 안에는 시각·공간·시간 정보의 연결 작업(태깅)을 포함하게 되는데, 이는 마을지 서비스에서 해당 정보 간의 하이퍼링크 서비스를 구현하기 위한 것이다. 이와 관련한 내용은 (4) 태깅 방법(333쪽 참고)에서 상세히 소개하도록 한다.

다음으로 각 주제별 집필 방안과 내용 구성 방법을 실제 사례와 함께 살펴보자.

① 주제별 집필

디지털 마을지 콘텐츠의 대분류(대주제)는 '마을 소개', '마을 테마', '마을 사람'으로 구성되어 있다. 각 대주제의 집필 방안은 다음과 같다.

'마을 소개'는 마을의 역사, 환경, 문화, 생활, 민속, 조직 등 마을을 소개할 수 있는 내용을 집중적으로 집필하며, 마을의 과거와 현재를 소재로 이야기를 그려 낸다.

'마을 테마'는 마을을 대표할 수 있는 핵심 주제를 뽑아 마을의 특성과 관련된 내용을 심층적으로 집필한다. 마을마다 각기 다른 차별화된 성격의 주제를 다루어야 하며, 특히 이용자의 마을에 대한 이해를 높이고 흥미를 가질 수 있도록 이야기를 풀어 간다.

'마을 테마'는 마을뿐만 아니라 마을이 자리 잡고 있는 지역 전체의 특성을 조망할 수 있는 것을 선정하는 것이 바람직하다. 테마를 구현하는 방식은 해당 테마의 성격, 집필 방식에 따라 다양하게 전개될 수 있다. 예를 들어, 특정 주제를 관찰·조사·체험한 것을 바탕으로 집필할 수 있고, 한편으로 특정 주제와 관련 있는 마을 사람을 선정하여 인터뷰한 내용을 위주로 집필할 수도 있으며, 두 가지 형식을 병행하거나 새로운 방식으로 집필할 수 있다.

'마을 사람'은 마을 주민에게 직접 듣는 마을의 역사, 재미난 일화로 구성하거나, 마을 테마와 관련이 있거나 특별한 사연을 지닌 마을 주민의 이야기로 풀어갈 수 있다. 집필을 위해 개인의 삶에 구체적으로 접근할 수 있는 심층 인터뷰를 진행하도록 하며, 그 내용은 녹취록으로 작성하여 향후 자료로 활용한다.

마을 항목 원고는 필자의 관점이 반영되므로, 가능한 한 3인칭으로 서술하도록 한다. 또한 마을 항목의 일부를 인터뷰에 참여한 마을 주민이 직접 집필하거나, 체험기를 집필 원고의 일부로 반영하는 방식도 고려해볼 수 있다.

② 내용 구성

디지털 마을지 콘텐츠 구성의 특징은 개괄적이고 일반적인 내용보다는 그 마을 고유의 사항을 중점적으로 다루고자 하는 점이다. 특히 지역별로 공통적인 사항(음력에서 비롯된 설날의 기원, 윷놀이, 떡국 등 전 지역에서 일괄적으로 지키는 풍습)이 아닌 그 마을에서만 특별히 예전에 행해졌거나, 현재 이루어지고 있는 사항(그 지역에서만 설날에 먹는 특정 음식이나 즐기는 놀이)에 관해 중점적으로 서술한다.

기존의 마을 자료에서 알 수 있는 정보가 아닌, 숨겨진 마을의 정보를 발굴하여 집필 자료로 활용하도록 한다. 즉, 객관적 정보에 앞서 현지 조사를 통해 수집한 마을 사람들의 정보를 바탕으로 이야기를 서술한다.

마을 항목 원고 집필은 연구가 진행되는 시점을 기준으로 마을에 거주하고 있는 주민들의 구술 정보, 사진, 문헌 자료 등에 기반으로 한다. 따라서 현재 시점의 이야기뿐만 아니라, 주민의 기억 속 이야기, 마을의 변천사 등 과거의 시점이 드러나는 이야기도 집필할 수 있다.

　원고 집필에 있어서 유의할 점으로는 먼저 일반인들이 쉽게 읽을 수 있도록 전문적인 학술용어, 어려운 한자식 표현은 사용하지 않도록 한다. 전문적인 용어나 한자가 명시되어야 할 경우, 괄호 안에 설명을 덧붙여 이해를 돕도록 한다. 인터뷰 내용을 바탕으로 집필할 경우, 인터뷰 내용은 서술형으로 풀어 쓰고 강조할 만한 이야기만 직접 인용을 한다. 단락 아래 정보 제공자의 실명을 기재하거나 단락 안에 실명이 드러나도록 한다. 또한 지역의 특성이 드러나는 방언을 활용할 수 있으며, 이 경우 표준어 뜻을 괄호 안에 추가 기재한다.

　조직의 규정이나 회칙은 기사 항목으로 직접 다루지 않는다. 필요할 경우, 마을 항목 하단에 첨부 자료로 추가하거나, 붙임 파일로 정리해 둔다.

〈원고 1〉 공주 지역 공암리 마을 첨부자료 기입 사례

공암마을은 다른 마을에 비해 마을 주민들 간의 단결력이 강하다. 대도시와 인접해 있기 때문에 다른 농촌 마을보다 더 많은 변화가 일어났음에도 불구하고 여전히 단결이 잘 되고 있는 것은 마을 조직의 구성 특징 때문이다.

　공암1리의 조직은 동회장 – 이장 – 지도자 – 부녀회장 – 노인회장 – 청년회장으로 구성된다. 다른 마을과는 다르게 이장의 고문 역할을 맡고 있는 동회장은 다른 마을에는 없는 공암 조직만의 특징이다. 현재(2007) 동회장은 ○○○(82), 이장은 ○○○, 새마을 지도자는 ○○○(45), 부녀회장은 ○○○(45), 노인회장은 ○○○(75), 청년회장은 ○○○(61) 씨가 맡고 있다. (중략)

　공암마을 계 조직에서 또 다른 특징 중의 하나는 다른 마을과는 다르게 경제적 목적의 조직인 작목반이나 영농회, 번영회 등의 조직이 존재하지 않는다는 점이다. 이것은 공암리가 벼농사를 농사의 근간으로 할 뿐 다른 상품작물의 재배가 없는 현 상황을 반영하는 것이다. 이와 같이 다양한 계 조직이 분화되어 있지만 주민들은 하나의 계원이 되는 것이 아니라 동시에 다른 여러 계의 구성원이 되기 때문에 서로 얽혀 유대감과 단결력을 강화하고 있다.

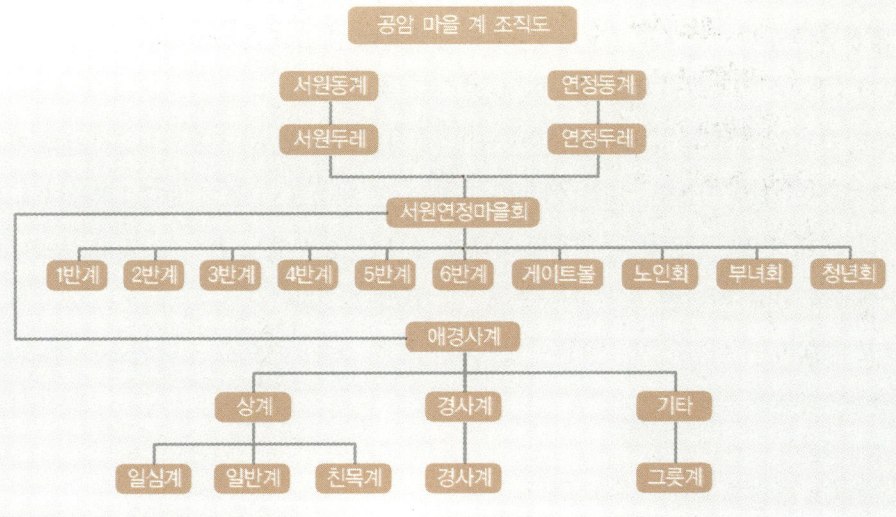

다른 문헌의 글을 인용한 경우나 문헌 속의 자료를 그대로 활용한 경우에는, 출처를 단락이나 도면, 도표 아래 반드시 명시한다. 혹은 문헌을 참고하여 원고를 집필한 경우에는 참고 문헌을 기입 방식에 맞추어 원고 맨 아랫줄에 기재한다.

오래된 말투나 오래전에 불렸던 지명 등은 현재 어떻게 불리고 있는지를 추가 기재한다. 예를 들면, "검멀길은 금동 281-6번지에서 금동 174-1번지까지의 작은 도로를 지칭하는 금동의 옛 지명이다."라고 집필할 수 있다.

마을 항목 텍스트는 마을 지도, 마을 연표, 멀티미디어 자료와 하이퍼링크 서비스된다. 이때 과거와 현재의 시·공간 정보가 모두 포함된다. 특히 텍스트 내용은 인터넷으로 서비스되기 때문에 '작년, 올해, 지난달' 등의 추상적인 시간 정보는 가급적 몇 년 몇 월 며칠에 일어난 일인지 최대한 상세하게 기입한다. 공간 정보의 경우도 지도와 연결이 가능하도록 '그 골목길, 거기, 뒤편의 집' 등의 추상적인 공간 정보는 무엇이 어디에 위치하고 있는지, 현재 그 장소에는 과거에 무엇이 있었는지 가급적이면 구체적으로 적는다.

마을과 직접 관련이 없는 내용이거나, 일반적인 내용은 기술하지 않으며, 필요할 경우 짧게 서술한다. 조사한 자료와 사실에 근거하여 집필하도록 노력한다. 특히 원고 내용이 지나치게 미화되거나 왜곡되지 않도록 주의한다.

직접 인용을 해야 할 경우에는 문헌, 인터넷 블로그나 카페, 신문기사 등 인용 자료의 출처를 반드시 적는다. 또한 인용한 부분을 큰 따옴표로 묶어 준다. 작품이나 몇 장짜리 문서, 논문, 신문기사, 팸플릿에 대해 기재할 경우 홑낫표「　」안에, 문헌, 연속간행물에 관해 집필할 경우 겹낫표『　』안에 표기한다.

정보 제공자는 '이름(성별＋출생연도＋직업 혹은 소속)' 순으로 정리하도록 한다. 예를 들면, 다음과 같다.

예 [정보 제공자]
　　홍길동(남, 1957년생, 용몽리 농요전수자)

'마을 이야기'는 인터넷을 통해 전국적으로 서비스되는 콘텐츠이다. 따라서 인터뷰 내용을 기사로 다루었을 경우, 정보 제공자에게 정보 공개 동의서를 받아야 한다. 문헌의 자료를 기사에 첨부했을 때에는, 자료 제공자 혹은 기관의 동의서를 받아야 한다.

③ 적합한 원고 집필 사례

앞서 살펴본 콘텐츠의 주제별 집필 방안과 내용 구성 특성을 반영한 사례들을 제시하면 다음과 같다.

〈원고 2〉 비닐하우스 재배로 소득이 커져

GC022D020104. 비닐하우스 재배로 소득이 커져

1970년대 초반 모산마을에서는 비닐하우스 재배[연표 : 비닐하우스에서 농산물 재배 시작]를 도입하게 되었다. 비닐하우스 재배는 비닐로 온실을 만들고 태양열을 모아 일정한 온도를 유지

시켜 계절에 구애받지 않고 농작물을 재배할 수 있는 장점을 가지고 있다.

모산마을에서 처음 비닐하우스로 농산물을 재배한 사람은 ○ 모 씨라고 알려져 있다. 그는 본래 모산마을 사람이 아니다. 창녕군 길곡마을에서 농사를 짓다가 모산마을로 이주해 온 이주민이다. 길곡마을에서 모산마을로 이주한 까닭은 알 수 없지만 마을 사람들은 '모산의 땅이 좋아서'가 아닐까 생각하였다. ○○○ 씨는 당시 비옥한 모산 땅에 비닐하우스를 짓고 오이를 심었다고 한다.

이후 모산마을 농가에서는 여러 작물을 통해 비닐하우스 재배법을 익혀 나갔고, 그 기반으로 1970년대 후반 비닐하우스에서 수박을 재배하게 된다. [연표 : 비닐하우스에서 수박 재배 시작] 비닐하우스에서 처음으로 수박을 재배한 사람은 ○○○ 씨라고 전해 온다. 그는 터널 재배로 수박을 재배한 경험이 있었는데, 이것이 밑거름이 되어 비닐하우스 재배를 시도하게 된 것이다.

이렇게 비닐하우스 재배가 마을 전반에 도입되면서 수박 농가는 큰 소득을 얻게 되었다. 터널 재배와 달리 비닐하우스 재배는 5중의 비닐을 덮어 보온 효과가 클 뿐더러, 손으로 여닫을 수 있는 환풍 장치로 온도 조절이 편리해져 겨울철에도 수박을 재배할 수 있게 되었다. 북모산 수박작목반 반장인 ○○○(54세) 씨에 따르면, 겨울에 수박이 재배되면 출하를 초여름에 할 수 있어 희소성에 따른 상품가치가 올라가 큰 소득을 올릴 수 있다면서 다음과 같은 이야기를 하였다.

"농산물 출하 시기는 소득을 결정해 주기에 중요합니다. 모든 농산물은 수요와 공급의 원리에 의해 농산물이 빨리 나올수록 소득이 높아집니다. 우리는 비닐하우스 재배로 인해 출하시점을 앞당길 수 있어 높은 소득을 올릴 수 있었습니다. 이때부터 점차적으로 수박 농사를 짓다가 1980년대 초 즈음해서 마을 사람들 대부분이 수박을 재배하게 되었습니다."

○○○ 씨의 말처럼 모산마을에서는 1980년대 초반 비닐하우스에서 수박을 재배하면서 점차 많은 농가에서 큰 소득을 올리게 된다. [연표 : 수박농가 급증] 수박으로 인한 소득이 다른 농작물보다 높아지는 현상이 일어나게 된 것이다. 얼마 지나지 않아 수박으로 얻은 소득이 일반 회사원보다 더 높아지게 되었다. 현재 북모산마을 새마을 지도자인 ○○○(48세) 씨는 1980년대 중반 회사를 다니고 있었는데, 우연히 수박 재배로 인한 소득이 월급보다 높다는 것을 알고, 1985년 비닐하우스로 수박 농사를 시작하였다고 한다. [지도 : 북모산마을]

이후 '너도 나도' 수박 농사를 짓게 되면서 1990년대 초반 모산마을 사람 대부분이 수박 농

사를 짓기에 이른다. 이로 인해 마을 사람 전반이 가난에서 벗어나게 되었다고 한다. ○○○
씨에 따르면, 당시 마을 사람들은 벌어들인 돈으로 가장 먼저 집을 개축하거나 구입했다고 한
다. 집이 없는 사람들은 인근에 아파트나 주택을 구입하였고, 허름한 집들은 양옥집으로 새
단장을 한 것이다. [시청각 : P9230]

현재 북모산마을에서는 50여 가구가 수박 농사를 짓고 있다. 북모산마을의 실제 거주 세대
수는 80여 가구인데, 수박 농사를 짓는 50여 가구를 제외한 나머지 30여 가구는 홀로 살고
있는 마을 어른들이라고 한다. 10여 년 전만 해도 그 어른들 역시 수박 농사를 지었다고 한다.
그러나 지금은 '힘이 부치어' 농사를 짓지 못하고 날품으로 마을의 수박 농가 일에 참여하고
있다고 한다. [시청각 : P9139] [시청각 : P9140] [시청각 : P9141]

[정보 제공자]
○○○(남, 1955년생, 북모산마을 거주, 북모산수박작목반 반장)
○○○(남, 1961년생, 북모산마을 거주, 북모산마을 새마을 지도자)

〈원고 3〉 유적과 문헌으로 살펴본 마을 내력
· ·
GC022E010104. 유적과 문헌으로 살펴본 마을 내력

외감마을의 연원을 알려 주는 가장 확실한 유적은 고인돌과 고분이다. [지도 : 고인돌] 청동기
시대의 고인돌 3기가 마을 앞 안산 자락의 농경지 속에 있고, 가야시대의 것으로 추정되는 고
분군 2곳 이외 감의ㆍ독뫼와 그 인근 지역에 있다. [지도 : 겹산(안산)] [지도 : 독뫼(똥메)] 고인
돌과 고분의 존재는 이른 시기에 상당한 세력이 외감마을 주변에 살았음을 말해 준다. 그리고
마을 북동쪽 독뫼 앞에는 옛 주거지의 흔적이 남아있다. 또한 마을 남쪽 반뜽에 40여 년 전만
해도 몇 가구가 살았으며, 마을 동쪽 방고에는 주막이 있었다고 한다. [지도 : 반뜽] 현재의 외
감마을 자리에 언제부터 사람들이 살기 시작했는지 정확히 알 수는 없지만 여러 정황으로 미루
어 마을의 시원은 생각보다 오래되었을 것으로 보인다. [시청각 : P9324] [시청각 : P9325] [시
청각 : P9416] [시청각 : P9417]

외감마을이 문헌에 처음 등장한 것은 1469년에 편찬된『경상도속찬지리지(慶尙道續撰地理誌)』로, 이곳에서는 감계리(甘界里)로 나온다. [연표 :『경상도속찬지리지』에 감계리 등장]이 감계리는 1789년에 편찬된『호구총수(戶口總數)』에는 외감계리(外甘界里), 내감계리(內甘界里), 원지리(院旨里), 중방리(中坊里)로 나누어져 기록되어 있다. 외감이라는 이름이 직접 문헌에 처음 등장하는 것이 바로『호구총수』인 셈이다.『호구총수』에 외감리의 전신인 외감계리(外甘界里)가 나오기 때문이다.『호구총수』에 나오는 외감계리는 지금 외감리가 되고, 내감계리는 지금 내감리이며, 중방리는 지금 중방리가 되었다.

그리고 원지리는 지금은 외감리의 원지동이라는 경작지가 그 흔적이다. [지도 : 원지동(은지동)] 이로 보아『경상도속찬지리지』의 감계리는 당시 외감계리, 내감계리, 원지리, 중방리 일원의 여러 마을을 포괄하는 마을 이름이었다고 할 수 있다. 이것이 훗날『호구총수』에 와서 각각 독자적인 마을 이름으로 사용되었던 것으로 여겨진다. 이후 원지리는 소멸되면서 인근 마을로 분속된 것으로 보인다. 옛 원지리 지역이 지금 인근 마을의 지번으로 나누어진 것에서 그러한 추측이 가능하다. 원지리 지역의 대부분 지번은 외감마을 지번에 속한다.

이와 같이 감계리에서 외감계리가 분리해 나와 오늘날 외감마을이 되었다고 한다면, 이미『경상도속찬지리지』의 감계리 속에 외감의 전신이라고 할 수 있는 자연마을이 존재하였다고 할 수 있으므로 적어도 외감마을은『경상도속찬지리지』가 발간된 1469년 이전으로 소급할 수 있는 역사성을 지닌다고 할 수 있다.

이것을 방증하는 것이 허교(許喬, 1567~1635)와 그의 아들 허목(許穆, 1595~1682)이 외감마을의 새터에 우거(寓居)한 사실이다. [지도 : 새터] [연표 : 허목 선생 우거] 이때가 1620~1640년대로, 이들 부자는 이미 형성된 인근 마을을 피하여 한적한 새터에서 유일(幽逸)했을 것으로 보인다. 당시 허목과 관련된 구천(龜泉)이 지금도 새터에 남아 있다. [지도 : 달천구천] [시청각 : P9357]

한편『경상도속찬지리지』의 감계리에 있었다고 한 감계원은 나라에서 운영하는 역원(驛院)이다. 감계원이 있던 그곳의 마을 이름이『호구총수』에 나오는 원지리이다. 원지리라는 마을 이름은 주로 원이 설치된 곳에 붙여진다. 역원(驛院)은 고려·조선시대에 있던 숙박 편의 시설인데, 감계원이 설치된 시대가 언제인지는 분명하지 않다.

그러나 감계원이 위치한 곳이 당시 창원도호부에서 창녕 등지로 이어지는 길목이라는 점에서 보면, 감계원의 설치시대가 고려시대까지 소급될 가능성도 있다. 고려 말 몽고의 일본 정벌에 필요한 기관으로 설치된 것은 아닌가 하는 생각이 든다. 이 근처에 숲등이라는 속지명에 있는데 일본 정벌을 위한 군마의 휴식소였다는 구전이 있다. [지도 : 숲등(숲등)] 이러한 역사성을 지니는 감계원(원지리)의 폐허지가 지금은 원지동이라는 넓은 농경지로 남았다. 이는 당시 감계원이 있던 원지리가 상당히 큰 규모의 마을이었을 것이라는 추정을 가능하게 한다. 관아를 중심으로 형성된 큰 마을 주변에는 작은 마을들이 생겨나거나 기존 마을은 큰 마을로 성장하게 되는데, 이때 작은 마을이었던 외감마을도 큰 마을로 발전하였으리라 본다. [시청각 : P9433]

따라서 청동기와 가야의 역사를 품고 있는 외감마을이 독자적인 마을의 모습을 갖춘 시기는 고려시대까지 소급할 수 있을 것으로 보이고, 더욱 큰 규모의 마을로 성장한 시기는 조선 전기 이후로 추정할 수 있을 것 같다.

[참고문헌]

『경상도속찬지리지(慶尙道續撰地理誌)』

『경상도지리지(慶尙道續撰地理誌)』

『호구총수(戶口總數)』

『경상도읍지(慶尙道邑誌)』

『문화유적분포지도 – 창원시』(창원시·창원대학교박물관, 2005)

〈원고 4〉 마을을 가로지르는 실개천과 골목길

GC022C010202. 마을을 가로지르는 실개천과 골목길

봉산마을과 송정마을은 골목길을 사이에 두고 나누어졌으며, 골목길 옆에는 작은 도랑이 흐르고 있다. 봉산마을 뒤 전단산 자락에서 시작되는 이 도랑과 골목길은 봉산마을과 용정마을이 만나는 지점에서 시작하여 봉산리 45번지와 43번지, 15번지를 가로지른다. 특별한 이름을 갖고 있지 못한 이 도랑과 골목길은 마을의 가장자리를 따라 흐르며 마을의 옛 이야기를 전하고 있다. 그 옛날 이 길이 시작되는 지점의 언덕에는 작은 간이학교가 자리 잡고 있었다. [지도 : 학교터] 일제강점기에 글을 알지 못하는 이이들에게 한글을 가르쳐 주고자 건립된 곳이었다.

정부에서 세운 제도권 학교가 아니었던 이곳은 그리 오래 운영되지 못해서 마을 내에서 간이학교에 대한 기억을 지닌 사람들은 그다지 많지 않다. 이 간이학교는 이름을 갖지는 못하였으나 가을운동회를 개최하여 주민들이 많이 참여하기도 하면서 학교로서 자리 잡는 듯 보였다. 그러나 신방공립보통학교(현 신방초등학교)가 1923년 개교하면서 대부분의 학생이 전학하여 간이학교는 이내 폐교되었다. [연표 : 신방공립보통학교(현 신방초등학교) 개교] [연표 : 봉산마을 야학교 폐교] 이후 한동안 학교 건물은 동사(洞舍)로 이용되다가 6·25사변 이후 철거되었다.

도랑은 골목길을 따라 흘러 내려 지금의 봉산마을과 송정마을의 노인정인 송산노인정 자리에 저수지를 형성하였다. [지도 : 송산노인정] [지도 : (옛)송산저수지] 이 저수지는 봉산리 15번지와 송정리 153번지 일대에 조성된 것으로 인근 지역에 농업용수를 제공하기 위하여 만들어진 작은 연못이었다. 저수지 끝자락에는 물레방앗간이 있었다. 물레방앗간은 1920년대 중반까지 있었던 것으로 알려져 있다. [연표 : 물레방앗간 폐쇄] [시청각 : P9104] 물레방앗간은 봉산마을뿐만 아니라 자여마을과 용잠리 지역의 주민들까지도 이용하였다. 물레방아는 어른들에게는 곡식을 찧는 농기구였으며, 아이들에게는 재미난 놀이기구이자 모임 장소로 이용되었다. ○○○ 옹은 이곳을 "그 당시 아이들은 물레방앗간에 자주 모여 놀았어. 특별히 방아를 이용하는 것은 아니고, 놀이터가 없던 시절 이곳은 어른들의 눈을 피해 모일 수 있는 좋은 곳이거든."이라 기억하고 있다. 여름이면 물레방앗간뿐만 아니라 저수지에서도 아이들은 물놀이를 하며 놀았다. 그러나 도랑의 물이 부족해지면서 저수지와 물레방아는 이내 사라지게 된다.

이를 대신해 마을에서는 돌방아라 부르던 연자방아를 설치하였다. 그리고 해방 직후 마을에는 전기가 들어오게 된다. [연표 : 봉산마을 전기 도입] 본래 봉산마을은 일제강점기에 일본인이 다수 거주하여 전기가 일찍 들어왔으나 일반 가정집에는 전기가 설치되지 못하였는데, 정미소를 운영하고자 한 마을 주민이 이 전선을 연결하여 마을에 전기를 다시 설치한 것이다. 이후 전기가 마을에 다시 들어오면서 돌방아는 전기정미소로 바뀌었다. 물레방앗간과 연자방앗간 그리고 전기정미소로 그 모습을 바꾸었던 도랑가의 이 자리에는 현재 오래된 버드나무 한 그루가 서 있을 뿐이다. [지도 : 노거수] [시청각 : P9132] 도랑을 따라 형성되어 있는 길은 봉산마을과 송정마을을 경계지을 뿐만 아니라 자여장의 난전이 되기도 하였다. 1일과 6일이 되면 각지에서 상인들이 모여들어 하천 가장자리를 따라 전을 펼쳐 정기시장을 형성하였다. [지도 : 자여장터] [시청각 : P9102] [시청각 : P9103]

정월이 되면 봉산마을과 송정마을·용정마을·단계마을 사람들이 모여서 줄당기기를 하였는데, 그 놀이판이 벌어진 곳 또한 이 도랑가의 골목길이었다. [지도 : (옛)줄당기기판] 또 줄당기기에 필요한 큰 줄도 이 도랑가에서 만들었다. 큰 줄은 수줄과 암줄을 합쳐 100m 가량이나 되기 때문에 실내에서 만들 수 없었다. 이 줄을 펼쳐 놓고 작업할 수 있는 공간도 마을에서는 그다지 많지 않았다. 도랑을 따라 형성된 이 길은 마을에서 가장 큰 공터였으며, 행사를 진행하기에 충분한 마당이었다. 이와 같이 도랑과 골목길은 마을에서 이루어지는 대소사를 그대로 겪으면서 지금까지 흘러왔다. 오늘날 도랑은 수도공사 등으로 인하여 물의 양이 많이 줄어 작은 실개천이 되었고, 그 옆의 골목길에서는 더 이상 시장이 형성되지도 않고 대동놀이의 마당이 되지도 않는다. 그러나 이 도랑과 골목길은 여전히 봉산마을 가장자리를 흐르면서 마을에서 일어나는 일을 조용히 담아가고 있다. [시청각 : P9128] [시청각 : P9134]

[정보 제공자]
○○○(남, 1919년생, 봉산마을 거주)
○○○(남, 1925년생, 봉산마을 거주, 송산노인회 회장)

〈원고 5〉 도토리묵에 인생을 걸었다

GC022B030202. 도토리묵에 인생을 걸었다.

새벽 5~6시부터 하루를 시작하는 ○○○ 씨는 논산시 연산면 연산리 재래시장 도토리묵 거리에서 1978년부터 도토리묵을 팔고 있다. 옛날 어머님이 해온 방식 그대로 하나의 거스름도 없이 전통 방식 그대로 이어가고 있다. 한 판의 도토리묵을 만들기 위해서는 꼬박 일주일이 걸리기 때문에 그 과정이 여간 복잡하고 손이 많이 가는 것이 아니다. 도토리를 물에 담가 놓는 시간도 며칠, 그리고 묵이 굳는 시간만도 하루가 걸린다. [시청각 : P9044] [지도 : 도토리묵 거리] [연표 : 도토리묵 판매 시작]

지금의 이 자리에 있기까지 묵을 만들면서 시행착오도 많이 겪었다. 만들다가 실패해서 버린 양이 대략 3톤이 넘을 정도라고 한다. 실패할 때마다 마음고생도 많이 하고 특히나 다른 불순물이 조금이라도 들어가면 맛이 변하기 때문에 무소건 버리는 게 다반사였다. 그럴 때마다

○○○ 씨 부인은 버리는 것이 아까워 다시 주워 담아 한쪽에 모아 숨겨 두었는데, ○○○ 씨는 부인이 담아 둔 것들을 전부 찾아 모두 버릴 정도로 원칙을 중요하게 여겼다.

"원리 원칙 그대로 하다가 세월 다 보냈어, 차라리 안 하면 안 했지 가짜 묵은 생각도 안 해봤어."라고 말하며 ○○○ 씨는 묵에 대한 자부심을 드러냈다. 지금은 기계가 도입되기는 했지만 1999년 겨울까지는 직접 손으로 도토리를 걸러서 했다. 물에 너무 많이 손을 담그고 있어서 통통 부어 주먹도 쥐어지지가 않았고, 밤에는 손이 아파 잠을 설칠 정도였다고 하니 그 고생이 어땠을지 상상조차 하기 힘들다. [연표: 도토리묵 제작 기계화]

"만드는 과정? 내가 고생한 거? 말도 못해 책 한 권으로도 모자라지, 두세 권은 나와야 내 얘기 다 할 걸? 조금만 물에 오래 담가 놓아도 묵에 힘이 하나도 없어, 어느 한순간이라도 방심 하면 다 버려야 하니까 여간 힘든 일이 아니야. 가을이나 겨울에는 그나마 낫지, 여름에는 잘 만들어 놔도 금방 날씨 때문에 상하니까." (후략)

[정보 제공자]
○○○(남, 1945년생, ○○○네 도토리묵 가게 운영)

〈원고 2〉와 〈원고 5〉는 비닐하우스 재배, 도토리묵 가게 운영에 대한 마을 주민의 인터뷰를 통해 이야기를 집필하여 현장성을 반영하였고, 시간과 공간 정보가 구체적이 고 명확하게 기재되어 있다. 〈원고 3〉은 문헌에 기록된 마을의 유래에 대해 구체적으 로 조사하여 집필하였다. 이로써 집필 내용에 대한 객관성도 확보할 수 있고, 마을 공 간의 현재와 과거를 유연하게 연결해볼 수 있는 기회도 마련하였다. 〈원고 4〉는 마을 의 도랑과 골목길에 담긴 옛 기억과 오늘의 모습을 생생하게 집필하여 글을 통해 마을 의 모습을 연상할 수 있도록 하였다.

(4) 태깅 방법

마을 항목 원고는 인터넷으로 서비스되는 콘텐츠이자 마을 지도, 마을 연표, 시청각 자료와 하이퍼링크 서비스가 이루어지기 때문에, 원고 집필 이외의 관련 공간, 시간,

시각 정보의 연결 작업이 필요하다. 즉, 텍스트에 기재된 공간 정보 · 시간 정보 · 시각 정보를 추출해야 한다.

텍스트에서 추출된 시간 정보는 마을 연표의 정보로, 공간 정보는 마을 지도의 정보로, 시각 정보는 멀티미디어의 정보로 활용된다. 따라서 마을 항목 원고를 집필할 때에는 시간적 접근, 공간적 접근, 시각적 접근이 용이한 내용이 될 수 있도록 주의해야 한다.

태깅 방법을 구체적으로 알아보자. 우선 태깅 기호는 다음과 같이 대괄호로 표기한다.

예 [지도:]
　 [연표:]
　 [시청각:]

태깅 정보가 다수일 경우, 개별 정보마다 태깅 기호를 적용한다. 단, 태깅 정보 사이에 쉼표(,)를 붙이거나 띄어 쓰지 않는다. 예를 들면 다음과 같다.

예 [지도:독도박물관][연표:독도박물관 개관]

태깅된 지도, 연표, 시청각 정보의 식별자(지도, 연표는 제목, 시청각 정보는 ID) 지도, 연표, 멀티미디어 서식의 식별자와 정확히 일치해야 한다. 이때 띄어쓰기 일치에 주의해야 한다. 예를 들면 다음과 같다.

예 [지도:미륵리 절터 8각 석등] →

번호	제목	내용	관련 항목 ID	관련 시청각 ID
	미륵리 절터 8각 석등			

연표, 지도 정보 태깅의 경우, 제목은 간단명료하게 붙이고 상세한 설명은 서식의 내용에 기재한다. 도면, 도표의 경우도 시청각 자료로 간주하여, 시청각 ID를 부여하고, 시청각 태깅을 추가한다. 이때, 출처를 반드시 밝히도록 한다.

태깅 정보는 지도와 연표의 경우 문장별로, 시청각 자료의 경우 단락별, 항목별로 상세하게 첨부할 수 있다. 마을 항목 템플릿 작성 및 태깅 사례는 〈원고 6〉과 같다.

〈원고 6〉 울릉도의 오늘이 있기까지

[기본 정보]	
항목 ID	GC015A010101
항목명	울릉도의 오늘이 있기까지
항목 체계	울릉도 도동마을 / 마을 소개 / 울릉의 관문, 독도를 향한 창 / 개척 초기의 도동
시대	현대
지역	울릉군 울릉읍 도동리
집필자	홍길동

약수공원 맞은편의 산비탈에는 지난 1997년에 개관한 독도박물관이 있다. [지도 : 독도박물관] [연표 : 독도박물관 개관] 삼성문화재단이 건립해서 울릉군에 기증한 국내 최초의 영토박물관이다. 이곳에는 오늘날까지도 심심찮게 독도의 영유권을 주장하는 일본인들의 망언을 역사적·논리적으로 반박해 주는 각종 자료들이 전시되어 있다. 그 중 상당수는 울릉도와 독도가 우리 땅임을 밝히는 자료의 수집에 여생을 바친 서지학자 고 이종학 선생이 남겼다고 하는데, 박물관이 설립된 이후에도 독도와 관련된 많은 자료들이 수집되었다. 이곳에 전시된 자료와 유물을 유심히 살펴보면 울릉도와 독도가 우리에게 어떤 의미인지를 저절로 깨닫게 될 것이다. [시청각 : P9364] [시청각 : P9362]

(5) 원고 검토

원고 집필이 어느 정도 마무리 되면, 원고 내용 검토와 원고 형식 검토를 진행한다. 원고 내용 검토를 통해 윤문·교정과 집필 내용 보완 작업을 진행하고, 원고 형식 검토를 통해 마을별 집필 형식의 일관성을 유지하도록 한다. 검토 사항은 〈표 5.22〉와 같다.

표 5.22 텍스트 데이터 검토 사항

- 내용과 형식이 디지털 마을지 제작 취지에 맞게 갖추어졌는가?
- 마을의 항목으로 선정되기에 타당한 내용이 집필되었는가?
- 항목명은 원고 내용을 흥미롭게 담아 내고 있는가?
- 마을의 주제를 각각의 항목과 원고에서 명확히 드러내고 있는가?
- 마을별 집필 관점이 일관성 있게 서술되었는가?
- 항목의 배치가 단계별·주제별로 적합하게 구성되었는가?
- 항목 간 유사한 내용이나 중복된 내용을 집필하지 않았는가?
- 너무 일반적이거나, 마을과 관련 없는 내용을 집필하지 않았는가?
- 집필한 내용이 현장성 있는 마을의 정보로 유용한가?
- 사실이 아닌 것을 사실처럼 기술하거나, 미화 혹은 왜곡하지는 않았는가?
- 전문 용어, 한문, 고어나 방언 등은 쉽게 풀어서 집필했는가?
- 이용자들이 쉽게 이해할 만한 수준으로 집필했는가?
- 해당 마을의 이야기가 조사 시점의 행정구역 범위와 일치하는가?
- 조사 시점에 해당 마을에서 실제 열리고 있는 행사나 모임이 맞는가?
- 원고 템플릿의 정보가 콘텐츠 목차의 그것과 일치하는가?
- 인명, 띄어쓰기, 기호나 부호 형식이 마을별로 통일되었는가?
- 연표의 경우, 태깅한 연표 제목과 서식의 연표 제목이 동일한가?
- 지도의 경우, 태깅한 지도 제목과 서식, 도면의 지도 제목과 동일한가?
- 태깅 형식이 마을별로 동일하게 기재되었는가?
- 참고문헌, 정보 제공자가 정확하게 기재되었는가?

3) 디지털 마을지 지도 콘텐츠 제작

(1) 개요

마을 지도는 '디지털 마을지'의 공간적 접근점이다. 마을 지도는 이용자가 지도를 통해 마을의 공간 정보를 쉽게 파악할 수 있을 뿐만 아니라, 원고 내용에 담긴 특정 공간을 편리하게 찾아보기 위해 제작한다. 마을당 평균 50개 내외의 공간 정보가 추출된다. 마을 지도 작성은 원고에 언급된 장소(공간 정보)의 위치를 지도에 표시하는 작업이다.

마을 지도는 1 : 5,000 지형도 등 대축척 지도에 정보를 기입하고, 지도에 표기할 수 없는 공간 정보는 직접 그림으로 스케치한다. 또한 원고 내용과 직접 관련은 없지만 마을 공간으로 제시할 필요가 있는 공간 정보도 모두 지도에 표시한다. '디지털 마을지'의 마을 지도가 대상으로 하는 공간은 현존하는 공간뿐만 아니라, 이미 사라지고 없지만 주민의 기억 속에 남아 있는 과거의 공간을 포함한다.

지도에 표시된 정보에 대해서는 공간 명칭, 간단한 설명문, 관련 항목과 관련 시청각 자료 등을 정리하여 하이퍼링크 구현에 이용한다. 이때 공간 명칭이 원고 내용에 언급된 장소의 명칭과 동일하게 작성되도록 주의하여야 한다. 마을 지도에 대한 상세한 정보는 마이크로소프트 엑셀 프로그램을 활용하여 정리하는 것이 용이하다.

(2) 지도 제작 방법

마을 지도는 1 : 5,000 축척의 지형도를 기본으로 한다. 지형도에 직접 정보를 기입할 수도 있지만, 조사 영역의 마을 지도를 스캔하여 확대 출력하면 더욱 상세한 공간 지점의 표시가 가능하다.

'디지털 마을지'에서는 이렇게 만들어진 마을 지도를 바탕으로 웹서비스용 그림 지도를 디자인한다. 따라서 마을의 지형과 모습을 생생하게 그림 지도로 구현하기 위해서는 반드시 지형도를 기본으로 마을 지도를 제작하고, 공간 간의 거리나 위치를 정확하게 표시하도록 한다.

대축척 지도에 공간 정보 표기가 불가능한 경우, 해당 공간 정보를 직접 그림으로 스케치한다. 주요 대상은 시장, 골목, 가옥(주택) 내부, 행사장, 생업 현장 등이다. 스케치한 공간 정보는 멀티미디어 콘텐츠 제작 단계에서 도면 이미지로 가공할 수 있다. 공간 정보가 표시된 마을 지도와 상세 도면의 제작 사례는 〈그림 5.2〉, 〈그림 5.3〉과 같다.

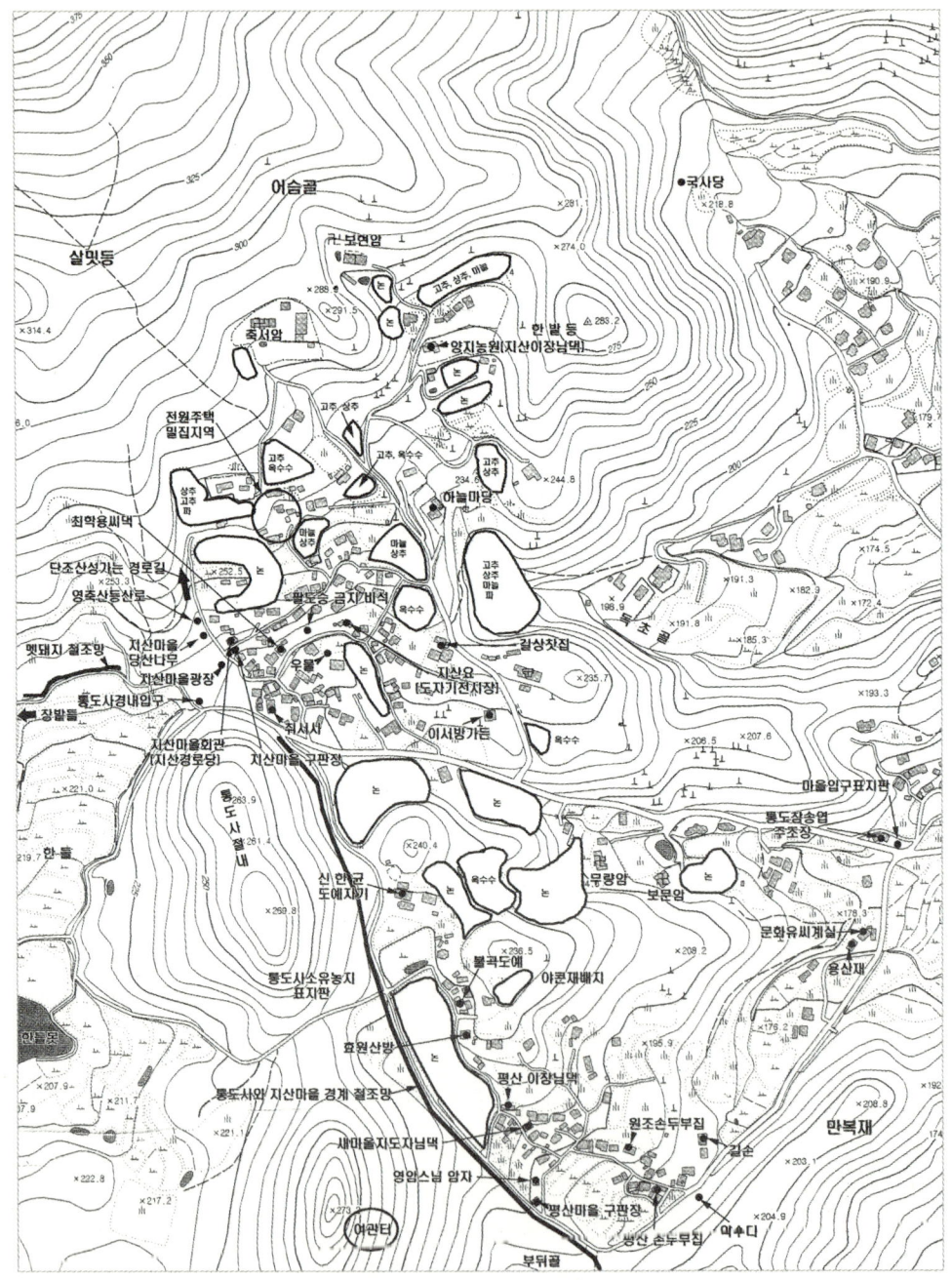

그림 5.2 양산 지역 지산리 마을 지도 제작 사례

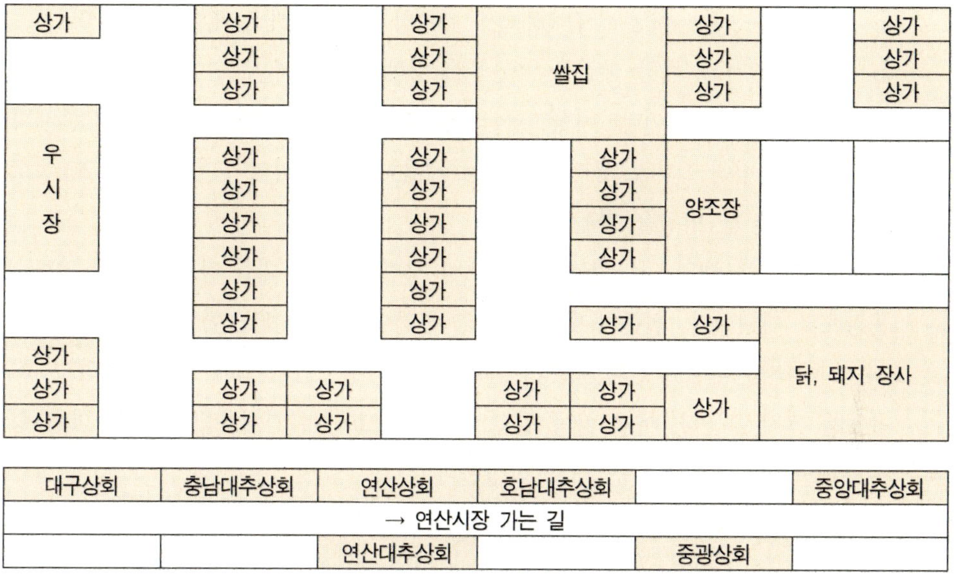

그림 5.3 **논산 지역 연산리 장터 도면 제작 사례**
GC020D9004. 연산리 장터

(3) 지도 서식 작성 방법

마을 지도에 표시된 각각의 공간 정보는 웹서비스를 위해 일정한 양식으로 정리한다. 양식의 작성 방법은 〈표 5.23〉과 같다.

표 5.23 **마을 지도 표준 서식**

번호	마을 구분	공간 식별자	설명문	관련 항목 ID	관련 시청각 ID	현존 유무	X좌표	Y좌표	지도 구분
ⓐ	ⓑ	ⓒ	ⓓ ,	ⓔ	ⓕ	ⓖ	ⓗ	ⓘ	ⓙ

- ⓐ '번호'에는 지도 정보의 수량을 기입하여, 마을별로 중요 공간 정보가 몇 개인 지를 파악할 수 있도록 한다. 이때 현존하지 않는 과거 속 공간 정보에서부터 현존하는 공간 정보를 시대순으로 정리한다.

- ⓑ '마을 구분'에는 해당 공간 정보가 위치하고 있는 마을 명을 기입한다.

- ⓒ '공간 식별자'란 해당 공간을 마을 지도상에서 어떻게 부를 것인지 공간 정보의 이름을 붙이는 것이다. 지형지물, 기관시설, 유물유적 등 공식 명칭이 존재하는 경우, 그 명칭 그대로 공간 식별자로 사용하며, 그 외의 경우에는 1~2단어로 된 간략한 공간 명칭을 만들어 준다.

- ⓓ '설명문'에는 해당 공간의 활용도, 조성 시기, 의미에 대한 간략한 설명을 1~2 문장으로 기입한다. 현존하지 않는 과거 공간이라면 현재는 어떤 공간으로 활용되는지 설명문에 포함한다. 설명문은 핵심적인 정보만 단답형으로 기재하고, 따옴표를 찍지 않는다. 마을 항목 원고 내용을 참고하여 기재하되, 관련된 마을 항목 원고가 없는 경우에는 새로 작성한다.

- ⓔ '관련 항목 ID'에는 해당 공간과 관련된 내용을 담은 마을 항목의 ID를 모두 기입한다. 관련 항목은 복수로 기재할 수 있으며 각 ID는 'ㅣ(Vertical Bar)'로 구분한다. 관련 항목이 없는 경우, 필드는 공란으로 처리한다.

- ⓕ '관련 시청각 ID'에는 해당 공간과 관련된 내용을 담은 시청각 자료의 ID를 모두 기입한다. 관련 시청각 ID는 복수로 기재할 수 있으며 각 ID는 'ㅣ'로 구분한다. 관련 자료가 없는 경우, 필드는 공란으로 처리한다.

- ⓖ '현존 유무'는 해당 공간 정보가 현재 시점에서 존재하는 곳인지 그 유무를 ○, ×로 기입한다.

- ⓗ 'X좌표'와 ⓘ 'Y좌표'는 추후 서비스 디자인 제작 과정에서 기재한다. 방법은 마을 지도 서비스를 위한 그림 지도 이미지를 제작한 뒤, 가로 좌표(X)와 세로 좌표(Y)를 픽셀 단위로 추출하는 것이다. 알씨와 같은 그래픽 프로그램에서 픽셀 단위 좌표 정보 확인이 가능하다.

- ⓙ '지도 구분'은 한 개의 마을에서 여러 장의 지도를 제작할 경우, 해당 공간 정보가 어떤 지도에 위치하고 있는지를 파악할 수 있도록 한다. 한 개의 마을에 복수의 지도가 제작된 경우에만 해당되며, 단일 지도가 제작된 경우에는 필드는 공란으로 남겨 둔다. 〈표 5.24〉는 마을 공간에 대한 정보가 모두 정리된 마을 지도 서식의 일부이다.

표 5.24 양산 지역 용당리 마을 지도 서식 작성 사례

번호	마을 구분	공간 식별자	설명문	관련 항목 ID	관련 시청각 ID	현존 유무	X 좌표	Y 좌표
용당 -01	당곡 마을	당곡 마을 입구	지방도 1022호선을 따라 용당리로 들어서면 제일 먼저 보이는 당곡마을 입구임. 국도변에 마을이 위치하고 있으며, 마을의 뒤편에는 천태산이 있고, 마을의 맞은편에는 경부선철도가 지나가고 있음	GC014 A0101 01	P9069 ㅣ P9071 ㅣ P9073 ㅣ P9074 ㅣ P9136	○	612	460
용당 -02	중리 마을	당곡 초등 학교	지방도 1022호선을 따라 가다가 중리마을 가는 길로 좌회전하면 초입부에 보이는 건물이 당곡초등학교임. 학교 바로 옆에는 신곡교가 위치하고 있음	GC014 A0101 02	P9137	○	945	618
용당 -03	당곡 마을	지방도 1022 호선	당곡마을을 지나 오른쪽으로 꺾어 밀양으로 가는 지방도 1022호선. 길의 왼편에는 신곡천이 도로를 따라 흐르고 있음	GC014 A0101 03	P9070	○	677	469
용당 -04	신곡 마을	신곡 마을 입구	삼랑진 가는 방향으로 지방도 1022호선을 따면 우측에 위치하고 있는 신곡마을 입구임. 마을의 뒤편에는 천태산이 있고, 마을의 맞은편으로는 신곡천이 흐르고 있음	GC014 A0101 04	P9082 ㅣ P9085 ㅣ P9128	○	980	431
용당 -05	당곡 마을	당곡 마을 당산 나무	지방도 1022호선을 따라 오면 오른편에 당곡마을 입구가 보이고 표지석 옆에 당산나무 터가 있음. 예전에는 당산나무가 서 있었으나 현재는 흔적만 남겨져 있음. 마을 버스정류장 맞은편에 위치함	GC014 A0101 05	P9073	×	813	915

4) 디지털 마을지 연표 콘텐츠 제작

(1) 개요

마을 연표는 '디지털 마을지'의 시간적 접근점이다. 마을 연표는 이용자가 마을별 연표 서비스를 통해 마을의 역사를 한눈에 이해할 수 있을 뿐만 아니라, 내용과 관련된 시간 정보, 그리고 특정 시기에 일어난 일들을 편리하게 찾아보기 위한 것이다. 마을당 평균 100매 내외의 시간 정보가 추출된다.

마을 연표의 작성을 위해 원고에 언급된 다양한 사건의 시간 정보를 표로 정리한다. 또한 원고 내용과 직접 관련은 없지만, 마을 연표의 일부로 제시할 필요가 있는 시간 정보도 모두 연표에 기재한다.

'디지털 마을지'의 마을 연표가 대상으로 하는 시간 정보는 마을의 역사를 반영하는 중요 사건뿐만 아니라, 소소하지만 주민의 기억 속에 남아 있는 일상의 에피소드를 포함한다.

연표에는 해당 사건이 일어난 시대, 연도, 월일, 간단한 설명문, 관련 항목 관련 시청각 자료 등을 기재하여 하이퍼링크 구현에 이용한다. 이때 사건의 시간 정보가 원고 내용에 언급된 시간 정보와 동일하게 작성되도록 주의하여야 한다. 마을 연표에 대한 상세한 정보는 마이크로소프트 엑셀 프로그램을 활용하여 정리하는 것이 용이하다.

(2) 연표 서식 작성 방법

마을 연표에 표시된 각각의 시간 정보는 웹서비스를 위해 일정한 서식에 정리한다. 서식의 작성 방법은 〈표 5.25〉와 같다.

표 5.25 마을 연표 표준 서식

번호	마을 구분	시대	연도/ 연대	일자/ 부기	시간 식별자	설명문	관련 항목 ID	관련 시청각 ID
ⓐ	ⓑ	ⓒ	ⓓ	ⓔ	ⓕ	ⓖ	ⓗ	ⓘ

- ⓐ '번호'에는 연표 정보의 수량을 기입하여, 마을별로 중요 시간 정보가 몇 개인 지를 파악할 수 있도록 한다. 이때 과거 시간 정보부터 현재 시간 정보까지 시대 순으로 정리한다.
- ⓑ '마을 구분'에는 해당 시간 정보가 일어난 마을 명을 기입한다.
- ⓒ '시대'란 각각의 사건을 시대별로 그룹화하기 위해 분류하는 작업이다. 시대 구분은 한국향토문화전자대전에서 제시하는 시대 분류 기준의 대분류에 따라 정 리한다(23쪽 표 2.4 참고).
- ⓓ '연도/연대'에는 해당 시간 정보가 일어난 구체적인 연도를 기입한다. 구체적 인 제시가 어려운 경우에는 연대를 기입한다.
- ⓔ '일자/부기'에는 해당 시간 정보가 일어난 구체적인 월일이나 초반 · 중반 · 후 반과 같은 시간 정보를 기입한다. 해당 시간대를 알 수 없는 경우에는 필드는 공란으로 처리한다.
- ⓕ '시간 식별자'란 해당 시간 정보를 마을 연표상에서 어떻게 부를 것인지 시간 정보의 이름을 붙이는 것이다. 사건의 주제를 표현할 수 있는 1~2단어로 간략한 사건명을 만들어 준다.
- ⓖ '설명문'에는 해당 사건의 내용과 의미에 대한 간략한 설명을 1~2문장으로 기 입한다. 설명문은 핵심적인 정보만 단답형으로 기재하고, 따옴표를 찍지 않는다. 마을 항목 원고 내용을 참고하여 기재하되, 관련된 마을 항목 원고가 없는 경우 에는 새로 작성한다.
- ⓗ '관련 항목 ID'에는 해당 사건과 관련된 내용을 담은 마을 항목의 ID를 모두 기입한다. 관련 항목은 복수로 기재할 수 있으며 각 ID는 'ㅣ(Vertical Bar)'로 구 분한다. 관련 항목이 없는 경우, 필드는 공란으로 처리한다.
- ⓘ '관련 시청각 ID'에는 해당 사건과 관련된 내용을 담은 시청각 자료의 ID를 모두 기입한다. 관련 시청각 자료는 복수로 기재할 수 있으며 각 ID는 'ㅣ'로 구 분한다. 관련 자료가 없는 경우, 필드는 공란으로 남겨 둔다. 〈표 5.26〉은 마을 사건에 대한 정보를 정리한 마을 연표 서식의 일부이다.

표 5.26 창원 지역 모산리 마을 연표 서식 작성 사례

번호	마을 구분	시대	연도/ 연대	일자/ 부기	시간 식별자	설명문	관련 항목 ID	관련 시청각 ID
모산 -01	모산 마을	조선	1800년대		만당에서 김해 김씨가 터를 잡음	마을의 가장 높은 곳인 만당에서 김해김씨가 터를 잡았다고 전해 옴	GC022 D010102	P9029 | P9030 | P9031
모산 -02	모산 마을	조선	1908년		창원부 대산면 편입	김해도호부 대산면에 속해 있다가 1908년 칙령 제69호로 창원부로 편입됨	GC022 D010102	P9019
모산 -03	모산 마을	일제 강점기	1910년		마산부 대산면 편입	일제강점기 행정구역 개편에 의해 마산부로 편입	GC022 D010102	P9044
모산 -04	모산 마을	일제 강점기	1914년		창원군 대산면으로 개편	마산부에 편입되었다가 1914년 다시 창원군 대산면에 편입	GC022 D010102	P9020 | P9021
모산 -05	모산 마을	일제 강점기	1918년	5월	전교리밀성박공해철시혜 불망비 건립	1918년 5월 박해철의 은덕을 기르고자 마을 사람들이 세운 것이라 전해짐	GC022 D010102	P9020 | P9021
모산 -06	모산 마을	일제 강점기	1928년		정차종 씨가 태어남	정차종 씨가 일제강점기인 1928년에 태어나 일제의 탄압을 경험	GC022 D030101	P9022
모산 -07	모산 마을	일제 강점기	1930년		김말수 씨가 태어남	김말수 씨가 일제강점기인 1930년에 태어나 옥수수 가루로 연명하면서 많은 고생을 함	GC022 D030201	P9022
모산 -08	모산 마을	일제 강점기	1934년	7월 27일	갑술년 물난리	1934년 엄청난 폭우가 쏟아져 낙동강물의 범람으로 모산마을은 쑥대밭이 됨. 이를 '갑술년 물난리'라 부름	GC022 D010102 | GC022 D010304	P9045 | P9046 | P9047
모산 -09	모산 마을	현대	1945년		김말수 씨 결혼	김말수 씨가 17세에 결혼함	GC022 D030201	P9044
모산 -10	모산 마을	현대	1958년		정차종 씨 모산마을로 이주	정차종 씨가 33세에 대산면 본포마을에서 모산마을로 이주	GC022 D030202	P9015 | P9016

번호	마을 구분	시대	연도/ 연대	일자/ 부기	시간 식별자	설명문	관련 항목 ID	관련 시청각 ID
모산 -11	모산 마을	현대	1959년	9월 1일	(옛)수산교 완공	일제강점기에 착공했으나 완 공하지 못한 채 해방이 되었 음. 교각만 세워진 다리는 1950년대 중반 선거공약으 로 거론되어 1959년에 9월 1일에 완공됨. 그러나 과다 한 차량통행으로 약 40년 만 에 철거되고 그 자리에 오늘 날의 수산대교가 건립	GC022 D010101 ǀ GC022 D010301 ǀ GC022 D010304	P9066 ǀ P9067
모산 -12	모산 마을	현대	1960년대		노지 재배 시작	노지 재배로 수박 농사를 짓기 시작함	GC022 D020101 ǀ GC022 D020302	P9068 ǀ P9069
모산 -13	모산 마을	현대	1963년	6월 1일	1963년 폭우	1963년 6월 10일 폭우가 내 려 피해를 입음	GC022 D010102 ǀ GC022 D010304	P9059 ǀ P9060 ǀ P9061
모산 -14	모산 마을	현대	1965년	7월 2일	1965년 폭우	1965년 7월 20일 폭우가 내 려 피해를 입음	GC022 D010102 ǀ GC022 D010304	
모산 -15	모산 마을	현대	1969년	9월 14일	1969년 폭우	1969년 9월 14일 폭우가 내 려 피해를 입음	GC022 D010102 ǀ GC022 D010304	P9062 ǀ P9063 ǀ P9064
모산 -16	모산 마을	현대	1970년대	초반	비닐하우스 에서 농산물 재배 시작	송 모 씨가 비닐하우스에서 처음 오이를 재배함	GC022 D020104	P9071
모산 -17	모산 마을	현대	1970년대	초반	접목 도입	접목은 비닐하우스 재배를 시작하면서 도입. 모산수박 의 초기 접목 방법은 파종 한 수박씨앗이 올라오면 면 도칼로 '연필 모양으로 뾰족 이 깎아' 참박모종에 붙임	GC022 D020203	P9002 ǀ P9003 ǀ P9048

(계속)

번호	마을 구분	시대	연도/ 연대	일자/ 부기	시간 식별자	설명문	관련 항목 ID	관련 시청각 ID
모산 -18	모산 마을	현대	1972년		섬피피복 터널 재배 방식 도입	대산면에서 모산마을이 최 초 섬피피복의 터널 재배 방식을 도입	GC022 D020103 │ GC022 D020303	P9302 │ P9317
모산 -19	모산 마을	현대	1970년대	후반	비닐하우스 에서 수박 재배 시작	이 모 씨가 비닐하우스에서 처음으로 수박을 재배함	GC022 D020104 │ GC022 D020201	P9254
모산 -20	모산 마을	현대	1970년대	후반	수박 인공수정 시행	비닐하우스 재배를 시작하 면서 인공수정함	GC022 D020204	P9241 │ P9316

(3) 마을 달력 제작

마을 달력은 이용자가 마을에서 일어나는 1년 주기의 생활을 쉽게 이해할 수 있도록
돕는 작업이다. 마을별 1년 생활상을 기록한 '마을 달력'을 표로 구성하거나, 관련 내용
을 마을 항목으로 선정하여 집필할 수 있다.

마을 달력 제작을 위해서 마을 소재 기관의 월별 일정을 조사하고 주민 인터뷰를
진행한다. 마을의 공식 행사뿐만 아니라 세시, 생업, 의례 등 마을의 대소사가 모두
달력에 포함될 수 있다. 달력의 시간 정보는 양력을 기준으로 작성하되 필요한 경우,
괄호 안에 음력 날짜를 병기한다.

달력은 연표 서식을 활용하여 기입한다. 이때 개별 시간 정보와 관련된 마을 항목과
관련 시청각 자료 정보의 추출이 가능하다. 혹은 간단한 도표로 별도 제작하여 추후
멀티미디어 콘텐츠 제작 과정에서 웹서비스용 이미지로 가공할 수 있다. 마을 달력의
제작은 지역의 상황에 따라 생략할 수 있다.

그림 5.4 울릉 지역 도동리 마을 달력 콘텐츠 디자인 사례

5) 디지털 마을지 멀티미디어 콘텐츠 제작

(1) 개요

멀티미디어 콘텐츠는 '디지털 마을지'의 시각적 접근점이다. 멀티미디어 콘텐츠를 통해 이용자는 마을 항목 원고, 마을 지도, 마을 연표의 내용을 시각적으로 이해할 수 있다. '디지털 마을지'의 멀티미디어는 마을의 문화적 특성을 반영하는 콘텐츠뿐만 아니라, 평범한 마을의 일상생활을 담은 콘텐츠를 포함한다.

멀티미디어 콘텐츠의 제작은 현지 조사 과정에서 마을 주민, 행정 기관 등이 소장한 멀티미디어 자료를 수집하는 작업과 마을 이야기와 관련된 사진·동영상·가상현실·도면·도표·음향 등을 제작하는 작업으로 구성된다. 마을당 평균 100종 내외의 멀티미디어 콘텐츠가 제작된다.

　제작된 멀티미디어 콘텐츠에 대해서는 시청각 ID, 자료명, 설명문, 제작일자, 제작자, 제공일자, 제공자, 저작권, 관련 마을 항목 ID 등을 정리하여 하이퍼링크 구현에 이용한다. 멀티미디어 콘텐츠에 대한 상세한 정보는 마이크로소프트 엑셀 프로그램을 활용하여 정리하는 것이 용이하다.

(2) 멀티미디어 콘텐츠 선정

'디지털 마을지'의 멀티미디어 콘텐츠 제작은 마을의 특성과 선정된 마을 항목의 철저한 분석을 통해 이루어지며, 특히 시공간 정보의 시각화를 위해 마을 지도에 기재된 장소나 시간적 흐름에 따른 과정(마을동제, 행사, 생업 등)을 집중적으로 촬영한다.

　따라서 콘텐츠의 기획 단계에서 주제별 멀티미디어 콘텐츠의 대상을 선정하고, 수집 및 제작 계획을 수립하여 수량 및 내용의 범위를 구체화하는 작업이 필요하다. 이제 멀티미디어 콘텐츠를 선정할 때 고려할 사항을 살펴보자.

　멀티미디어 콘텐츠의 수집 대상은 다음과 같은 조건을 고려하여 선정한다.

- 마을의 중요 민속 자료를 비롯하여 역사적인 가치가 있는 자료
- 마을의 시대적 변화상을 표현할 수 있는 자료
- 채록, 중요 인물의 육성 등 음향 자료
- 개인 소장 고문서나 사진, 영상 등의 자료
- 마을 관련 기존 사진이나 영상, 음향, 도면, 도표 등의 자료
- 사업 수행 시점을 기준으로 제작이 불가능한 과거 자료

멀티미디어 콘텐츠의 제작 대상은 다음과 같은 조건을 고려하여 선정한다.

- 마을 항목, 마을 지도, 마을 연표의 내용을 시각적으로 보여줄 수 있는 자료나 이와 관련된 인터뷰를 담고 있는 자료

- 마을 항목의 내용과 직접적으로 관련 있거나, 직접적인 관련은 없지만 마을 이야기의 소재로서 제작 가치가 있는 자료
- 마을의 생활, 풍습, 신앙, 특산물, 물품도구, 의식주, 자연경관, 유물·유적, 공공기관, 시설물, 학교, 명소, 상징물 등을 보여 주는 각종 자료
- 집성촌을 이루는 마을의 입구, 내부, 전경을 보여 주는 자료
- 마을행사, 의례, 생업 등 마을의 대소사가 이루어지는 공간의 모습이나 그 진행 과정을 담은 자료
- 지역축제, 향토문화제, 민속공연, 문화예술 공연 등의 자료
- 무형문화재의 경우, 기·예능보유자의 문화재 제작 과정 또는 문화재 공연 과정을 촬영한 자료
- 마을 주민의 주거 공간과 집 내·외부 모습을 담은 자료
- 마을 이야기와 직접 관련은 없지만, 마을을 연구하는 데 중요한 자료로서 기록하여 보존할 필요가 있는 자료

(3) 멀티미디어 콘텐츠 제작 방법

멀티미디어 콘텐츠의 주제, 대상, 내용, 제작 유형 및 수량이 구체화되면, 집중적인 마을 현지 답사를 통해 각종 자료를 수집하고 멀티미디어 콘텐츠를 제작할 수 있다. 이때 수집한 각종 자료는 디지털 콘텐츠로 가공한다.

'디지털 마을지'의 멀티미디어 콘텐츠는 마을당 100종 내외로 제작되며, 그 유형은 사진, 동영상, 가상현실, 도면·도표, 음향 등으로 다양하다. 마을 환경과 특성에 맞게 멀티미디어 콘텐츠의 신규 제작을 우선으로 하여, 이용자들이 오늘의 마을을 시각적으로 경험하고 이해할 수 있도록 한다.

무엇보다 중요한 것은 멀티미디어 콘텐츠가 마을 항목, 마을 지도, 마을 연표의 정보를 보여 주기 위한 시각적 매체로 활용된다는 점이다. 따라서 신규 멀티미디어 콘텐츠의 제작 및 편집, 가공 시 마을 항목과 원고 내용, 지도와 연표 정보를 충분히 숙지하고

작업해야 한다. 각 주제별, 대상별, 유형별 멀티미디어 콘텐츠 제작 시에 유의해야 할 점은 다음과 같다.

- 정보 제공자 혹은 마을 이야기의 주인공은 인물 자체보다는 삶의 모습을 전달할 수 있도록, 생업 현장이나 일상생활 공간에서 촬영한다.
- 인터뷰 과정은 되도록 동영상으로 기록하되, 캠코더를 고정시켜 놓고, 정보 제공자가 조사자를 바라보고 자연스럽게 이야기하는 모습을 기록한다.
- 인터뷰 촬영 시 집안이나 생업 현장을 인터뷰 장소로 선정하고, 가급적이면 주변 환경은 음향이 고르게 녹음될 수 있도록 조용한 상태를 유지한다.
- 마을 전경, 시가지, 하천, 도로 등 원경을 보여 주어야 할 대상은 가급적 높은 곳에서 촬영한다.
- 역사가 오래된 건물이나 공간의 경우, 옛 모습을 담은 자료의 수집과 현재의 모습을 담은 자료의 제작을 병행한다.
- 고택·사찰·서원·향교·누정 등의 건축물은 기본적으로 전경을 촬영하고, 부속건물이나 특징적인 부분(독특한 문양이나 세부구조), 경내 주요 유적 및 유물, 배치도 등은 필요할 경우에 촬영 대상으로 지정한다.
- 유물·유적이나 건축물은 기본적으로 대상의 정면 촬영을 원칙으로 한다.
- 수집 자료는 기본적으로 스캐닝 절차를 거쳐 디지털 파일로 가공하는 것을 원칙으로 하되, 스캐닝이 불가능한 고문서나 개인소장 자료는 예외로 한다. 단 자료의 각도가 화면상 직각을 유지하고, 배경의 색감을 차분하게 만드는 등 제반 조건을 갖추어 촬영한다.
- 동영상 자료는 컷 편집, 자막 파일 제작 및 장면별 자막 삽입, 배경 음악 삽입, 화면 전환 효과 등 편집 작업이 필요하다.
- 동영상의 주제를 생생하게 전달하기 위해서 대상물과 더불어 주제에 대한 정보를 제공하는 인터뷰 장면을 편집하여 활용한다.
- 동영상은 기록 영상과 기획 영상의 성격으로 구분하여 제작할 수 있다.

- 기획 영상의 제작을 위해 마을의 문화적 특징이나 변천사 등을 주제로 선정하여 제작 내용에 대한 시놉시스를 작성한다. 시나리오를 바탕으로 한 촬영이 완료되면, 각종 촬영 데이터를 3분 내외로 편집·가공한다.

- 기록 영상의 제작은 마을 풍경, 행사 및 민속의식, 제사, 생업, 명소, 문화유산 등을 주제로 선정하고, 1~2분 내외로 촬영·편집·가공한다. 기록 영상의 대상물은 가상현실로도 제작할 수 있다.

- 가상현실의 대상은 마을 전경, 마을 안길, 명소, 고택의 내·외부, 문화유적, 생업 현장, 일상공간 등 다양하다.

- 가상현실은 이미지를 이용한 실사를 기반으로 하며, 이미지의 전 장면과 다음 장면이 일정 부분 겹치도록 촬영한다.

- 마을 경관은 기본적으로 360° 회전하도록 제작하고, 마을의 안길과 골목길, 마을 명소나 건물의 내부는 줌인, 줌아웃, 회전, 상하 위치 이동 등이 가능하도록 제작한다.

- 동영상과 마찬가지로 가상현실도 이용자의 이해를 도울 수 있는 자막을 공간별, 이동 경로별로 삽입하는 것이 효과적이다.

- 기존의 도면·도표 자료를 디자인을 적용하여 재가공할 때에는 화면 하단에 출처와 원 자료의 제작 시점 등 자료에 대한 간략 설명을 반드시 표기한다. 또한 대상의 특성에 따라 도면·도표 내 세부 명칭을 표시하거나, 방위와 축척 등의 범례를 포함해야 한다. 혹은 애니메이션 효과를 추가하여 내용을 보다 흥미로운 콘텐츠로 재가공할 수 있다.

- 모든 멀티미디어 콘텐츠는 디지털 매체로 변환하여 제작하는 것이 원칙이며, 최소 하나 이상의 멀티미디어 콘텐츠가 각각의 마을 항목이나 지도에 연결될 수 있도록 수집 및 제작한다.

- 멀티미디어 콘텐츠를 제작하는 데 필요한 원천 자료(사진, 동영상, 기타 모든 대상 자료)는 모두 저작권을 확보하거나 저작권 관련 협의를 마친 뒤에 사용하는 것이 원칙이다.

- 수집된 멀티미디어 콘텐츠는 원작자, 소장 기관의 자료 활용 동의를 구하고, 인터뷰는 정보 공개 동의를 받아서 문서화한다. 정보 공개에 대한 동의를 문서화하기 어려운 상황에서는 영상으로 동의를 구해도 좋다. 이 경우, "해당 정보/자료를 인터넷에 공개/서비스해도 좋습니까?"와 같은 표준 질문을 한 뒤 정보/자료 제공자의 답변을 듣는 영상을 촬영하여, 문서 대신 기록 영상을 보관한다.
- 저작권에 관한 자세한 사항은 한국저작권위원회(전화 02-2660-0050, http://www.copyright.or.kr)에서 정보를 얻을 수 있다.

　수집과 제작이 완료되면, 멀티미디어 콘텐츠의 웹서비스를 위해 콘텐츠를 일정 기준에 맞게 가공하는 작업이 이루어진다. 한국향토문화전자대전 편찬을 위한 멀티미디어 콘텐츠의 웹서비스용 데이터 가공 기준은 〈표 5.27〉과 같다.

표 5.27 멀티미디어 콘텐츠 서비스용 제작 사항

미디어 유형	규격	파일유형(확장자)	비고
사진(P)	l-size 1024×768	jpg	P9001_l
	m-size 640×480	jpg	P9001_m
	s-size 120×90	jpg	P9001_s
동영상(M)	640×480	flv	M9001
	640×360	flv	Wide
	s-size 120×90	jpg	M9001_s
음향(A)	—	flv	192k
	s-size 120×90	jpg	A9001_s
도면(D), 도표(T)	l-size 1024×768	jpg	D9001_l
	m-size 640×480	jpg	D9001_m
	s-size 120×90	jpg	D9001_s

(계속)

미디어 유형	규격	파일유형(확장자)	비고
도면 애니메이션(D) 도표 애니메이션(T)	640×480	swf	
	s-size 120×90	jpg	D9001_s / T9001_s
VR(R)	640×480	swf	R9001
	s-size 120×90	jpg	R9001_s

(4) 멀티미디어 콘텐츠 서식 작성 방법

이렇게 제작된 멀티미디어 콘텐츠의 정보는 모두 데이터베이스화하여 정리하는 작업이 필요하다. 상세 정보에는 시청각 ID, 자료명, 설명문, 제작일자, 제작자, 제공일자, 제공자, 저작권, 관련 항목 ID 등이 포함되며, 이를 웹서비스를 위해 일정한 양식으로 정리한다. 멀티미디어 콘텐츠에 대한 상세한 정보는 마이크로소프트 엑셀 프로그램을 활용하여 정리하는 것이 용이하다. 엑셀로 작성되는 데이터베이스는 총 2개로 멀티미디어 콘텐츠 메타데이터 서식과 관련 마을 항목 서식으로 구성된다. 멀티미디어 콘텐츠의 메타데이터 작성 방법은 〈표 5.28〉과 같다.

표 5.28 멀티미디어 콘텐츠 메타데이터 표준 서식

시청각 분류	마을 구분	시청각 ID	시청각 자료명	자료 종류	확장자	설명문	소재지(시/도)	소재지(시/군/구)	소재지(상세)	제작일자	제작처	제공일자	제공처	저작권	출처
ⓐ	ⓑ	ⓒ	ⓓ	ⓔ	ⓕ	ⓖ	ⓗ	ⓘ	ⓙ	ⓚ	ⓛ	ⓜ	ⓝ	ⓞ	ⓟ

- ⓐ '시청각 분류'에는 '마을지'라고 일괄 기재한다.
- ⓑ '마을 구분'에는 멀티미디어 콘텐츠의 대상 마을명을 기입한다.

ⓒ '시청각 ID'란 멀티미디어 콘텐츠를 식별하는 고유한 이름이자, 디지털 매체로 변환한 콘텐츠의 파일명을 말한다. 원본 자료에도 시청각 ID를 기입 혹은 스티커를 부착하여 분류, 보관할 수 있다.

시청각 ID는 총 5자리로 지정하며, 멀티미디어 유형별 영문이니셜이 맨 앞에 붙는다. 다음으로 유형별 멀티미디어 자료의 개수에 따라 숫자 4자리가 조합된 형태로 아이디를 생성한다. 자료의 개수를 표기하는 숫자는 9001로 시작한다. 동일한 주제의 자료라 할지라도, 자료 유형에 따라 개별 시청각 ID를 별도로 부여한다.

멀티미디어 유형별 영문 이니셜은 다음과 같이 지정한다.

사진　　　: P9001 ～
동영상　　: M9001 ～
음향　　　: A9001 ～
도면　　　: D9001 ～ (도면애니메이션 포함)
도표　　　: T9001 ～ (도표애니메이션 포함)
가상현실 : R9001 ～

ⓓ '시청각 자료명'의 기입은 멀티미디어 콘텐츠에 제목을 붙여 주는 작업이다. 자료명은 멀티미디어 콘텐츠가 담고 있는 내용의 주제가 잘 드러날 수 있도록 간단명료하게 작성한다. 동일한 대상의 멀티미디어 콘텐츠가 여러 개일 경우, 콘텐츠별 차이점을 드러낼 있는 제목을 붙여 각기 다른 자료명을 작성한다.

ⓔ '자료 종류'에는 멀티미디어의 유형을 '사진, 동영상, 음향, 도면, 도표, VR' 등으로 기재한다.

ⓕ '확장자'에는 'jpg, swf, flv,' 등 멀티미디어 유형 파일의 포맷 형식을 기재한다.

ⓖ '설명문'은 멀티미디어 콘텐츠의 캡션 정보이다. 콘텐츠를 이해하기 위한 핵심적인 내용만 1～2문장으로 기재하되 날짜, 인물, 사물, 주변 환경 등을 구체적으로 묘사하는 것이 중요하다. 동영상의 경우, 장면마다 자막으로 들어갈 내용을

순서대로 요약하여 기재한다. 설명문에는 마을 항목 원고의 관련 내용을 참고할 수 있으며, 원고에 없는 내용이라도 콘텐츠를 이해하는 데 필수적인 내용은 기입한다. 설명문은 단답형으로 기재하고, 따옴표를 찍지 않는다.

- ⓗ~ⓙ는 모두 '소재지'와 관련된 정보를 기입한다. 멀티미디어 콘텐츠의 소재지는 시/군/구, 동/읍/면/리, 상세 번지까지 최대한 구체적으로 기입하는 것이 좋다.
- ⓚ와 ⓛ에는 '제작일자와 제작처'를 기입한다. 제작일자는 수집 자료의 과거 제작일자나, 직접 제작한 경우 원제작자가 실제 제작한 일자를 기입한다. 제작처에는 개인 제작자 혹은 제작처의 이름을 기재한다. 수집 자료의 경우 제작처를 기재하지 않는다.
- ⓜ과 ⓝ에는 '제공일자와 제공처'를 기입하며, 이 필드는 수집 자료만을 대상으로 한다. 제공일자에는 수집 자료의 제공 일자를 기재하고, 제공처에는 수집 자료의 제공자나 제공기관의 이름을 기재한다.
- ⓞ '저작권'에는 수집 자료의 경우, 제공기관 혹은 제공자를 기재하고, 그 외의 신규 제작 콘텐츠는 모두 한국학중앙연구원으로 기재한다.
- ⓟ '출처'에는 사진, 동영상, 도면, 도표 등을 문헌이나 인터넷에서 발췌했을 경우에 기재하며, 해당 경우가 아니면 생략한다.

끝으로 멀티미디어 콘텐츠와 마을 항목, 마을 지도, 마을 연표의 관련성을 부여하는 작업이 이루어진다. 지도와 연표의 경우, 각 서식에 관련 시청각 ID를 기입하고, 마을 항목의 경우 관련 서식을 별도로 기재한다. 멀티미디어 관련 마을 항목 서식은 〈표 5.29〉와 같다.

표 5.29 멀티미디어 관련 마을 항목 표준 서식

마을 구분	마을 항목 ID	마을 항목명	관련 시청각 ID	시청각 자료명
㉮	㉯	㉰	㉱	㉲

- ㉮ '마을 구분'에는 멀티미디어 콘텐츠의 해당 마을명을 기재한다.
- ㉯ '마을 항목 ID'에는 멀티미디어 콘텐츠와 관련 있는 마을 항목 ID를 기재하고, ㉰에는 항목명을 기입한다.
- ㉱ '관련 시청각 ID'에는 마을 항목의 내용과 관련 있는 시청각 ID를 기입하고, ㉲에는 시청각 자료명을 기재한다. 연결 정보는 하나의 필드에 단일 정보가 기재되도록 작업하되, 하나의 마을 항목에 복수의 멀티미디어 콘텐츠가 연결될 수 있다. 〈표 5.30〉은 멀티미디어 콘텐츠의 관련 마을 항목이 모두 정리된 서식의 일부이다.

표 5.30 창원 지역 석교리 멀티미디어 관련 항목 서식 사례

마을 구분	마을 항목 ID	마을 항목명	관련 시청각 ID	시청각 자료명
석교 마을	GC022A010101	삼귀해안 돌고 돌아 다다른 마을	P9001	삼귀해안에서 바라본 돝섬과 마산
석교 마을	GC022A010101	삼귀해안 돌고 돌아 다다른 마을	P9002	마산의 갈마봉에서 바라본 마창대교
석교 마을	GC022A010101	삼귀해안 돌고 돌아 다다른 마을	P9003	마창대교 근경
석교 마을	GC022A010101	삼귀해안 돌고 돌아 다다른 마을	P9004	마을 횟집 간판
석교 마을	GC022A010101	삼귀해안 돌고 돌아 다다른 마을	P9005	석교마을 시내버스 종점
석교 마을	GC022A010101	삼귀해안 돌고 돌아 다다른 마을	P9006	솔밭에서 본 석교마을 전경
석교 마을	GC022A010101	삼귀해안 돌고 돌아 다다른 마을	P9007	해안 맞은편에서 바라본 석교마을 전경
석교 마을	GC022A010101	삼귀해안 돌고 돌아 다다른 마을	P9008	석교마을의 여름 풍경
석교 마을	GC022A010101	삼귀해안 돌고 돌아 다다른 마을	P9009	석교마을의 가을철 일몰

(계속)

마을 구분	마을 항목 ID	마을 항목명	관련 시청각 ID	시청각 자료명
석교 마을	GC022A010101	삼귀해안 돌고 돌아 다다른 마을	P9010	석교마을의 겨울철 일몰
석교 마을	GC022A010101	삼귀해안 돌고 돌아 다다른 마을	P9011	진해 해군통제부 출입금지 안내판
석교 마을	GC022A010101	삼귀해안 돌고 돌아 다다른 마을	P9012	통제구역 알림판
석교 마을	GC022A010101	삼귀해안 돌고 돌아 다다른 마을	P9015	참다래밭

(5) 마을지 서비스 디자인 제작

멀티미디어 콘텐츠 제작 부분에서는 '디지털 마을지'의 웹서비스를 위한 디자인 작업도 이루어진다. 디자인 제작은 크게 메인 화면 및 마을별 그림 지도 화면, 세부 메뉴 아이콘 등을 대상으로 한다.

서비스 디자인 제작 시 마을의 특성이 반영된 디자인 제작 방안을 고려해야 한다. 메인 화면은 개별 마을과 지역의 정체성을 염두에 두고 디자인하고, 그림 지도 화면은 연구자가 제작한 마을 지도를 바탕으로 마을의 특징적인 모습을 입체적으로 구현한다.

그림 지도의 디자인에는 지형도(축척 1 : 5,000)에 나타난 공식 지명(도로, 산, 하천 등)의 기입과 방위 표시가 포함된다. 마을 지도상의 위치 정보를 가진 공간(POI : Point Of Interest)의 경우, 주변 공간에 비해 선명하게 디자인하는 등 색감이나 크기에 구분을 둔다. 마을 지도를 원 자료로 활용하여 제작한 그림 지도 디자인의 사례는 〈그림 5.5〉, 〈그림 5.6〉과 같다.

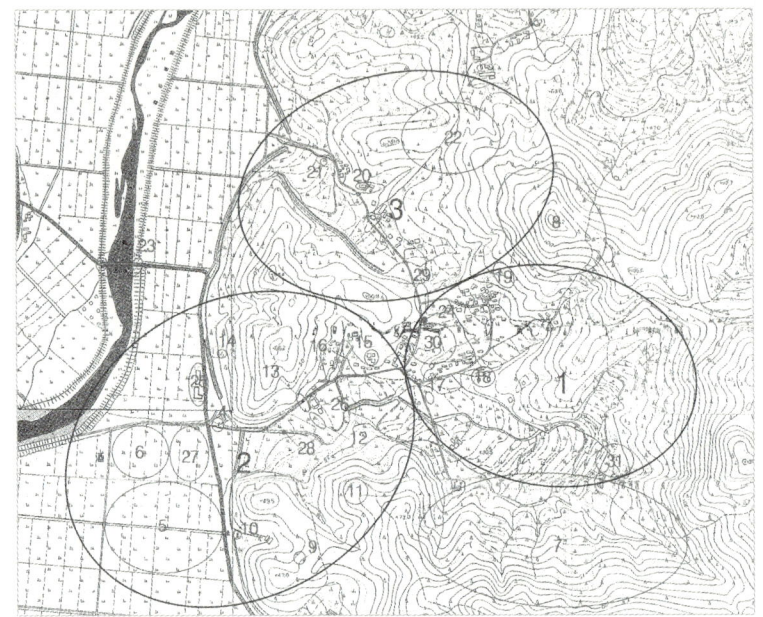

그림 5.5 논산 지역 주곡리 마을 지도 제작 사례

그림 5.6 마을 지도를 바탕으로 제작한 주곡리 그림 지도 디자인 사례

마을 항목 구성과 원고 집필, 지도와 연표 콘텐츠 제작, 멀티미디어 콘텐츠 제작이 마무리되면 모든 콘텐츠는 웹서비스에 적합한 구조로 가공되어 해당 지역의 마을 이야기 사이트로 적재된다.

　2009년 현재, 한국향토문화전자대전의 ‘디지털 마을지’는 마을별 그림 지도를 기반으로 서비스가 이루어진다. 세부 메뉴는 특정 공간과 관련된 원고와 멀티미디어 콘텐츠를 한눈에 볼 수 있는 마을 이야기, 마을 명소나 전경을 가상현실로 소개하는 마을 가상투어, 마을 연표의 세 가지로 구성되어 있다. 이러한 콘텐츠는 관련 정보끼리 하이퍼링크 서비스되어, 이용자가 하나의 주제를 검색하면 이와 관련된 시공간 정보와 원고, 멀티미디어 콘텐츠를 한눈에 찾아볼 수 있다. 현행 서비스 시스템의 메뉴 구성은 콘텐츠의 제작 방법과 내용이 풍부해질수록 더욱 개선될 전망이다.

그림 5.7　2009년 칠곡 지역 ‘디지털 마을지’ 서비스 메인 화면

그림 5.8 이야기 목록과 지도 보기 화면

강병수·정경란,「지역별 향토문화항목 개발 프로세스 운영체계 연구」,『인문콘텐츠』9, 2007.

권영옥·김백희,「향토문화 분류체계와 전자대전 항목구성체계의 접합방안」,『인문콘텐츠』9, 2007.

김창겸·임동주,「향토문화 콘텐츠의 메타데이터 형식 및 텍스트 집필」,『인문콘텐츠』9, 2007.

김현,「향토문화 하이퍼텍스트 구현을 위한 XML 요소 처리 방안」,『인문콘텐츠』9, 2007.

김현 외,『지역문화와 디지털 콘텐츠』, 북코리아, 2008.

한국정신문화연구원,『한국향토문화전자대전 표준분류체계 정립을 위한 분석·검토 워크숍』, 2001.

한국정신문화연구원·(사)한국향토사연구협의회,『한국향토문화전자대전 편찬사업, 어떻게 할 것인가?』, 2004.

한국정신문화연구원·전국문화원연합회·(사)한국향토사연구전국협의회,『한국향토문화 진흥과 연구 활성화를 위한 워크숍』, 2004년 한국향토문화연구자연찬회, 2004.

_____,『한국향토문화전자대전 편찬사업을 위한 2005년 한국향토문화연구자 연찬회』자료집, 2005.

한국정신문화연구원·한국문화원연합회,『한국향토문화전자대전 편찬 기초조사연구』, 2001.

한국정신문화연구원·한국향토문화전자대전추진위원회,『향토문화란 무엇인가』, 한국정신문화연구원, 2002.

한국학중앙연구원 문화콘텐츠편찬실,『지역별 콘텐츠 제작 작업자 매뉴얼』, 2005.

한국학중앙연구원 한국학정보센터,『2007년 한국향토문화전자대전 편찬을 위한 선행조사연구 지침서』, 2007.

_____,『한국향토문화전자대전 편찬을 위한 원고집필방법 안내』, 2007. 10.

_____,『2008년 한국향토문화전자대전 편찬을 위한 선행조사연구 지침서』, 2008.

_____,『한국향토문화전자대전 편찬을 위한 원고집필방법 안내』, 2008.

한국학중앙연구원 한국학정보센터,『제2회 한국향토문화전자대전 마을연구 발표회 – 디지털 마을지의 제작 방안』(자료집), 2008.

_____,『2009년 한국향토문화전자대전 편찬을 위한 선행조사연구 지침서』, 2009.

_____,『제3기 향토문화 아카데미 – 마을 연구조사 방법론과 마을지 제작』(자료집), 2009. 6.

_____,『2009년 한국향토문화전자대전 편찬을 위한 디지털 마을지 제작 지침서』, 2009. 6.

_____,『2009년 한국향토문화전자대전 편찬을 위한 디지털 마을지 제작 지침서』, 2009. 8.

_____,『2009년 한국향토문화전자대전 편찬을 위한 원고 집필 지침서』, 2009.

_____,『한국향토문화전자대전 편찬을 위한 멀티미디어 콘텐츠 제작 매뉴얼』, 2009.

:: **공저자**

김 현	한국학중앙연구원 한국학대학원 교수, 한국학정보센터 소장
정치영	한국학중앙연구원 한국학대학원 교수, 한국학정보센터 인문정보학연구실장
김창겸	한국학중앙연구원 수석연구원, 한국학정보센터 문화콘텐츠편찬연구실장
정경란	한국학중앙연구원 문화콘텐츠편찬연구실 책임연구원
유애령	한국학중앙연구원 문화콘텐츠편찬연구실 연구원
김정은	한국학중앙연구원 문화콘텐츠편찬연구실 연구원
이정자	한국학중앙연구원 문화콘텐츠편찬연구실 연구원
이재훈	한국학중앙연구원 문화콘텐츠편찬연구실 연구원
정은주	한국학중앙연구원 문화콘텐츠편찬연구실 연구원
김성은	한국학중앙연구원 문화콘텐츠편찬연구실 연구원
김지영	한국학중앙연구원 문화콘텐츠편찬연구실 연구원
민경수	한국학중앙연구원 문화콘텐츠편찬연구실 전문원
이윤성	한국학중앙연구원 문화콘텐츠편찬연구실 연구원
오태환	한국학중앙연구원 문화콘텐츠편찬연구실 연구원
진성주	한국학중앙연구원 문화콘텐츠편찬연구실 연구원
이정민	한국학중앙연구원 인문정보학연구실 연구원
정부매	한국학중앙연구원 인문정보학연구실 연구원

지역문화 콘텐츠 제작의 실제

2009년 12월 10일 초판 인쇄
2009년 12월 15일 초판 발행

지 은 이 | 김현 외 공저
펴 낸 이 | 이찬규
펴 낸 곳 | 북코리아
등록번호 | 제03-01240호
주   소 | 서울시 마포구 공덕동 115-13
전   화 | 02) 704-7840
팩   스 | 02) 704-7848
이 메 일 | sunhaksa@korea.com
홈페이지 | www.sunhaksa.com
ISBN 978-89-6324-049-7 (93380)

값 20,000원